简明中国教科书史

石鸥 吴小鸥 著

中国教科书发展史丛书

丛书主编 石鸥
丛书副主编 张增田 刘丽群

知识产权出版社

图书在版编目（CIP）数据

简明中国教科书史/石鸥，吴小鸥著. —北京：知识产权出版社，2015.1
（中国教科书发展史丛书）
ISBN 978-7-5130-3100-4

Ⅰ.①简… Ⅱ.①石…②吴… Ⅲ.①教材—历史—研究—中国 Ⅳ.①G423.3-092

中国版本图书馆CIP数据核字（2014）第241153号

责任编辑：汤腊冬　刘丽丽　　　　　责任校对：谷　洋
封面设计：陶建胜　　　　　　　　　　责任出版：刘译文

中国教科书发展史丛书
简明中国教科书史
石鸥　吴小鸥　著

出版发行：	知识产权出版社有限责任公司	网　址：	http://www.ipph.cn
社　　址：	北京市海淀区马甸南村1号	邮　编：	100088
责编电话：	010-82000860转8108	责编邮箱：	tangladong@cnipr.com
发行电话：	010-82000860转8101/8102	发行传真：	010-82000893/82005070/82000270
印　　刷：	北京市凯鑫彩色印刷有限公司	经　销：	各大网上书店、新华书店及相关专业书店
开　　本：	720mm×1000mm　1/16	印　张：	21.25
版　　次：	2015年1月第1版	印　次：	2015年1月第1次印刷
字　　数：	323千字	定　价：	58.00元

ISBN 978-7-5130-3100-4

出版权专有　侵权必究
如有印装质量问题，本社负责调换。

① 《格致质学启蒙》，上海图书集成印书局，1896
② 《英华初学》，上海美华书馆，1872
③ 南洋公学教科书《蒙学课本》，商务印书馆，1898
④ 南洋公学教科书《格致读本》，南洋公学译书院，1902

① 《蒙学读本全书》，上海文明书局，1902
② 《蒙学课本》，武昌高等学堂，1901
③ 《绘图中国白话史》，彪蒙书室，1905

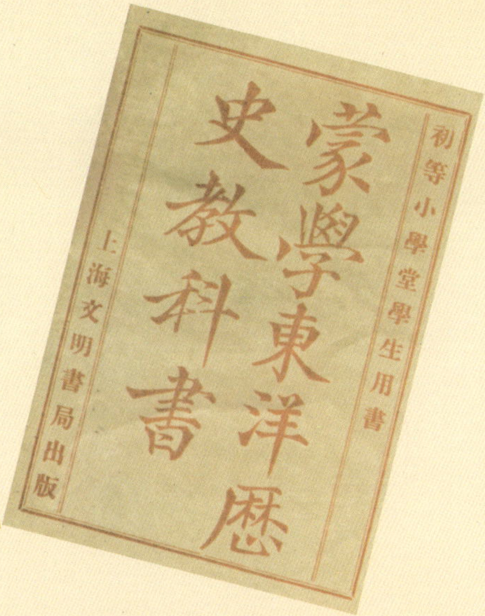

① 《华英初阶》，商务印书馆，1908

② 《蒙学东洋历史教科书》，上海文明书局，1903

③ 《物理教科书》之扉页"学部审定"，上海昌明公司，1904

④ 《最新中学教科书·声学》，商务印书馆，1906

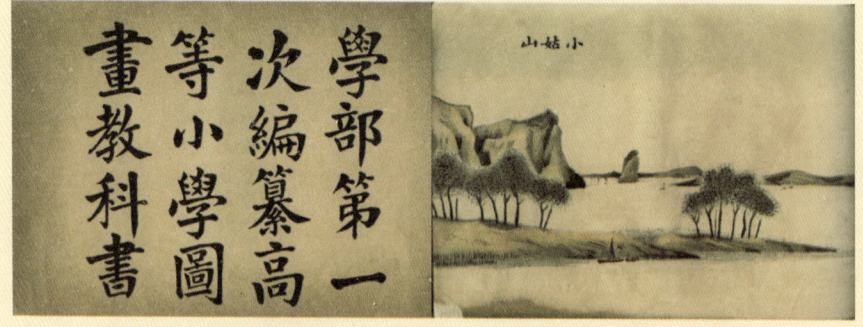

① 《最新修身教科书》，商务印书馆，1904
② 《最新国文教科书》之彩色插图，1904
③ 《学部第一次编纂高等小学图画教科书》，学部编译图书局，1910

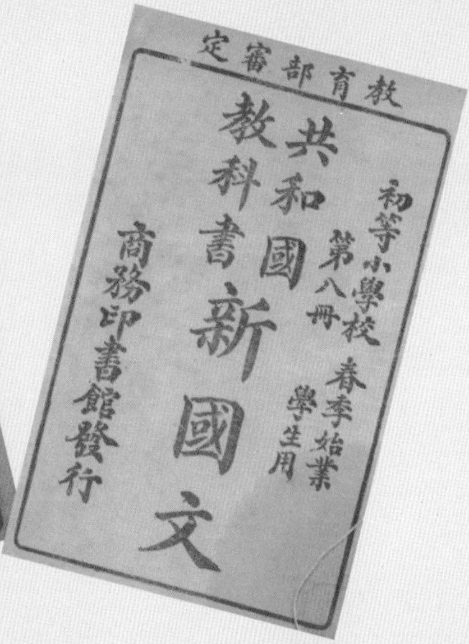

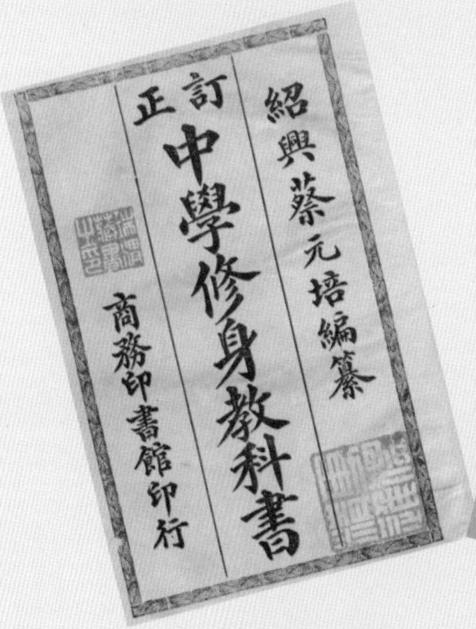

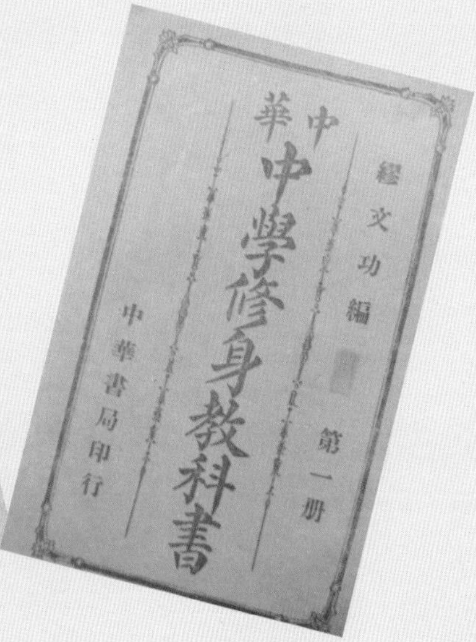

① 《初等小学女子国文教科书》，上海会文学社，1906

② 《共和国教科书·新国文》，商务印书馆，1912

③ 《订正中学修身教科书》，商务印书馆，1914

④ 《中华中学修身教科书》，中华书局，1912

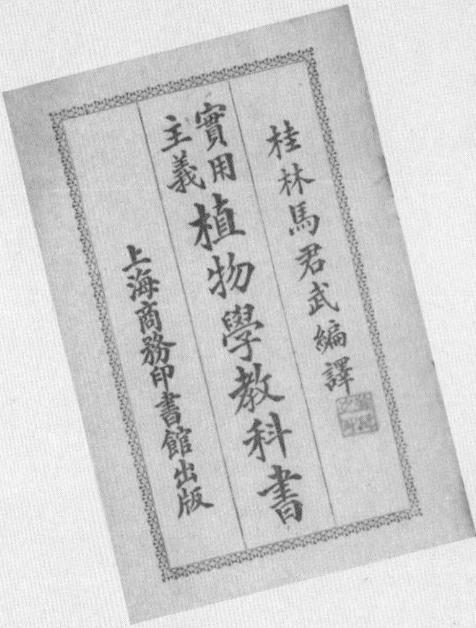

① 《实用主义植物学教科书》，商务印书馆，1918

② 《新学制高级中学教科书·人生哲学》，商务印书馆，1923

③ 《新时代三民主义教科书》，商务印书馆，1927

④ 《开明国语课本》，开明书店，1934

① 《公民》，初级中学，正中书局，1932

② 《国文》，初级中学，商务印书馆，1931

③ 陕甘宁边区教科书《初级新课本》，新华书店，1946

④ 《国防算术课本》，山东省胶东国防教育委员会，1938

① 《算术课本》，新华书店，1950
② 《算术》，人民教育出版社，1951
③ 《语文》，人民教育出版社，1952
④ 《文学》，人民教育出版社，1955

① 九年一贯制试用课本《英语》，人民教育出版社，1960

② 十年制学校初中课本《语文》，人民教育出版社，1961

③《学军》，天津延安中学试用课本，1969

④《语文》，云南省红河哈尼族彝族自治州革命委员会政工组，1969

① 七年一贯制试用课本《生产斗争课》，喀喇沁旗革命委员会七年一贯制教材编写组，1969

②《工农兵知识》，佛山专区中学教材编写组，1968

③《公民》，初级中学课本（试用），人民教育出版社，1990

④《语文·思想品德》，浙江教育出版社，1992

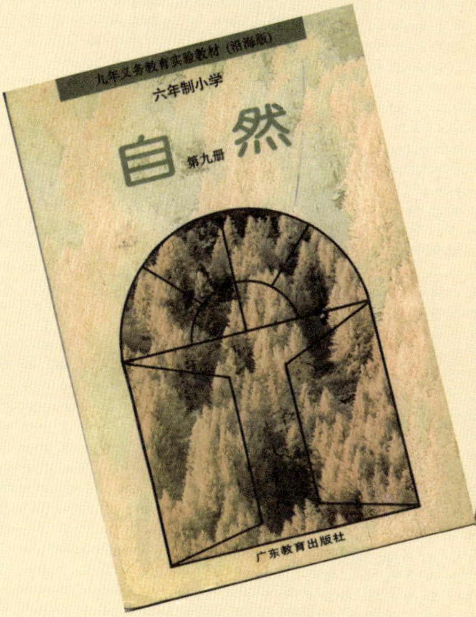

① 内地版教科书《数学》，西南师范大学出版社，1993

② 复式教材《语文》，河北教育出版社，1992

③ 沿海版教科书《自然》，广东教育出版社，1994

④《健康教育》教科书（藏语），西藏人民出版社，2002

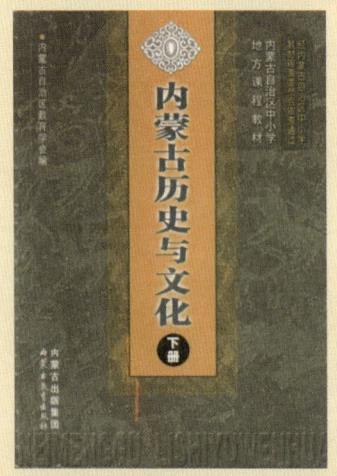

① 义务教育课程标准实验教科书《思想品德》，广东教育出版社，2005

② 北京景山学校实验教科书《数学》，人民教育出版社，2003

③ 地方课程教材《内蒙古历史与文化》，内蒙古教育出版社，2010

④ 校本教材《我们爱科技》，泸州市龙马潭区小街子小学，2010

总　序

"我们是由教科书决定的"

人们习惯于指责权力的介入，没错，权力是极端重要的，但权力的介入有时候却是次要的，因为它往往被有些人警觉地关注着，有人要把权力"锁进笼子"里。民间的认识习惯才是主要的，甚至关键的。有时候，真相无法起到真相的作用，长久以来形成的符合人们认识的一些非真相及其演绎出来的故事更重要。比如教科书中的岳飞、三皇五帝，比如学界对蔡锷与小凤仙的定论，还有许多类似的例子。现在的问题或困惑是，不管有没有找到真相，人们似乎已经不需要真相了，社会似乎也已经不需要真相了。人们宁愿相信自己熟识的那套即便是非真相的东西。"符合需要"比"符合真相"更重要。

即便如此，我们还是要堂吉诃德式地去努力挖掘真相。真相帮我们回忆和反思，帮我们认识我们的先辈，其实这也是帮我们认识自己，更是帮我们认识未来；真相能够让我们更聪慧，避免或少犯曾经犯过的错误。我们这套"中国教科书发展史丛书"的出发点之一，就是揭示与展示教科书发展历史中的真相或事实。老课本虽不足以涵盖一个国家的发展命运，但老课本是我国近现代文化中最细小、最有魅力的碎片，有了它们，才能勾勒出魅力文化或真实文化的全貌。

我们这套书的选题有着多方面考虑。

我们认为，关于我国近现代教科书发展历程的研究，是一个研究基础薄弱、学术开拓空间相当广阔的领域。说研究基础薄弱，主要是史料建设工作严重滞后，关于教科书及相关文献史料的整理和开发还未被提上议事日程，大量相关文献史料尚尘封在历史角落里，没有进入研究和阅读的视野，文献资源的封闭、散佚和流失现象严重，学界对此重视不够,研究力量相对薄弱,长时间没有引起足够重视。说学术开拓的空间广阔,主要是因为教科书涉及各学科领域,早期教科书中蕴含着学术转型、整合、成型的要素,体现了我国西式学科的起源与发展历程。尤为重要的是,早期教科书对当时的政治、经济、文化教育有多方位的、特定形式的反映和描述,它们是研究该时期社会思潮、认识与行为、语言形态、乡风民俗、价值观、人生观等领域的鲜活而宝贵的历史材料。教科书是一支最朴素的力量,推动着传统文化和社会价值的变革。一本本教科书反映出一段段近代中国教育、甚至中国社会变革与发展的历史,透过清末民初教科书,我们可以探寻到中国近代教育开启、演绎、转轨的足迹,可以感受到那个时代变革的风雨交加、电闪雷鸣。正因为这些因素,对近现代教科书发展历程的进一步梳理就显得格外重要,也格外艰难。《简明中国教科书史》就是力求借助我们团队以及日益增多的教科书研究者的最新研究成果,对教科书发展历程作更清晰的脉络化工作。尽管仍然远远不够清晰。

张爱玲曾说:"我们这一代人是幸运的,到底还能读懂《红楼梦》。"仔细想来,他们之所以如此幸运,竟然是他们幸运地诵读过那时的教科书。我们很看重教科书的价值。派纳说,"我们是由课程决定的"。而课程最重要的载体是课本,即教科书。所以可以把他的话改一下:"我们是由教科书决定的。"教科书的作用具有隐蔽性、柔性的特点,很难让一个人说出自己在哪些方面确实受到了教科书影响。教科书的影响可以潜移默化地深入到主体的内心,成为主体的知识结构和心智世界之一部分。

教科书在哪里读响,启蒙就跟进到哪里。在有教科书读响的地方,文明出现了,生长了,新社会也形成了。这才是我们需要的真正的教科书。我们看重这样的教科书,我们怀想它们,思忆它们,要还它们本来面貌。清末民初的教科书,因其在开启民智民德中的作用,为大量中国知识分子利用。所以,百年来既有显赫如张之洞、严复、张百熙等人编创的课本,又有一些地位普通的知识人编纂的课本,他们找到了一种自己的发声系统——编写课本,这是边缘者的武器。边缘者不像革命者,不总是用不合作、起义、暗杀等方式,他们借助课本催生新生活、新社会。《百年中国教科书忆》就是对这些有代表性的课本进行追忆式的挖掘。当传统经典从高高的殿堂步向现实的课堂,当救亡图存与重塑国民精神的时代呼声转化为孩童们诵读的浅白课文,当新思想、新知识经过小课本的反复传播被国人认同为公理和常识,小小的课本就为中国大大的启蒙做出了不可替代的贡献。一个世纪后,当我们诵读这些略显粗糙的课文,体会着我们的先辈那忧国忧民也不无褊狭的爱国情怀,内心依然充满感动。

我们觉得,任何教科书都有其特定的意义与价值,即便是遭到世人唾弃的教科书。比如文革时期的教科书。尽管社会彻底否定了"文革",历史似乎已把"文革"遗忘,但"文革"还是犹如现实的影子,伴随现实而行。确实,"文革"时期的教材浅显、充满说教,但有一条大体上可以认同,在"文革"的教材和教学下,孩子们既有童年,也有学习。孩子们在"文革"的课本中,心比天高又嘻嘻哈哈地一路学来,没有压力,没有痛苦,只有不自量力的崇高与责任。这一点恐怕是今日学生所永远难以企及的。"文革"课本不论多么肤浅,我们总不能自欺欺人地认为它不存在。它存在了十年,实实在在的三千六百五十天,实实在在影响甚至形塑了一代人,乃至几代人(因为并非所有的人都是完整接受十年"文革"教育的)。《新中国"红色"课本研究》就是要唤醒它们,由唤醒"文革"课本到唤醒今天的人们去关注"文革"、警觉"文革"的阴影。

如果说十年"文革"是短暂的,那么百年的乡土教材发展历程够长了吧。乡土教材几乎与现代意义的教科书同步产生和发展。是的,乡土教材历经百年,它们从激发爱乡之情到晕染出爱国之情,它们在保护乡土文化,构建和谐乡村;它们在唤醒学子知乡、爱乡、建设乡村;它们在培育乡里乡亲和谐的邻里关系上起了不可替代又亟待研究发掘的作用。今天的人们,为乡村的失落而忧虑,为乡里乡亲的完全陌生化而伤感,为乡村文化的碎裂毁灭而奔走呼号。可他们是否想过,这一切难道与乡土教材的失落没有关系吗?这种失落既表现在对乡土教材的不重视上(乡土教材离消失已经不远了),也表现在乡土教材本身的"弱智"上,看一下百年前的乡土教材,比较一下今天的乡土教材,便能够引起我们的许多思索。希望《百年中国乡土教材研究》成为一次振兴乡土教材的呼号与呐喊。

清末民初,在南方一所西式女学堂,一群女孩在教室读书。她们中有陈衡哲,有秋瑾,有冰心,有丁玲,有萧红……"只须案摊书本,手捏柔毫，坐于绿窗翠箔之下，便是一幅画图。"她们是当时真正独特的风景，她们是社会的异数，她们更是未来。构建未来的不是刺刀，不是监狱，而是学堂中的女孩子们，她们青春焕发。也许还饥肠辘辘地在与家庭和自己的命运抗争，但她们充满希望，正从课本中汲取智慧和力量。女子教科书与女子学堂一样，在中国历史上存在的时间不长。但女子教科书的演变历程如何？它们在中国传统文化的传承与新文明的引进中发挥了什么作用？它们在女性成长中究竟扮演了什么角色？《清末民初女子教科书的文化特性》一书，力求给我们某种答案，某种启迪。

在经历长征等重大挫折之后，中国共产党何以能够迅速扩大其实力，并动员广大农民积极参加抗战？的确，日本侵略中国为党的战略策略调整和党在新的斗争环境下的生存、发展、壮大带来了一定的契机，但若无潜在的力量和正确的举措，契机也会失去。众所周知，1935年红军长征到达陕北时，只剩约两万五千人。以如此微弱的力量，如何能在短期内成功地动员千百万农民投身共产党，投身抗战？共产党在乡村地区组织和动员的工具是什么？谁架起了共产党革命理想与农民现实主义之间的桥梁？共产党通过什么将散漫的小农组织改造成为全心全意支持共产党的力量？在大革命失败后艰苦卓绝的岁月中，共产主义奋斗目标何以在革命根据地被广大穷人内化为内心深处的信仰和信念？弱小的共产党何以在纷繁复杂的矛盾变化及艰难困苦的岁月中获得广大民众持续的认可和拥护？……这些问题并没有得到满意的解答。我们注意到，以往对中国共产党发展的研究多集中于意识形态、政治冲突、权力斗争、阶级对立、军事行动等。这种研究受历史研究中专注于宏大叙事的影响，倾向重大事件和上层精英，极少注意到西北农村学校及其教科书在其中的意义与价值。即便某些研究注意到了学校与革命的关系，也只是聚焦于学生运动或少数革命精英学生，忽视了教科书在其中的作用。而一旦翻阅根据地的《共产儿童读本》《初级新课本》《战时新课本》《国语课本》，我们就会发现，作为拥有最多读者的根据地宣传载体，教科书在宣传共产党的政策、在共产党领导合法化过程中的作用远未被挖掘出来。教科书把共产党的政策与农民的切身利益结合起来，它们传播现代基础文明，灌输无产阶级的话语系统，用崭新的政治意识和行为规范指导民众；它们既充满强烈的政治意识和民族精神，又具有广泛的亲农倾向，是沟通知识精英和农民大众的天然桥梁。根据地小课本所起到的大宣传，在中国革命史上写下了浓墨重彩的一笔。这正是《中国革命根据地教科书研究》想要梳理与表达的。

……

当下，教室正在失去学堂的味道，教科书越来越令学生产生将之从窗口扔出去甚至撕毁的冲动。此刻，面对百年前，或半个世纪前的泛黄的老课本，突然，一种感觉袭来，我们都将逝去，我们正在逝去，而它们还存在着。它们让人反省，让人产生敬畏。

本套书系全国教育科学规划国家社科课题"百年中国教科书在文化传承与创新中的基础作用研究"（BAA120011）的部分研究成果，是我们"教科书团队"的研究成果。这是一个正在成长的团队，也是一个生机勃勃的团队。这个研究团队由我本人领衔，以首都师范大学为基地，辐射全国，主要研究力量有赵长林、吴小鸥、张增田、王昌善、方成智、李祖祥、刘丽群等教授，有段发明、李水平、刘学利、廖巍、刘斌、吴驰、石玉、赵志明、李新、刘景超、崔柯琰等博士，他们在自己擅长的领域对教科书研究进行拓展研究，为团队所取得的研究成果以及本套书的完成做出了自己的贡献。还有我的已毕业或尚未毕业的所有研究生，他们前赴后继，从教科书的整理、归类，资料的查询、书稿的校对等多方面为我们的教科书研究做出了不可或缺的努力。他们在我脑海中留下了大量美好的身影与姿态，但我可爱的同学们，你们知道吗？在我心中，烙下深深印记的，你们最优美的身影与姿态，是你们读书的倩影，是你们整理书的倩影！教科书是你们的T型台。

总体上说，这套书之所以能够比较顺利地面世，要感谢首都师范大学教育学院，感谢孟繁华教授，感谢蔡春、张增田等教授。我们还要感谢知识产权出版社的汤腊冬女士。感谢我的研究团队，感谢我的学生，我的研究同伴。如果没有他们，很难想象这套书会顺利完成。这都不是客套话。

由于本套书的每个作者都有自己的研究思路与表达风格，我只对形式方面作了一些统一规整，对一些大的结构调整提出了建议，同时提供了所有的教科书照片，没有对其他作者的书稿内容进行全面考校，希望读者能够理解。

首都师范大学 石 鸥
2014年教师节改定于学堂书斋

中国近现代教科书发展演变的若干特征
（代序）

石 鸥

我们不把传统的教材称之为教科书。不论是《三字经》《百家姓》《千家诗》《千字文》，还是"四书""五经"，都不是现代意义的教科书，它们仅仅是教材而已。教科书属于教材，但教材不等于教科书。我们认为，现代意义的教科书应该是根据学制，依学年、学期、学科而分级、分册、分科编写，应该有与之配套的教授书（教授法、教学法）等教学参考书，对教师的教学有具体的建议。[1] 依此标准，以前不论是"三百千千"，还是"四书五经"，因为它们在程度上是模糊而不分级的，在分量上是主观而不分课时的，在教和学上是完全由教师随意决定的，在内容上是综合笼统而不分科的。所以，我们说它们不是现代意义的教科书。

1877 年，在华基督教传教士成立"学校教科书委员会"（School and Textbook Series Committee，中文名称为"益智书会"），负责编辑教科书，供教会学校使用，也赠送各地传教区私塾使用。因为这个委员会的出现，学界推论"教科书之名自是始于我国"，"教科书"一词逐渐流传开来。[2] 但是，从实物看，真正使用"教科书"一词的文本在我国的产生，极有可能出现在 1897~1900 这四年间，[3] 1897 年前几乎没有

---

[1] 石鸥. 最不应该忽视的研究——关于教科书研究的几点思考［J］. 湖南师范大学教育科学学报，2007（5）: 5-9.

[2] 中华民国教育部编. 教科书之发刊概况［M］//第一次中国教育年鉴（戊编·教育杂录）. 上海：开明书店，1934: 115.

[3] 我们认为，School and Textbook Series Committee 当时的中文名翻译称为"益智书会"而不是"教科书委员会"就是明证，说明还没有使用"教科书"一词。事实上，19 世纪 70~90 年代中期，我们没有发现任何一本以"教科书"命名的实物，当时一般称之为"课本""读本""启蒙""须知"，等等，就是没有一本叫"教科书"的书。

出现过使用"教科书"一词的课本。

基于这一认识,现代意义的教科书肇始时间应该在19~20世纪之交。一百多年来我国教科书的发展,可以1949年为界,分成两大阶段。1949年前的教科书发展,又可以大致分为四个阶段,值得注意的是,教科书发展史上最辉煌的岁月就发生在这一时期。

一、清末民国教科书发展的基本阶段与特征

鸦片战争后,中国逐渐沦为了一个半殖民地半封建社会。国人对于中国命运的再思考使得"中国向何处去"成了当时的时代主题。在"中体西用"的思想指导下,西学大量引进,新式教育破冰而行,新式教科书显露头角,新知识、新思想、新观念如开闸之水,迅速涌入古老的中国,掀开了近代中国第一次大启蒙的帷幕。

1. 西学教科书的引进时期(19世纪60年代至19世纪末)

这基本上是西学教科书的翻译引进阶段,大体可以定位为"近代教科书阶段"。这一时期,大量引入科技知识,中国传统的知识系统开始了学术转型的过程。这一过程表现出如下特征:

第一,引进的西学书籍几乎都为科学技术类,且从零星到系统,门类逐渐完善;第二,西学书籍的编译与出版机构集中在教会主持的机构,如墨海书局、美华书局等,以及洋务运动的教育与出版机构,如同文馆、江南制造局等;第三,西学书籍流传于社会及学堂,与教科书没有明显界限,二者几乎同一;第四,西学教科书的编译者主要是欧美传教士和中国学者。

这一时期西学教科书基本适应了当时的教会学堂、洋务学堂及其他少量新式学堂的教学需要。然而这些西学教科书的基本要素不全,没有分级,不注重教,也不注重学,没有教授法等,所以还只能被看作现代教科书的雏形,是现代意义教科书的萌芽,属近代教科书阶段。这一时期产生的教科书,我们一般称之为"西学教科书"。

2. 中国自编教科书的兴起与繁荣时期(19世纪末至20世纪初)

这是教科书的引进与自编自创结合、引进逐渐被自编取代的阶段,是教科书涉及学科基本齐全、教科书要素日益完善的阶段。可以定位为从近代迈入现代的教科书阶段，起于南洋公学自编的教科书（1897），止于清朝终结。

戊戌维新、新学制和废科举后，新式学堂迅猛发展，对教科书的需求也就急切地提上了议事日程。此时，以翻译材料为主的教学用书就显然不合适了。结果，先是一批新式学堂因不满足于从西方引进的教科书，自己开始编写适合本学校需要的教科书，代表者有南洋公学、无锡三等公学堂、上海澄衷蒙学堂等；与此同时一批民间书坊进入教科书开发领域，各色各样的教科书出现了，代表者有文明书局及其"蒙学科学全书"、商务印书馆及其"最新教科书"、清政府的"学部第一次编纂教科书"，它们满足了社会大规模的新学堂发展需求。这一时期教科书发展的主要特点是：

第一，学堂自编教科书产生并扩大了影响和使用范围；第二，伴随着1902~1904年新学制的颁布实施，中国第一套现代意义的教科书——"最新教科书"（1903）出版发行，紧接着由学部编撰的第一套国定本教科书也陆续出版发行。这些教科书要素基本齐全，分册、分级、分学科编写，有教授书配套，所以已经属于现代教科书；第三，大量零散的、单科的教科书产生；第四，这一阶段的教科书作者以留日学生群体为主，许多教科书原型也是日本教科书；第五，民间教科书和官方国定教科书同时使用，相互激励和竞争。

在社会和教育大背景下，中国人自己编撰的现代意义的教科书闪亮登场，迅速成型，并很快取代了西学教科书，基本满足了大规模新式学堂的需要。这些教科书适应了当时社会动荡、发展参差、需求不一的教育格局，既反映了当时新兴资产阶级要求国家独立、民族富强的良好动机，也体现了改革的知识精英们力求用新思想、新科学启蒙民众的强烈愿望，它们在科学、伦理与政治民主启蒙中发挥了重要作用。

3. 教科书的兴盛与规范化时期（20世纪初至1926年）

民国成立到1922年新学制颁布后几年（依据学制的教科书全面推出）是教科书兴盛、定型与规范化的阶段。民国新政体要求下的新教科书雨后春笋般涌现，清朝旧教科书全部退出。"中华教科书"的出现开启了新政治、新教育体制下的教科书变革大幕，"共和国教科书"更是上演了一出现代教科书发展史上最壮观的大戏。紧接其后的还有"新制中华教科书""新式教科书",以及"实用教科书""新法教科书"等,为共和思想的传播作出了重要贡献。它们规模大、种类全,教授法配套,逐渐占有并控制了绝大多数学校市场。相应的是市场竞争日益激烈,小规模的、零散品种的、影响小的书坊教科书和学堂教科书纷纷被挤出市场。这一阶段的主要特点有:

第一,清朝旧教科书全部退出,民国新教育要求下的新教科书迅速涌现,满足了新课程的需要;第二,零散的、单本单科的、小型出版机构的教科书逐渐被挤出学校、挤出市场,被大型出版机构的成套而完整的教科书取而代之;第三,壬戌学制颁布,适应新学制需要的大量教科书产生,一批崭露头角的以欧美留学生为主体的新式知识分子加入到教科书编撰的行列,取代了这以前的留日学生主体,闪跃出胡适、冯友兰、陈哲衡、竺可桢、马君武、丁文江、何炳松等一大批让人景仰的名字;第四,教科书质量总体上明显提升,教科书日益规范化、制度化;第五,以白话编写的教科书取代文言文教科书,横排教科书逐渐取代竖排教科书,教科书形式基本定型。

4. 多种政治制度并存下的教科书发展时期(1927年至1949年)

这是教科书稳定、制度化并略显沉闷的时期,也是教科书全面服务抗战、服务尖锐的阶级对抗的时期,是一个统整和分化并行的时期。抗日战争的爆发致使中国政治格局发生新的变化,由土地革命战争时期的苏维埃政权根据地和国民党统治区域的二元对峙,逐渐分割成解放区、国统区、沦陷区"三足鼎立"的不同政治气候。这三个政治时空分划形成了不同政治语境下的教科书的新变化,呈现出不同的教科书话语特点。这期间的基本特点是:国民党党化教育的强化、抗战期间的"三地"意识形态的分裂,导致教科书日益强烈的意识形态,摒弃了多样化探索,消溶了各种分散的教科书市场,取缔了以前教科书发展的自由、包容的局面,教科书逐渐统一,也逐渐走向僵化。另一方面,地缘政治导致教科书分化发展,分化后的教科书特色鲜明,其社会动员与政治宣传功能发挥到极致。

二、清末民国教科书发展的黄金时期：成就与意义

我们把19世纪末至20世纪20年代中期（大约属于第二、第三两个发展阶段）看成是中小学教科书发展史上的黄金时期。

1. 教科书发展黄金时期的广狭义之分

所谓教科书发展史上的黄金时期有宽泛和精确之分。宽泛而言，伴随着新式学堂教科书的出现和第一套现代意义的教科书出现，一直到20世纪20年代后期，大约1897～1926年期间，可称之为黄金三十年。❶ 精确一点说，这个黄金时期大约在1903～1923年期间，从第一套现代教科书的产生，到奠定了现代学制基础的新学制教科书（1922）的出现，约二十年时间。

即便宽泛，但我们还是很看重在1903年现代教科书出现之前几年的学堂自编教科书（以1897年南洋公学课本为标志），这可视为现代教科书的萌芽与启动时间，也看重1922年新学制后多种相应教科书的全面完成时间（1926年前），所以粗略地认为是三十年，提出"黄金三十年"的概念。

2. 教科书黄金时期的成就、影响与表现

在教科书的黄金岁月里，三大成就、一大影响、一大表现尤显辉煌。

成就一，传统经典教材被逐出了新学堂，教科书对传统经典教材取得全面胜利，新式教科书经典地位得以确立。在19～20世纪之交的几年时间里，新式教科书体现出了它对旧教材的极大优势。在漫长的传统教育里，"三百千千""四书五经"等都是不可撼动的经典教材，但是当1902～1904年新学制颁布、新学堂普及、新课程实施以后，这种不分科、不分年级，不顾教与学、只重灌输的旧教材日益暴露出其不适应性。旧教材是可以"修之于己"，但很难"传之于人"的文本，旧学堂教、学这种文本，结局只能是"人人能读经而能经学者无几，人人能识字而能小学者无几，人人皆作文而能词章学者无几"。❷ 所以，在西学

---

❶ 石鸥. 百年中国教科书论［M］. 长沙：湖南师范大学出版社，2013：4.
❷ 罗志田. 裂变中的传承——20世纪前期的中国文化与学术［M］. 北京：中华书局，2003：142.

知识大量涌入中国的时代，理论上它们就已经失去了作为新学堂教材继续存在的基础。尽管有人尽力挽救这些教材，大声疾呼要学习这类经典教材，❶ 甚至安排了读经等课程，但这些抵抗实际上已经无济于事。一味灌输的传统旧教材敌不过按照西方教育学理论构建的关注教、也关注学的新教科书。❷ 甚至旧学人也不得不承认，教科书注重方法，"使人一见而能"，此为过去所无，所以即便传统经典需要学习，也应该按教科书编之。张之洞更是明确表示，中学之"存"不能不靠西学之"讲"。旧教材被取代已是水到渠成、大势所趋。到"最新教科书"出现时，教材的性质发生了巨大的变化，传统广义的教材不得不退出。在文本意义上真正统一了教与学的、以"教科书"全面命名的狭义教科书全面登场，完成了由纯粹的教本、读本向教学结合教科书文本的转型，这以后学校用书几乎都清一色改用"教科书"之名，很少再以课本、教本、读本的名义出现。

　　成就二，白话文与文言文决裂，教科书全面使用白话文。白话文的使用，使得现代教科书以摧枯拉朽之势得以普及。没有海量教科书，任胡适等知识分子如何呼号呐喊，白话文的普及都可能是非常缓慢的。同理，没有白话文，现代教科书就不可能那么通俗易懂并迅速大规模普及，也就不可能迅速有效地推进新教育，快速取代科举。尽管今天普遍认为白话文的倡导是新文化运动中的重要内容，但事实上早在19世纪末，就有了用简单的文言文和粗浅的白话文编撰教科书的尝试，最突出的是上海彪蒙书室。这家书室规模并不大，但它却编印了大量小学白话教科书，在晚清教育界有相当的影响。从1903年开始，彪蒙书室着手编写出版白话读本蒙学丛书，包括《绘图中国白话史》《绘图外国白话史》等，据统计，彪蒙书室历年出版的各种以白话编写的小学教科书不

---

❶　比如，四川总督赵尔巽的幕僚戴姜福宣统二年就曾经建议，让所有学生都读《论语》，小学生能够背记《论语》的才能上中学，中学生能够解读《论语》的才能上高等学堂。但赵没有采纳他的建议（赵尔巽档案，中国第一历史档案馆藏，案卷号468）。

❷　当时的士人已经意识到旧教材与新教科书之间的差距。许之衡1905年就指出：经学乃孔子之教科书，今人能够完全理解者极少，这因为旧教材与今天的新教科书不同，"若易以今日教科书之体例，则六经可读，而国学永不废"（许之衡"读国粹学报感言"，《国粹学报》第一年第六期，1905）。这已经承认新教科书的体例要优于旧教材。

少于75种。❶关于做白话教科书，编者在1903年就表示："做这种书的人，因为我中国识字的人很少，便想一个容易识字的方法，要使我中国的男男女女大大小小，无一个人不识字，无一个人不知道字的用处，这是做书人的主义。"❷明确说明了白话之于教育的意义。与此同时，广东的陈子褒也编纂了大量通俗或白话课本，在广东地区几乎取代了传统经学蒙学读本。❸事实上，随着西学中的科学教科书的传入，一些学科门类、一些科学公式、一些科学名词、一些科学符号很难在中国传统教材文本中呈现（试想一下，英文教科书或化学分子式要通过中国传统文本的竖排方式理想地呈现出来有多么艰难），所以，白话文及其排版很早就在部分教科书中出现了。到1922年新学制，小学教科书使用白话文。反过来，白话文也正是借助于教科书的流传而被广泛接受并发挥了重要作用。

成就三，建立了教科书最重要的制度——教科书审定制，理性地对待国定教科书，从而使之成为示范性或判例性的典范，为后来的教科书使用创设了榜样。当教科书大量涌现之时，完全放任自流并不是理想状况，清学部首开教科书审定之风，民初教育部并没有让这一教科书事业中最重要的制度断裂，而是不断完善之。清末民国的教科书审定蔚然成型，可圈可点之处颇多。最重要的是，尽管晚清学部自己编撰了教科书，但在听取多方意见后，并没有一意孤行地借助政治与权势强行让自己的课本进入课堂，更没有以行政命令的形式否定民间教科书的存在空间。学部没有赋予自己费尽苦心编写的国定教科书以使用的特权，而是依市场法则，高度赋权给地方、学校、校长和老师，把教科书的选择权交给他们，质量优先——这一做法开了限定国定本教科书的权力空间的先河，明确了国定本不是垄断本的思路，保障了教科书的多样化，具有非常重要的意义。这一优良传统对后来民国教科书制度都有重大影响与约束。

除了三大直接成就，黄金时期教科书的间接影响更加深刻和广泛。

---

❶ 彪蒙编译所编辑. 绘图蒙学论说实在易［M］.5版. 上海：彪蒙书室，1909：广告页.
❷ 施崇恩编. 绘图识字实在易［M］. 上海：彪蒙书室，1903：凡例.
❸ 石鸥，廖巍. 通俗是贵——陈子褒课本之研究［J］. 湖南师范大学教育科学学报，2013（5）：5-11.

最突出的影响表现在人才的培养和社会变革的思想舆论准备上。19~20世纪之交,本土与外域的持续碰撞,救国图存的全民精神,对传统文化的全面反思,求新维新、变革变法的时代追求,使得中国历史的进程到了一个极具转折意义的时刻。政治变革出现了,科技求强出现了,现代教育出现了,一批最不能被世人遗忘的教科书诞生了,在一个特定的时间、场景和一个特定的地域,演绎了一幕思想大启蒙、知识大传播、科技大普及的历史教育剧。一本本教科书促进了兼容并包的学术环境,传播了各种新思想、新学术,论证并推进了思想开放;一本本教科书自由讨论思想文化政治,启民智新民德,在思想启蒙的地平线上,撒播现代文明,构建文明社会的话语系统和基础力量,为古老而年轻的中华教育寻求新的参照系,滋养了一代又一代中华孩儿。

我们有理由认为,20世纪的前半个世纪之所以是中国各领域人才辈出、群星璀璨,思想活跃、流派纷呈的时期,之所以是社会变革大起大落的时期,这与19~20世纪之交的教科书千姿百态,共演思想解放舆论准备大戏这一格局密切关联。仅以社会变革的思想舆论准备为例就可窥见一斑。

章开沅先生曾经为戊戌变法的失败找原因,提出:"百日维新是幸逢其时而不得其人"。❶ 其实,更准确的是"幸逢其人而不得其时"。有皇帝、有康梁,难道还不能说"幸逢其人"? 而失败是因为新教育未开,新教科书未出,人们没有被新知识、新思想、新观念所触动,没有对比,没有追求,没有想到还有另外的制度、政治与社会。甚至在士大夫精英中,有新思想、新知识者也寥寥无几。这个时候,任变法者颁布的维新诏令雪花般飞舞,也只能看作主观愿望,一厢情愿。社会还没有准备好,民众还没有准备好,心态、文化、思想、观念都还没有准备好迎接这场变法。所以,不管是谁,都无法完成这场不能完成的变法,它失败得如此迅速也就在情理之中了。谭嗣同曾经自责性急而导致事情不成。其实,性急也就意味着时候还不到,之所以时候不到,是因为新思想未传播开来。

几年后情况就变了,1898~1911年,几乎是新思想、新观念如火

---

❶ 章开沅. 改革也需要策略 [J]. 开放时代, 1998 (3): 12.

如荼的涌现时期，教科书则把它们传播到千家万户，由此推动了近代中国群众性的启蒙高潮的形成。严格说，辛亥革命也并没有"幸逢其人"的运气（武昌枪响时，孙中山还在大洋彼岸，黄兴也是半个多月后赶去武昌的），但它有幸"得其时"——民主、自由的思想，宪政、共和的观念随着海量的新式教科书铺天盖地而来，❶ 民智为之而开，民心为之而新，武昌的枪炮声尚未完全平息，各地已经插满了革命的旗帜，读书声成就了枪炮声，革命的成功乃为必然。

　　五四运动之所以一呼百应，也有这一道理蕴藏其中。❷ 在 1912 年出版的新式教科书中，仅"共和国教科书"10 年间就销售 7000 万~8000 万册之多，❸ 还不包括大量形形色色的手抄本、翻刻本、盗版书。较之于教科书，《新青年》和陈独秀、胡适、鲁迅等思想家的作品的发行量根本就算不了什么。据统计，《新青年》于 1915 年 9 月创刊，到 1917 年时，其发行量从创刊时的 1000 册增加到了 1.5 万册左右。陈独秀、胡适、李大钊和鲁迅的许多被认为影响深远的重要作品就发表在该刊物上，如鲁迅的《狂人日记》《孔乙己》《药》等，李大钊的《庶民的胜利》《布尔什维主义的胜利》，胡适的《文学改良刍议》，陈独秀的《敬告青年》《文学革命论》等。从发行量上看，至少当时这些作品的影响面还是有限的。

　　没有教科书的普及，就不会有大量学子对新文化运动的一呼百应，也就不会有新文化运动。使民主政治由少数知识精英关注而成为浸润到社会各阶层民众的普遍思想，冲击和改变着广大人民的既有观念，塑造着国民新的世界观与价值取向的，正是浅显易懂、深入千家万户、绝大

---

❶ 比如，1904 年的《最新初小国文教科书》一经出版便势不可当，发行后几日内便被抢购一空，"未及数月，行销 10 余万册"（王建军，《中国近代教科书发展研究》，1996 年，第 111 页），这还不包括其他各种最新教科书。1907 年就有传教士惊叹：到目前为止，商务印书馆"所编印的优良教科书，散布全国"（Rev. H. S. Redfem, The Educational Review, 1907, No. 6. P3），而对比维新运动时康有为那慷慨激昂的"公车上书"，也只能影响极为有限的部分学子。

❷ 据统计，1912 年的《共和国教科书新国文》出版后迅速受到欢迎，一印再印，我们在版权页上看到的不完整信息非常惊人，如《新国文》第 1 册于 1912 年 6 月初版，1922 年 2 月则高达 1931 版，第 2 册 1926 年 7 月 2358 版。

❸ 上海地方志办公室．http://www.shtong.gov.cn/node2/node2245/node4521/node29060/node29184/node63892/userobject1ai14500.html．

多数人能够读到、读懂的教科书,而不是大学者大思想家们(比如鲁迅、胡适、李大钊、陈独秀等人)犀利的著作与学说。

除了这三大成就、一大影响外,教科书黄金时期的一个重要外在表现是教科书数量和品种的丰富多样。

在教科书发展的黄金时期,社会思潮与教科书的发展激荡辉映,雨后春笋般出现的教科书铺就了三十年发展之路。数量上、种类上都创造了中国教科书之最,质量上也达到了中国教科书发展的高地。学堂教科书、书坊教科书,单品教科书、系列教科书,民间教科书、国定教科书,乡土教科书、女子教科书、社会教科书、单级教科书,等等,琳琅满目,异彩纷呈,满足了不同学校、不同师生的发展需求。这是中国历史上教科书最为丰富多样的一个时代。没有哪一个时期有这么多的社会资源参与中小学教科书建设,没有哪一个时期有这么多知识精英关注中小学生那小小的课本,多特色、多种类、多形式的教科书如潮水般涌来,占领了大大小小的课堂,被千百万学童捧在手中,由此掀起了思想启蒙热潮。当时那种学术自由、思想开放、兼容并包的氛围,令繁星般的单品教科书与闪烁着智慧之光的大型成套教科书双轨并存,令民间教科书与国定教科书并行不悖。单品教科书各显特色,大型系列教科书气势开阔,手笔恢弘,颇显今日学者期盼的中国教科书气派。❶

尽管有人会批评,在教科书发展的这段岁月里,教科书编撰的专业门槛比较低,稍有专业知识和受过学术训练的人便能轻易进入。许多教科书的编撰者既是知识人,也是政治行动者,既有有多年教师经验的老

---

❶ 以《共和国教科书》为例,它是民国元年根据中华民国新政体的要求由商务印书馆迅速推出的。据不完全统计,该大型教科书系列包括 20 种初小教科书和教授书,共 140 册(含挂图 24 幅),25 种高小教科书和教授书,共 118 册,36 种中学教科书和教授书,共 53 册。为了适应新学制秋季始业的规定,同时又照顾老学校一时难以放弃旧学制春季始业的做法,部分《共和国教科书》又分编为春季用和秋季用两种。仅仅中学教科书中,历史就有本国史、东亚各国史、西洋史等,地理则有本国地理、外国地理、自然地理、人文地理等,还有植物学、矿物学、动物学、生理学、物理、化学、经济大要、法制概要、普通体操、兵式教练,等等。又如,民国于 1912 年成立,同年中华书局成立,到 1913 年初,中华书局就编撰出版中华系列教科书满足了民国学校的需要,其中小学教科书有 18 种 74 册,小学教授书有 10 种 47 册,中学教科书有 21 种。普通的民间出版机构(其中一家成立才几个月)在短时间内适应新要求而编撰出这么多涵盖了文理各科的中小学教科书,实在可敬可佩,令人难以想象。即便在百年后的今天,国有大型出版社也会自叹不如。

学究，也有刚出甚至未出校门的黄毛青年。他们编撰的一些教科书非常粗糙，缺乏系统性和规范性，甚至错误百出。一定程度这是事实，但对教科书这一新起的领域来说，并不完全是坏事。相关教科书大量涌现，尽管鱼龙混杂，但竞争激烈，更新换代快，使得这一领域保有必要的动力与活力。正是这种众声喧哗的局面，这种混杂但生机淋漓的时代，才能得以冲破僵化的旧教育的束缚，得以突破传统旧经典的羁绊，才能适应社会文明的大变革；才能够吸引许多富有理想和批判精神的热血知识分子进入到教科书领域。教科书的繁荣时期，应该是能够吸引大量关注教育、关注学童的组织与个人加入其建设的时期，这是好现象。

这是中国教科书史上十分罕见的三十年，是一个翻天覆地（摧毁科举）、重建教育（颁布学制）、启蒙思想的时期，这是思想开放的高峰，也是创造性高扬的年代，各种新式教科书应时而生，在百年中国教科书史和教育史上留下了浓墨重彩的一笔，这黄金三十年也成为中国近现代历史上延续时间最长和最自由的教科书建设时期。这以后，特别是国民党党化教育的推进和党义教科书、国定教科书出现以后，我国教科书就一直处于相对平稳甚至沉闷的发展期，日益规范、日益标准化，但也少了开放的生气，少了创新的锐气，教科书黄金时代结束了。

3. 清末民初教科书黄金时代落幕

1924年孙中山制定三大政策后，在苏联顾问的指导下，加强了国民党对各领域的控制。在思想领域，期望构建以"新三民主义"为核心的主流意识形态。1927年蒋介石南京政府成立后，更是进一步强化国民党意识形态的主导地位，大力实行"党化教育"，编写党义教科书，通过教科书阐释党义，维系国民党的正统地位，极力消除各种"异端思想"的传播。逐渐地，众多印数不大、各具特点与风格的教科书消失，教科书的种类大幅度减少，丰富性越来越弱。教科书形制日益规整，日益模式化，部分教科书板起了正规的、严肃的面孔，自此中国教科书发展失去了独立自由的局面，被全面纳入国家权力的控制范围内。中国现代教科书的发展告别黄金时期走入了相对平稳时期，也是意识形态控制日益严格的时期。到20世纪40年代，这一转变完全实现，再也看不到教科书发展那略带野性、新鲜劲、创新气势的局面了。教科书黄金时代落幕。

中国教科书黄金时代落幕的另一个原因是日本的入侵。日本全面入侵后,教科书出版机构和其他机构一样,受到重挫。上海的出版事业几乎全停,转移到重庆的分支机构亦不景气,基本上是维持,只有政府的官营出版机构赢得了一定的发展机会。为抗战服务的、标准的、示范性的或国定教科书时代开始替代黄金教科书时代。抗战结束,民营出版机构还来不及缓口气,世局大变,教科书事业无法再现世纪之交的辉煌了。

三、新中国教科书的发展:迈向一个多样化时代

1949 年后的教科书发展,可以划分为新中国 17 年、文化大革命 10 年和改革开放后三个大的发展时期。

1. 教科书全面统一与规整阶段(1949~1966)

这是迅速结束新政权之前的一切教科书的时期,是用全新的教科书占领课堂的时期。对革命者而言,1949 年前的教科书遗产和传统应尽可能被束之高阁。他们必须尽快用统一的体现新政权思想与话语的教科书取代过渡过来的教科书包括国统区、根据地解放区等各种背景。旧的遗存荡涤一空,新教科书横空出世。新中国教科书出色地化解了社会急剧转变带给人们的震动、不安与茫然,引导人们发自内心地拥护正在兴起的共产党政权。20 世纪 50~60 年代的教科书不主张柔情,不主张多元,反对个体,呼唤群众运动,呼唤统一、跃进、高昂、激情、美好、乐观。

在整个 1949~1966 这 17 年里,教科书编撰者们经常面临各种困惑、困难与压力,不同力量(比如苏联与本土)之间的博弈从未消停过,这些博弈微妙地影响甚至主导了 17 年来教科书发展的不同阶段。一段时期内,苏联教科书的影响至关重要,它的冲击曾经让本土教科书(甚至教科书的最高管理者)尽失颜面。20 世纪 50 年代初期,地理教科书、物理教科书在检讨,文学与汉语教科书、五年制小学教科书被否掉了。一段时期内,集权与教科书的规整至关重要,除了中央官方出版机构的教科书外,一切其他教科书被逐出课堂。一段时期内,放权与教科书的实验如出闸的水奔腾向前,地方教科书、乡土教科书、各种学制实验教科书,全面开花,在 17 年的统一、通用、统编教科书高歌猛进

的路途上，闪现了一道难以忽略的、余味无穷的风景。这些探索为教科书建设带来了全新的主题、叙事方式、文本语言与编撰模式。但从长远来看，它在教科书发展史上留下的最重要的印记之一是，自有现代教科书以来第一次全面清除了统编教科书以外的其他教科书。

这样一种高度控制和垄断教科书的策略势必带来一系列新问题，其中某些问题困扰了我们半个世纪，而且还会继续困扰下去。最突出的两个问题是：一、弱化了课程标准（教学大纲）的威权性，过度强化了教科书的作用；二、无法适应千差万别的地方差异和学生差异，一则导致精英不能脱颖而出，二则导致教科书内容难度问题一直解决不了，教育部在这个问题上的举措犹如钟摆，一刻也没有停过，一刻也没有均衡过，历届教育部成员都没有摆脱这一困扰，被它纠缠了半个世纪。❶

2. 十年"文革"期间的教科书阶段（1966~1976）

这是全面构建红色革命课本的时期。对于在 20 世纪六七十年代受教育的中国人来说，十年"文革"教育是难以磨灭的记忆，那红彤彤的课本是那个时代革命思想和意识形态的教育具象。它把意识形态的演绎推向了极端，把革命课本的渲染推到了极致。"文革"课本以前所未有的激进和无所畏惧的勇气，尝试着学科综合、知识与生产的结合、理论对实际的迎合；"文革"通过工农兵对课本的生产，使得"教科书"有史以来第一次如此平民化，第一次如此去权威性；"文革"课本的封面和插图人物中，男的高大勇猛，女的丰满威武，适应特定的政治美学需要，也构筑了特定的教科书政治美学。红彤彤的课本成了非常年代的特殊文化现象，它构建了崭新的一种教科书样式——一种革命版教科书。这是一个时代的政治、文化、教育理念的标本，这一标本是对传统经典教科书的彻底革命或否定。尽管这一标本随着一个时代的结束戛然而止，但它的方方面面都具有教育史的经典意义。它的样式是那样的鲜明独特、它的话语是那样标准化且充满火药味、它结构的雷同又奇特，它的生产者的身份形形色色，以及它关注生产、关注现实的精神（即便是那样的极端和功利）。

---

❶ 石鸥，吴小鸥. 50 年代初期大陆教科书统一制度的历史意义与现实教训［J］. 教科书研究（台湾），2012（1）：27-45.

3. 改革开放后的教科书发展时期（1977～今天）

这是教科书统一与多样化微妙博弈的阶段，是中央与地方均衡教科书权力的阶段，最终初步形成了在统一要求下的教科书的多样化格局。以20～21世纪之交为界，这又大致可以细分为两个亚阶段。

20世纪80～90年代，教科书发展经历了复杂曲折的历程。既有短暂的恢复阶段，也有生机勃勃的局面，如八套半教科书的改革、实验教科书、地方教科书和乡土教科书的迅猛发展等（遗憾的是，这个局面并没有延续下来，更没有被发展完善）；还有相对单调的时期。因为每当社会发生变革或动荡，总会迅速影响到教育，而教育上的变化，从根本上来说是教育内容的变化，这就必然集中体现在教科书的变化上。整体而言，20世纪下半叶的教科书尽管有了长足的进步，可圈可点之处不少，但仍显现出两大不足：一是泛政治性，即便受到联系生活实际、关注社会实践的冲击；二是明显的垄断性、单一性，即便教科书多样化有了初步的发展。教科书多样化的初步尝试，在所谓通用的、统一的、国家的教科书等权威性说法面前显得非常弱小。多样化进展缺乏制度设计与制度保障。

进入21世纪后，基础教育课程改革席卷全国。课程改革最重要的变化之一是从制度上把教科书建设推上了新的平台。过去长期占主导地位的"一纲一本"的局面被打破，掀起了以多样化为标志的教科书发展，同时展开了对中国教科书现代化历程的制度性升华——走上了一条回归多样化的否定之否定的发展之路。在课程改革中看到的这一幕，如同清末民初教科书发展黄金时期的再现：诸多社会资源参与到教科书发展行列，调动社会如此庞大的力量加入到教科书的建设之中，诸多学者专家如此微观、如此细致地关注到课堂、关注到学生。百年前教科书发展的一幕再次在百年后掀开，一出教科书变革的大戏已经而且将继续有声有色地上演。

第一章
近代教科书的出现与发展

第一节 西学教科书的引进 002
一、教会学校与西学启蒙读本 003
二、"学校教科书委员会"与西学教科书 007
三、中国官方译介西学著作 011

第二节 新式学堂自编教科书的出现 014
一、从旧书塾到新学堂 015
二、新式学堂自编教科书 017
三、大学堂编译的教科书 022

第二章
现代教科书的产生与繁盛

第一节 现代意义教科书的产生 028
一、中国现代学制的确立 028
二、中国第一套现代意义的教科书 031

第二节 清末教科书及其审定制 035
一、大量涌现的书坊教科书 036
二、教科书审定制的确立 048
三、清末国定教科书 052

第三节 民初教科书的多样探索 057
一、民初学制与课程变革 057
二、新政体教科书 059
三、新教育思潮教科书 065
四、国语运动与白话教科书 068

第四节 1922年新学制教科书的新发展 073
一、学制变革与《新学制课程标准纲要》 073
二、系统而成熟的新学制教科书 076

第三章
国民党南京政府时期的教科书

第一节　国统区教科书　88
一、党化教育及其课程　88
二、三民主义宗旨的教科书　92
三、新课程标准教科书　99
四、国定本教科书的推行　111
五、战时教科书　118

第二节　伪政权下的教科书　122
一、伪满洲国教科书　122
二、华北伪政权教科书　130
三、汪伪政府国定教科书　134
四、伪蒙政府教科书　137

第四章
共产党革命根据地教科书

第一节　中央苏区的教科书　142
一、中央苏区的教育概况　142
二、中央苏区的小学教科书　144

第二节　抗战时期根据地的教科书　148
一、抗日根据地的中小学教育概况　148
二、陕甘宁边区教科书　150
三、晋察冀边区教科书　153
四、晋冀鲁豫边区的教科书　157
五、山东根据地与国防教科书　160
六、其他根据地的教科书　162

第三节　解放战争时期根据地的教科书　163
一、解放区中小学教育　164
二、各解放区的主要教科书　165

三、解放区教科书的意义 171

第五章
新中国成立初期17年教科书的统一与探索

第一节 新中国教科书的迅速统一 174
一、新中国早期的过渡教科书 175
二、中小学教科书的统一举措 177
三、全国最早的准通用教科书的产生 178
四、新中国第一套统编通用的教科书 180

第二节 教科书的放权探索 188
一、教科书多样化的首次尝试 189
二、学制改革探索与教科书建设 190
三、适应课程调整的教科书建设 193
四、统编教科书的整顿提高 198

第六章
"文革"教科书的变异

第一节 "复课闹革命"中教科书的彻底革命 206
一、"停课闹革命"阶段的替代性课本 206
二、"复课闹革命"阶段的红色课本 209
三、从"暂用课本"到"试用课本" 219

第二节 "整顿"与"反回潮"中的课本反复 226
一、教育整顿与课本回归 227
二、"反回潮"时期的课本 233

第七章
改革开放时期的教科书改革与探索

第一节 改革开放初期教科书的恢复与规范化 244
一、统编教科书制度的恢复 245

二、初期多样化的教科书探索　249

三、适应教学实验需要的教科书　252

四、各地自编教科书　258

第二节　义务教育教科书　260

一、教科书审定制度的确立　260

二、义务教育教学大纲的颁布　261

三、教科书多样化的尝试：义务教育"八套半"实验教科书　262

四、遍地开花的乡土教材　266

五、种类繁多的其他教科书　267

第三节　高中教科书的改革与发展　270

一、高中课程改革　270

二、高中教科书建设　271

三、"两省一市高中实验"教科书　272

第八章
新世纪课程改革教科书的兴盛与竞争

第一节　教科书管理制度的进一步完善　276

一、确立教科书编写立项核准制度　276

二、实行教科书两级审定制度　277

三、推行教科书选用制度　278

四、试行教科书免费供应与循环使用制度　280

第二节　新世纪课程改革教科书的多样化局面　281

一、课程标准教科书的繁荣发展　282

二、三级教科书体系基本形成　285

三、电子教科书建设初见成效　288

四、少数民族语言教科书的发展　290

后记

第一章 近代教科书的出现与发展
1862～1903

鸦片战争的隆隆炮声，使固守几千年古老文明的中国封建末代王朝出现了"天崩地解"的历史性转折。马克思在《中国革命和欧洲革命》中写道："天朝帝国万世长存的迷信受到了致命的打击，野蛮的、闭关自守的、与文明世界隔绝的状态被打破了。"❶ 在西学东渐的选择中，古老的中国开始了步履维艰的现代化。在这一艰难的现代化进程中，新式教育既是现代化进程的重要组成部分，也为现代化的发展提供了必不可少的人才、知识与智慧支持。新式教育的主体是新式学堂，而新式学堂的核心是新式教科书。自鸦片战争后，特别是洋务运动时期，以1862年京师同文馆成立为标志，到清末新学制的产生，这一段是西学教科书的引进时期，也是中国现代教科书的萌芽时期，是中国短暂的近代教科书出现与发展的时期。

第一节 西学教科书的引进

鸦片战争后，中国逐渐沦为了一个半殖民地半封建社会，对于中国命运的再思考使得"中国向何处去"一时成为了近代中国的时代主题。为回答这一问题，传教士、洋务派甚或其他各方人士，分别从不同的角度进行了论证。其中的重要策略之一是寄希望于西学和新式教育。西学亦称"新学"，这一概念是历史的产物，一般指从16世纪末开始由利玛窦等西方传教士介绍而来的西方科学文化。李约瑟博士认为，在"耶稣会传教士进入中国后，中国的科学便和全世界的科学汇成一体了"，但"因为受到历代以来中国社会中抑制科学发展的因素的影响，这种融汇进行得很慢。"❷ 而且在早期，这种融汇基本上是清一色的引进，其标志是以西方近代学科分类为标准建构起来的新知识系统大量翻译后引进中国，随后进入各种教会学校、洋务学堂。

---

❶ 中共中央马克思、恩格斯、列宁、斯大林著作编译局. 马克思恩格斯选集（2卷）[M]. 北京：人民出版社，1972：2.

❷ 梁启超. 科学精神与东西文化 [J]. 科学. 1922，7（9）.

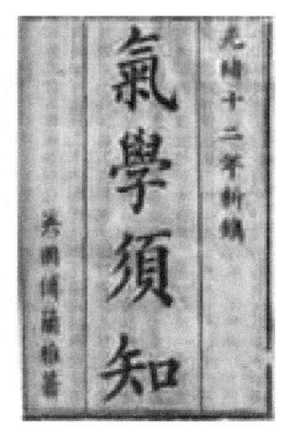

一、教会学校与西学启蒙读本

中国最早的教会学校可追溯到1594年葡萄牙殖民者在澳门建立的圣保禄学院，但它主要是培训西方传教士的。❶ 19世纪初，随着欧洲资本主义势力的进一步扩展，海外传教事业也随之兴盛。1818年，基督教伦敦会的马礼逊在马六甲创办英华书院，1834年马礼逊逝世后，为纪念他而于1836年设立"马礼逊教育会"，并于1839年11月在澳门开办了马礼逊学堂，由布朗负责管理。第一批学生是6名男生，❷ 该学堂1842年迁到香港，成为香港开埠后的第一所学校。随校迁港的学生有11名，至1844年学生发展至32名。课程包括中文科和英文科，英文科有天文学、历史、地理、算术、代数、几何、初等机械学、生理学、化学、音乐、作文等课目，中文科有《四书》《易经》《诗经》《书经》等课目。中文科由华人任教，英文科由英美人任教。中国近代第一批留学生容闳、黄胜宽等即是该校学生。1847年1月，布朗离港回美。1850年马礼逊学堂因故停办。第二次鸦片战争之后，西方传教士凭籍不平等条约的保护，纷纷来华传教、办医院、办学校。较著名的有天主教在上海办的徐汇公学（1850年），长老会在宁波办的崇信义塾（1845年），公理会在福州办的格致书院（1853

---

❶ 顾明远主编. 世界教育大事典 [M]. 南京：江苏教育出版社，2000：42.
❷ 蒋祖缘，方志钦主编. 简明广东史 [M]. 广州：广东人民出版社，1993：407.

年）等。到 1860 年，天主教耶稣会在江南一带已发展教徒 7.7 万余人，天主教小学 90 所；基督教设于开港五口的基督教新教小学就达 50 所，学生 1000 余人。❶ 19 世纪 70 年代，少量教会中学出现，如山东登州文会馆，前身是 1864 年美国传教士狄考文创办的蒙养学堂，1877 年升格，这阶段的学校以小学为主，中学数量不多，约占学校总数的百分之七。

1844 年"英国东方妇女教育促进社"女传教士爱尔德赛在宁波创办的女塾学校是基督教新教教会在中国创设最早并略具规模的女子学校❷。课程有识字、基督故事、数字、地理、女红等。此后，神文女塾（1850 年）、文纪女塾（1851 年）、明德女校（1853 年）、徐汇女子学堂（1855 年）、崇德女校（1869 年）、中西女塾（1892 年）等教会女校先后成立。北京也出现了教会学校，如 1864 年建立的育英学堂和贝满女学堂。

教会学校的办学因国别、教派和程度、专业的不同，教学内容也有差异。就中小学程度的学校而言，总的来看，课程可分为宗教课、传统的中国经学课、近代的科学文化课三大类。❸ 除传统中国经学课教学用书之外，教会学校使用的教学用书主要是由教会出版机构出版的西学译著。其中比较突出的出版机构及其西学读本有：

墨海书馆的《光论》（艾约瑟、张福僖合译，1853 年）、《数学启蒙》（伟烈亚力主译，1853 年）、《地理全志》（慕维廉撰，1853～1854 年）、《大英国志》（慕维廉翻译，蒋敦复润色，1856 年）、《续几何原本》（伟烈亚力、李善兰合译，1856 年）、《重学浅说》（伟烈亚力、王韬合译，1858 年）、《重学》（艾约瑟、李善兰合译，1859 年）、《谈天》（伟烈亚力、李善兰合译，1859 年）、《代数学》（伟烈亚力、李善兰合译，1859 年）、《代微积拾级》（伟烈亚力、李善兰合译，1859 年）、

---

❶ 孙培青主编．中国教育史（修订版）［M］．上海：华东师范大学出版社，2000：294．

❷ 丁光训，金鲁贤，张庆熊编．基督教大辞典［M］．上海：上海辞书出版社，2010：457．

❸ 俞启定主编．中国教育简史［M］．北京：中央广播电视大学出版社．1999：199．

第一章　近代教科书的出现与发展

《植物学》（韦廉臣、艾约瑟、李善兰合译，1859年）等。❶

美华书馆的《华英初学》（1872年）、《英字指南》（杨少坪辑译，1879年）、《形学备旨》（狄考文译、邹立文笔述，1885年）、《法字入门》（龚渭琳编译，1887年）、《代数备旨》（邹立文、狄考文编译，1891年）、《八线备旨》（潘慎文、谢洪赉合译，1893年）、《代形合参》（潘慎文、谢洪赉合译，1893年）、《格物质学》（潘慎文、谢洪赉合译，1898年）、《地理略说》（潘慎文、谢洪赉合译，1898年）、《中学万国地志》（1907年）等。❷

广学会的《泰西新史揽要》（李提摩太、蔡尔康合译，1894年）、《格物探原》（韦廉臣，1856年）、《七国新学备要》（李提摩太撰，1887年）、《自西徂东》（花之安，1888年）、《中东战纪本末》（林乐知译编，蔡尔康笔述，1896年）、《文学兴国策》（林乐知译，1896年）等。❸

土山湾印书馆的《形性学要》（汇报馆译）、《西学关键》（汇报馆

---

❶ 墨海书馆（The London Missionary Society Press）是1843年由英国伦敦教会麦都思（Walter Henry Medhurst）创立，是外国教会在上海也是在中国大陆开设的第一个现代出版机构，取义"瀚墨之海"。墨海书馆先后由麦都思、伟烈亚力（Alexander Wylie）和艾约瑟（Joseph Edkins）主持，编辑有王韬、李善兰、管嗣复、张福僖等，经费由教会资助。墨海书馆当时主要印刷《圣经》和其他宗教小册子。自1850年开始印刷部分科学书刊，1857年1月26日墨海书馆出版的《六合丛谈》（Shanghai Serial）是上海第一份中文刊物。墨海书馆的译著和杂志，使鸦片战争后西学东渐之势在自然科学方面开了先河，它也成为了1843～1860年西学传播方面最重要的据点。

❷ 美华书馆（The American Presbyterian Mission Press）是1860年由美国传教士创办，其前身是1844年美国基督教长老会在澳门开设的花华圣经书房，1845年迁往宁波，1860年迁至上海，改名美华书馆。早期经营人是理查德·科尔（Richard Cole）。1858年由威廉·姜别利（William Gamble）主管。1869年姜别利离华后，先后由J. 韦利（J. Wherry）、J. L. 马提尔、W. S. 霍尔特（W. S. Holt）、J. M. W. 法纳姆（J. M. W. Farnham）、G. F. 费启鸿（G. F. Fitch）等主持。书馆主要出版《圣经》和宗教书刊及供教会学校用的教科书，还印刷出版了几十种自然科学书籍。它迅速发展成为当时上海规模最大、最先进的活字排版、机械化印刷的印刷机构，并取代了墨海书馆的地位，承印广学会的书刊，成为基督教在中国的最主要出版印刷机构。到19世纪末，美华书馆已成为外国教会在上海也是在整个中国规模最大的印刷机构，著名的《万国公报》便是由它印刷的。

❸ 广学会原名"同文书会"，1887年在上海成立，1892年改为"广学会"，取义"以西国之学广中国之学，以西国之新学广中国之旧学"（万国公报：第86册，1897年4月）。1905年英文名称改为"The Christian Literature Society for China"。由英国伦敦布道会传教士韦廉臣联络林乐知、慕维廉等人发起创办。赫德兼任会长（当时称总理），佛克任副会长，韦廉臣任督办（后称总干事），主管日常工作。广学会是基督教在中国设立的最大的出版机构，委员有林乐知、丁韪良、李提摩太（Limothy Richard）等人。广学会以传播西学知识为重的方针，正是新教走向实用化、理性化的表现，其表征便是对自然科学和人文、社会科学的借重。广学会出版了大量图书，所编历史、地理、理化、伦理、宗教等程度稍高的书籍，大多被学堂作为教科书。

译)、《几何探要》(汇报馆译)、《透物电光机图说》(汇报馆著)、《五洲图考》([法]龚若愚译,许采白述)、《公额小志》(汇报馆译)、《墨澳觅地记》(汇报馆译)、《物理推原》([法]罗爱弟著,李译)、《世界历史》等。❶

1886年,总揽清朝总税务司大权的英国人赫德组织总税务司的司译、英国传教士艾约瑟执笔翻译了一套内容广泛的启蒙读物,《格致启蒙》是一套内容广泛、影响巨大的西学启蒙读物。这套书原由英国麦克米伦公司出版,执笔者大都是当时英国的科学名家,内容深入浅出,简明扼要,是很好的西方科学入门读本。全书内容包括《西学略述》《格致总学启蒙》《地志启蒙》《地理质学启蒙》《地学启蒙》《格致质学启蒙》《身理启蒙》《动物学启蒙》《化学启蒙》《植物学启蒙》《天文启蒙》《富国养民策》《辨学启蒙》《希腊志略》《罗马志略》《欧洲史略》,共计16种。其中,12本是由英国麦克米伦公司出版的初级科学丛书。1896年,这套书经过少许修改以《西学启蒙》之名在上海重版,有1896年的广学会版、1898年的上海集成印书局版等。李鸿章为这套书写了序言,他写道:"今以浮华无实之文字,汩没后生之性灵。泰西之学,格致为先,自昔已然,于今为盛。学校相望,贤才辈出,故臻于富强。"❷他称艾约瑟为儒者,译成这套有益于中国科学教育事业发展的书籍,"艾君之妙笔与赫君之盛心并足不朽矣"。❸曾纪泽也在序中称艾约瑟为"英国儒士",鼓励有志于研习西学的人,不妨将此书视为《尔雅》之类的入门工具书,在此基础上继续深造,将来必成大器。梁启超则评价其中的《希腊志略》和《罗马志略》"皆特佳之书"。❹

---

❶ 土山湾印书馆成立于1864年(最初是上海耶稣会在徐家汇蒲西路448号开办的一个孤儿院,院内设置了制作宗教用品和印刷书籍的工场,让12岁的儿童学习手艺,该印刷工场即发展成为后来的土山湾印书馆)。1869年,出版的木版中文宗教书籍已有70种,大多是重刊利玛窦、南怀仁、艾儒略等人的著作。1894年,成立照相制版部,最先把石印术、珂罗版印刷和照相铜锌版设备和技术引入上海,是天主教在中国创办的最早、最大的出版机构。该馆主要出版宗教书刊、经本、图像、年历、教科书以及中、英、法、拉丁文书籍。进入民国以后的一段时间内,土山湾印书馆还在出版教科书等书籍。

❷ 沈寂. 中国近代史事论丛[M]. 合肥:安徽大学出版社,2009:18.

❸ 卢汉超. 赫德传[M]. 上海:上海人民出版社,1986:249.

❹ 梁启超. 读西学书法[M]//黎难秋,主编. 中国科技翻译史料. 合肥:中国科技大学出版社,1996:640.

二、"学校教科书委员会"与西学教科书

19世纪，传教士在华办学大致可以分为三个阶段：第一阶段是从鸦片战争到《北京条约》签订前的二十年间，主要是在通商口岸开办了一些规模小、程度低的教会学校；第二阶段大致是清政府洋务运动开始后的十五年，教会学校仍以小学为主，但少量教会中学出现。第三阶段是1875年至1899年，教会学校总数和学生数量都明显增加，尤其是基督教中学的增幅较大。❶ 据1877年"在华基督教传教士大会"的报告，从1842至1877年，全国基督教创办的学校有350所，学生5975人。❷

"随着教会学校数量增多和影响增大，合适的教科书，尤其是各种科学类教科书在中国十分需求。"❸ 有的传教士和教会学校开始自己编译教科书，如1864年狄考文在登州文会馆自编教科书供该校学生使用。他先后编写的教科书有：《要理问答》《心算初学》《笔算数学》《形学备旨》《振兴实学记》等，他还在课堂上教授电学、测绘和理化等课程。❹ 由于这种自编自用的方法不能相互交流，质量也参差不齐，传教士们认为应当通力合作，共同解决这个问题。于是"光绪二年举行传教士大会时，教士之主持教育者，以西学各科教材无适用书籍，议决组织'学堂教科书委员会'。该委员会所编教科书，有算学、泰西历史、地理、宗教、伦理等科，以供教会学校之用，间以赠各地传教区之私塾"❺。

1877年5月，"学校教科书委员会"（School and Textbook Series Committee）正式成立，统一编订教会学校教科书。该组织当时被翻译为"益智书会"，是中国近代第一个编辑出版教科书的专门机构，一般认为，"教科书"一词即由此而来，"教科书之名自是始于我国矣。"当

---

❶ 顾长声. 传教士与近代中国[M]. 上海：上海人民出版社，1981：225.
❷ 陈景磐. 中国近代教育史[M]. 北京：人民教育出版社，1979：58.
❸ C. W. Mateer. School Books For China. The Chinese Recorder，1877：P427.
❹ 顾长声. 传教士与近代中国[M]. 上海：上海人民出版社，1981：236.
❺ 中华民国教育部. 教科书之发刊概况[M]//. 第一次中国教育年鉴（戊编·教育杂录）. 上海：开明书店，1934：115.

然，对此也有不同看法，认为真正以"教科书"冠名的课本要晚得多。❶"学校教科书委员会"的委员有丁韪良、韦廉臣、狄考文、林乐知、傅兰雅等。当时，傅兰雅被推举为干事，工作主要有两项，一为编辑出版教科书，一为确立统一的译名。

对于教科书的编撰，狄考文撰文列出五项具体规则：一是教科书的编写体例，学校用书的要义在于它是供教师研究和教学之用，而不是仅供阅读；二是新名词问题，每一种新科学都会创造一套新名词，新名词使用的原则要简要、适用、精确；三是教科书不应仅仅是"翻译"，所有的数字图形、阐释说明都应该取自于中国人熟知的事物；四是教科书应该是明白朴素的；五是教科书应该是生动有趣的。❷ 这些原则为学校教科书委员会的教科书编辑出版工作定下了大致基调，实际上也为中国现代意义的教科书发展提供了基础。

王树槐先生在《基督教教育会及其出版事业》一文中这样介绍："益智书会委员，经过数次商讨之后，决定编辑两套学校用书，一供初等学校使用，一供高等学校使用，包括数学、天文、测量、地质、化学、动植物、历史、地理、语文、音乐等科目。规定用浅易的文言撰写。"❸ 关于教科书的内容，要求包括"一，初级和高级的教义问答手册，以直观教学课的形式，各分三册。二，算术、几何、代数、测量学、物理学、天文学。三，地质学、矿物学、化学、植物学、动物学、解剖学和生理学。四，自然地理、政治地理、宗教地理以及自然史。五，古代史纲要、现代史纲要、中国史、英国史、美国史。六，西方工业。七，语言、文法、逻辑、心理、哲学、伦理科学和政治经济学。八，声乐、器乐和绘画。九，一套学校地图和一套植物与动物图表，用于教室张贴。十，教学艺术，以及任何以后可能被认可的其他科目"❹。

---

❶ 中华民国教育部. 教科书之发刊概况［M］//. 第一次中国教育年鉴（戊编·教育杂录）. 上海：开明书店，1934：115. 但也有不同意见，请参考石鸥、吴小鸥著《中国近现代教科书史》（上），长沙：湖南教育出版社，2012：15－16.

❷ C. W. Mateer. School Books For China. The Chinese Recorder, 1877：P427－432.

❸ 王树槐. 基督教教育会及其出版事业［G］//. 林治平. 近代中国与基督教论文集. 台北：宇宙光出版社，1981：199－202.

❹ 陈学恂主编. 中国近代教育史教学参考资料（下册）［M］. 北京：人民教育出版社，1987：86－87.

英国传教士傅兰雅于 19 世纪 80 年代编写的《格致须知》是"学校教科书委员会"最具规模和最有影响的西学教科书,也是中国近代史上第一套由专设教科书机构专为学堂学生教学而编撰的新式教科书。❶《格致须知》原计划编写 10 集,每集 8 种,共计 80 种,第 1、2、3 集是自然科学,第 4、5、6 集是工艺技术和社会科学,第 7 集是医学须知,第 8、9 集是国志须知和国史须知,第 10 集是教务须知,至 1890 年已编出前 3 集,其他几集后来只出了一部分,没有完全编成。❷《格致须知》第 1 集初版于 1882~1887,共 8 册,包含《地志须知》《地理须知》《地学须知》《化学须知》《气学须知》《天文须知》《算法须知》《声学须知》。这套教科书作为中国近代第一套按照西方学术门类分科编撰的西学教科书,开拓性地构建了科学的学科门类的知识体系,也同时构建了现代教科书的学科知识体系,开启了中国近代史上系统分科编撰西学教科书的时代。

据 1890 年傅兰雅报告"学校教科书委员会"历年来的成就,14 年中自行编辑出版的书籍共 50 种、74 册及图表 40 幅。另外还审定合乎学校使用之书 48 种、115 册。两项合计共 98 种、189 册。其中以自然科学为最多,算学类 8 种,科学类 45 种,历史类 4 种,地理类 9 种,道学类(包括哲学与宗教)19 种,读本类 1 种,其他 12 种。以上各类书籍,至 1890 年共计出版了三万余册,售出约一万多册。❸

根据 1890 年的统计,由"学校与教科书委员会"出版和审定的教科书情况如下表,另外还出版有各类教学用图表 40 幅。

表　1890 年"学校与教科书委员会"出版和审定的教科书情况❹

科目类别		算学	科学	历史	地理	道学	读本	拼音	其他	合计
出版	种数	1	21	4	5	12	1	0	6	50
	册数	1	25	15	5	16	3	0	9	74

---

❶ 吴小鸥.《格致须知》与中国近代新式教科书[J]. 教育学报,2011(3):112-119.
❷ 屠寄. 译书公会叙[N]. 译书公会报,1897-10.
❸ 王树槐. 基督教教育会及其出版事业[G]//林治平. 近代中国与基督教论文集. 台北:宇宙光出版社,1981:199-202.
❹ 孙培青主编. 中国教育史[M]. 上海:华东师范大学出版社,2009:308.

续表

科目类别		算学	科学	历史	地理	道学	读本	拼音	其他	合计
审定	种数	7	24	0	4	7	0	0	6	48
	册数	10	62	0	4	20	0	0	9	115

注：科学类包括理化、生物、矿物、工艺、生理卫生、医药等；道学类包括哲学与宗教两项；读本类指就中国读者而言；拼音类指罗马拼音书籍。

在"学校与教科书委员会"选用或审定的教科书中，大部分品类是书会自己编辑出版的，也有一部分是其他出版机构出版的西学著作。选用作教科书的依据是内容简明易懂，编排体例由浅入深，适用于学校教育。一批倍受时人推崇的西学名著，如狄考文译《笔算数学》和《形学备旨》、求德生译《圆锥曲线》、卜舫济译编《地理初桄》、美国海文著《心灵学》、英国斯宾塞著《肄业要览》、潘雅丽译编《动物学新编》、慕维廉译编《大英国志》等，都曾被益智书会选作教会学校的教科书。而花华圣经书房的《地球图说》和《天文问答》、美华书馆的《格物质学》《代形合参》《地理略说》《心算启蒙》和墨海书馆的《数学启蒙》《续几何原本》《代微积拾级》《重学浅说》等著作也因为是西学普及性读物，适合于学校的科学启蒙教育，经益智书会审定后被选用作教科书。❶

这些教科书在我国教育发展历程中扮演了不可忽视的角色（《笔算数学》可以说是销售量最大的数学教科书之一，从1892年到1902年的10年间先后重印至少32次，《形学备旨》至少印过16次，《代数备旨》至少印过19次）。1902～1904年，清政府颁行实施新学制，各地学校纷纷采用新式教科书，有相当一部分，尤其是自然科学课程，仍直接采用学校教科书委员会编审的教科书，如傅兰雅所编的《重学须知》《力学须知》《电学须知》《声学须知》《光学须知》《水学须知》《热学须知》《动物须知》《植物须知》《金石略辨》等；狄考文所译的《笔算数学》《代数备旨》《形学备旨》等；潘慎文所译的《代形合参》，等等。❷

---

❶ 张雪峰. 试论晚清新式教科书的出版及其影响［J］. 图书与情报，2005（2）：71-78.

❷ 中外数学简史编写组编. 中国数学简史［M］. 济南：山东教育出版社，1986：499.

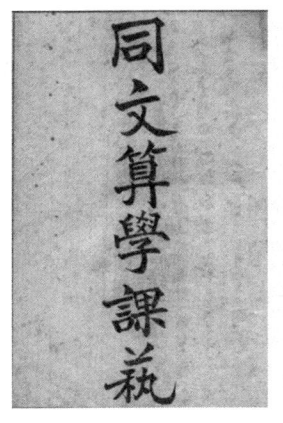 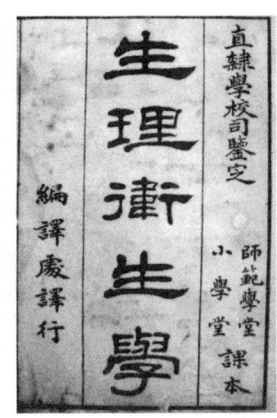

三、中国官方译介西学著作

从19世纪60年代开始,中国一些开明的封建官吏和知识分子以"数千年来未有之变局"和"数千年来未有之强敌"(《李文忠公全书》卷24)来阐述当时局势的严重性,从而表达了"我朝处数千年未有之奇局,自应建数千年未有之奇业"的决心。(《李文忠公全书》卷39)他们出于切身阶级利益的考虑,利用手中的统治权力,开始了"办洋务"的事业。为了维护封建统治,洋务派明确提出以"采西学、制洋器"为自强之道,把采用西学、制造机器看成是谋求自强的重要办法。洋务派通过创办新式学堂、建立译书机构,揭开了中国官方有组织地正式引进西式教育、翻译西学教科书的序幕。

1. 京师同文馆翻译西学著作

京师同文馆成立于1862年,第一年仅开设了英文馆(班),第二年开设了俄文馆、法文馆,京师同文馆设立不久,奕䜣等于1866年12月上奏朝廷,请求在京师同文馆内添设天文、算学馆(科技馆),他说:"开馆求才,古无成格。惟延揽之方能广,斯聪明之士争来。……因思洋人制造机器火器等件,以及行船行军,无一不自天文、算学中来。现在上海、浙江等处,讲求轮船各项,若不从根本上用着实功夫,即学习皮毛,仍无裨于实用。"❶ 并强调"洋文洋语已通,方许兼习别艺。"❷

---

❶ 同治五年十一月初五日奕䜣等奏,同治朝《筹办夷务始末》卷46,第3页.
❷ 《续增同文馆条规》第3条.

1869年11月，原来教授英文、万国公法等课程的美国人丁韪良受聘担任京师同文馆总教习，采取了一些改革措施，逐渐扩大了课程范围。1871年添设德文馆。1876年，馆中正式规定，除外语外学生还要学习数学、物理、化学、天文测算、万国公法、各国历史、地理等课程，使同文馆由单纯的外语学校发展成为一所以外语教学为主，兼习各门"西学"的综合性学校。同年，同文馆建立了中国近代最早的化学实验室和博物馆。1888年添设翻译处、天文台、格致馆，1895年又添设了东文（日文）馆。从课程设置来看，京师同文馆已具有"普通中学的性质"。❶ 1898年，在维新变法高潮中，京师大学堂成立，同文馆的科技教育部分归于京师大学堂。1902年1月，京师同文馆并入京师大学堂，属隶外务部。

同文馆为了满足自身课程的需要，相应地编译了各学科的西学教科书。据载，"在短短的几年内，同文馆师生共编译书籍20余种，而且还在馆内设立了专门的印刷机构，以聚珍版刊行于世"❷。但京师同文馆究竟编译出版了多少书，至今仍未能做出精确的统计。吉少甫主编的《中国出版简史》称"30多年中，北京同文馆翻译出版的著作共200多部。"该书没有注明这一统计数字是从何而来。苏精据《增订东西学书录》和《筹办夷务始末》统计的只有35种，计有法律7种、天文学2种、物理数学类6种、化学3种、语言学5种、医学2种、历史学2种、经济学2种、游记等6种。❸ 这也许涉及统计口径，如初版和增订版、修订版的统计，因为当时这些西学书籍被多次增订、修订。比较有影响的教科书有《（增订）格物入门》（丁韪良编著，1868年）、《格物测算》（丁韪良编著，1868年）、《星轺指掌》（联芳、庆常译，1876年）、《英文举隅》（汪凤藻译，1879年）、《富国策》（汪凤藻译，1880年）、《法国律例》（毕利干译，1880年）、《公法会通》（丁韪良、联芳、庆常、联兴译，贵荣、贵林笔述，1880年）、《算学课艺》（席淦、贵荣编辑，1880年）等，这些书籍可以说是一些"西学"的入门书，

---

❶ 陈青之. 中国教育史. 上海：商务印书馆，1936：480.
❷ 陈东. 我国近代出版事业特色初探［G］//. 中国近代现代出版史学术讨论会文集. 北京：中国书籍出版社，1990：131.
❸ 苏精. 清季同文馆及其师生［M］. 台北：台北上海印刷厂，1985：158－161.

同时，同文馆的许多译书也被其他新式学堂采用为教科书，如《格致入门》《物理测算》《天文发轫》《星轺指掌》《算学课艺》和《全体通考》等。❶

2. 江南制造总局翻译馆译著

1865 年，曾国藩、李鸿章等在上海建立江南机器制造总局，简称"江南制造总局"，又称上海制造局。该局原本为洋务派建立的规模最大的兵工厂，生产中苦于对现代科技知之甚少，急于翻译西方各种科技著作，主事的徐寿等人"因想一法，将西国要书译出，不独自增识见，并可刊印播传，以便国人尽知"❷。故向官方建议设立翻译馆，获曾国藩批准，于 1868 年 6 月开馆。1869 年，上海广方言馆移附于江南制造总局的翻译馆。

江南制造总局翻译馆是 19 世纪中国官方最大的西书翻译出版机构。从 1868 年成立到 1880 年的 12 年间，江南制造总局翻译馆翻译刊印了西书 98 种，235 本；译成未刊西书 45 种，142 本；销售 31111 部，共计 83454 本。❸ 1898 附设工艺学堂，"工艺学堂其译印书籍，除供宁沪两学堂取用外，其余制造局图书一例发售，以广流传"❹。这些译书，很多都被洋务学堂和新式书院作为教科书使用，如《化学鉴原》（傅兰雅、徐寿译，1871 年）《电学》（傅兰雅、徐建寅译，1879 年）、《金石识别》（玛高温口译，华蘅芳笔述，1872 年）、《声学》（傅兰雅译、徐建寅译，1874 年）、《光学》（金楷理、赵元益译，1876 年）、《地学浅释》（玛高温口译，华蘅芳笔述，1873 年）、《测候丛谈》（金楷里口译，华蘅芳笔述，1876 年）、《代数术》（傅兰雅口译，华蘅芳笔述，刘彝程校对，1872 年）、《微积溯源》（傅兰雅口译，华蘅芳笔述，刘彝程校对，1874 年）、《决疑数学》（傅兰雅、华蘅芳译，1880 年）、《农学初级》（英国旦尔恒理撰，秀耀春译，范熙庸述，1898 年）等。

---

❶ 毕乃德. 同文馆考［J］. 中华教育界，1935，23（2）：19.
❷ 傅兰雅. 江南制造总局翻译西书事略［M］//. 熊月之，西学东渐与晚清社会，上海：上海人民出版社，1994 年：496。
❸ 傅兰雅. 江南制造总局翻译西书事略［M］//. 熊月之，西学东渐与晚清社会，上海：上海人民出版社，1994 年：499。
❹ 朱有瓛主编. 中国近代学制史料（第 1 辑上册）［M］. 上海：华东师范大学出版社，1983：470。

"学校不是改变信仰的直接手段，但是它提供了一个转变信仰的好机会。"❶ 伴随着教会学校和洋务学堂的发展，西学教科书被大量引入中国，且从零星到系统，逐渐完善。然而这些西学教科书的基本要素不全，没有分年级（因为没有出现现代学制），不注重教，也不注重学，没有教授法，所以还只能是现代意义教科书的萌芽或雏形，但在中国教育发展历程中扮演了不可忽视的角色。这些西学教科书不仅在教会学校使用，而且也在中国自己创办的新式学堂使用，在晚清教育界享有较高的声誉。如《西学启蒙》一度作为京师同文馆和其他官办学堂讲授科学的教科书。❷《格致须知》前后盛行了近三十年，直到1903年，清政府在新学制学堂中采用的教科书中还有傅兰雅所编的《重学须知》《力学须知》《电学须知》《声学须知》《光学须知》《水学须知》《热学须知》《动物须知》《植物须知》等书。❸ 同时采用的还有狄考文所译的《笔算数学》《代数备旨》《形学备旨》；潘慎文所译的《代形合参》，等等。❹ 这些西学教科书以近代分科设学为基础，完全改变了传统教育经史子集的分类方法。以物理学为例，文艺复兴后由伽利略开其端至牛顿集其大成的古典力学体系，以及光学、热学、电磁学等，凡在18世纪已形成体系的各个学科，都被介绍进来，而且引进内容基本上都是西方近代自然科学的最新成果。这使中国人的思维从传统的经学形式下解放出来，从一个崭新的角度去认识自然和社会。

第二节　新式学堂自编教科书的出现

甲午战争的失败及马关条约的签订使得中国面临亡国灭种的危险，维新救国的思潮应运而生。在维新派众多的救国建议中，"兴办学堂"被认为是能够保种、保国、国家富强的救国利器。近代教育终于改变了传统教育唯经书是从的局面，开始走出"精英"教育的圈，面向广大

---

❶ 陈学恂主编. 中国近代教育史教学参考资料（下册）[M]. 北京：人民教育出版社，1987：1-3.

❷ 本杰明·艾尔曼. 中国近代科学的文化史 [M]. 王红霞等译. 上海：上海古籍出版社，2009：131.

❸ 中外数学简史编写组编. 中国数学简史 [M]. 济南：山东教育出版社，1986：499.

❹ 中外数学简史编写组编. 中国数学简史 [M]. 济南：山东教育出版社，1986：499.

民众。当"人人谈时务,家家言西学"、放眼世界、渴望新知成为不可遏止的社会风尚之时,对新式教科书的需求急剧增加。于是,中国人自己编撰的新式教科书应运而生,它既反映了当时新兴资产阶级要求国家独立和民族富强的良好动机,也体现了改革的知识精英们力求用新思想、新科学启蒙民众的强烈愿望。

一、从旧书塾到新学堂

我国古代的私塾对学生的入学年龄、学习内容及教学水平等,均无统一的要求和规定。私塾的学生多六岁启蒙,初读《三字经》《百家姓》《千家诗》《千字文》《女儿经》《教儿经》《童蒙须知》等,进一步则读"四书五经"、《古文观止》等,教学内容以识字、习字为主,十分重视学诗作对,最终以应对科考为目的。书院则程度更高一些,一般为民间所办,集藏书、教学和学术研究于一身。元代以后,书院日益官学化,所学内容陈旧不切实际,已沦为科举附庸。在张元济对自己青年时所受旧教育的回忆中,有段话很能说明中国传统教学用书的状况,他说:"吾辈胜衣就传识字数月,即取所谓十三经者读之,但求背诵不尚讲解,且在童稚之年,既与讲解,亦不克领悟也。读十三经未竟,为之师者,见其稍知字义,又责学为八股试帖诸物,未尝以他书授也。吾犹忆十三四岁时,心界、眼界无一非三代以上景象,视世间事相去不知几千万里。偶得《纲鉴易知录》,读之乃知战国之后尚有谓曰秦、曰汉、曰三国、曰晋、曰南北朝、曰隋、曰唐、曰五代、曰宋、曰元、曰明,乃至于我大清者。继又购得《御批通鉴辑览》《资治通鉴》《二十四史》诸书,顾皆卷帙繁重,不能卒读。固由姿禀浅薄,抑亦其书之宜于浏览,而不宜于教科也。"❶ 出现这种"心界、眼界无一非三代以上景象",很大程度上要归因于传统教学用书的落后,传统蒙童读物已经远远滞后于社会发展的步伐,显得"不宜教科"了。

甲午一战,国家处于危急存亡之秋,严复在 1895 年发表的著名论

---

❶ 张元济. 中国历史教科书 [M]. 上海: 商务印书馆, 1903: 序.

文《原强》中痛言"民智已下矣，民德已衰矣，民力已困矣"，❶并完整地阐释了"开民智、鼓民力、新民德"之说。当时，中国之患不在一人而在全体，于是汲汲言教育者众。❷1896年7月，山西巡抚胡聘之上书朝廷，奏请变通书院，主张裁减旧的诗文词章之学，在保证传统的经史之学的基础上，"兼习算学，凡天文、地舆、农务、兵事，与夫一切有用之学，统归格致之中，分门探索，务臻其奥"。❸同年10月，江西巡抚德寿也在友教书院增设算学科，并于省城各书院发放京师同文馆译各国史略、西艺新法等书，聘请专人主讲。

随后，礼部奏报整顿各省书院，提议仿效山西、江西的做法，增设实学课程，尤其是数学和外语。1896年刑部侍郎李端棻在《请推广学校折》中建议："令每省每县各改其一院，推广功课，变通章程，以为学堂。"❹当时，维新派要求普遍建立新式学堂，守旧派则反对，张之洞持折衷态度，他说天下要办的学堂成千上万，国家一时不可能有如此大的财力来办学。解决之道是先将现有的书院改成学堂。他率先将自己在湖北经营的两湖、经心书院改为学堂。新政时，1901年9月清政府下令"除京师已设大学堂，应行切实整顿外，著各省所有书院，于省城均改设大学堂，各府及直隶州均改设中学堂，各州县均改设小学堂，并多设蒙养学堂"❺。至此，延续千年之久的中国古代书院即告结束，以后虽仍有以书院命名的，但已是属于新教育范畴了。

在清政府的要求和开明官绅及士大夫的推动下，新式学堂迅速发展。据不完全统计，截至甲午战争，中国人开设的新学堂还不过25处，维新浪潮在1895～1899五年间已推出150所新学堂了。❻1903年，全国已有学堂769所（缺直隶、吉林、黑龙江、广东、云南、贵州、新疆

---

❶ 严复. 原强及修订稿［M］//王拭编. 严复集：诗文（上）（第1册）. 北京：中华书局，1986：5-32.
❷ 国魂篇［J］. 浙江潮. 第1期.
❸ 朱有瓛主编. 中国近代学制史科（第1辑·下册）［M］. 上海：华东师范大学出版社，1986：156.
❹ 朱有瓛主编. 中国近代学制史料（第1辑·下册）［M］. 上海：华东师范大学出版社，1986：489.
❺ 朱有瓛主编. 中国近代学制史料（第1辑·下册）［M］. 上海：华东师范大学出版社，1986：454.
❻ 桑兵. 晚清学堂学生与社会变迁［M］. 桂林：广西师范大学出版社，2007：2.

七省数字),1904年达到4476所(缺吉林、黑龙江、广东、云南、新疆五省数字)。❶ 蒙、藏、新疆等边远地区也纷纷办起了学堂,新式教育覆盖全国。一个有官、公、私立和大中小、师范、专门相互配套的新学教育体系初具规模,而且发展势头强劲。

区别于教会学校与洋务学堂,我们称这类学校为新式学校或新式学堂。当时,由于西学毕竟与中国文化异源,要想在中国根本发展以西学为特征的新式教育,关键还得靠教科书,由此来看,缺乏合适的课本成为新式学堂教学的巨大障碍。社会寄变革之希望于教育,教育又将希望的支点放在教科书上,教科书成为新教育能否战胜于旧教育的关键。

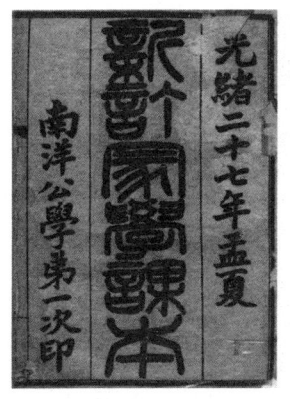 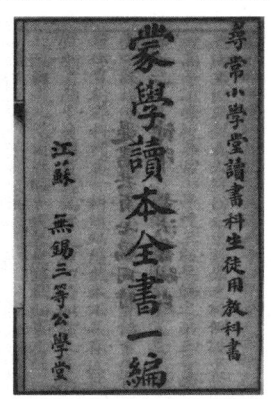

二、新式学堂自编教科书

面对新式学堂的迅速发展,不论是官方还是民间都来不及准备各类教科书。而学校的实际、学生的学习是容不得久等的。于是,应对新式教科书需求的最切实际的应急做法是新式学堂自己编撰教科书,适应自己学堂的教学需要,以解燃眉之急。

率先自编新式教科书的是南洋公学。洋务派官僚、企业家盛宣怀于1896年创办上海南洋公学,南洋公学先设师范院,以培养师资为先务,聘任梅溪书院主讲张焕纶为总教习。此为中国师范教育的开端。❷ 1897年秋,南洋公学仿效日本师范设附属小学之法,首次纳入,普通教育

---

❶ 学部总务司文书科编.第二次教育统计图表[Z].1908.
❷ 顾明远主编.教育大辞典:第1卷[M].上海:上海教育出版社,1990:68.

（中小学教育）设立外院，相当于小学，开设国文、算学、舆地、史学、体育五科，令师范生分班教之。南洋公学师范院的师范生在进行教学时，开始尝试自编教科书，以适应学校教学的需要。在南洋公学的中小学教科书中，以1897年由师范生陈懋治、沈庆鸿等编写的《蒙学课本》最为有名，是为我国自编新式教科书之始。该书实为两编，而不是习惯说法的三编。❶ 由于《蒙学课本》没有插图，1906年，南洋公学编有《最新绘图蒙学课本》，图文并茂，由兰陵社发行。诚如蒋维乔在《编辑小学教科书之回忆》一文中所说："印刷则用铅字，又无图画，然在草创之时，殆无足怪。"❷ 1901年，南洋公学在《蒙学课本》的基础上出版《新订蒙学课本》三编，编者为朱树人，由上海商务印书馆代印。南洋公学的《(新订)蒙学课本》开启了中国教科书现代化的进程，是近代中国最早编写的小学语文教科书，具有重要的历史地位和意义，它为以后的教科书编写提供了重要参考。

为了解决新式教育的用书和满足当时社会对西学的需求，1898年冬南洋公学成立译书院（1903年停办）专门编译教科书与西学各科书籍。《南洋公学章程》中写道："师范院及中上两院学生本有翻译课程，另设译书院一所，选诸生之有学识而能文者，将图书院购藏东西各国新出之书课，令择要翻译，陆续刊行。"❸ 南洋公学究竟自编了多少教科书，由于年代已远，存世书籍难以查询，考证颇难。据不完全统计，当时南洋公学出版的教科书还有《格致读本》四本，《中等格致课本》八本，《小学图画范本》四本，《化学》十一本，《蒙学课本》三本，《大本蒙学课本》一本，《代数设问》七本，《心算教授法》一本，《物算笔算教科书》四本，《习字范本》四本，《几何》三本，《本国中等地理教科书》三本，《万国地理教科书》一本等。❹ 未进入该统计的还有《高等小学中国历史教科书》（陈懋治编辑，1902）、《初等地理教科书》3

---

❶ 张静庐辑注.中国中国近代出版史料补编·插页[M].北京：中华书局，1957：138.
❷ 石鸥，吴小鸥.中国近现代教科书史（上册）[M].长沙：湖南教育出版社，2012：73-75.
❸ 朱有瓛主编，中国近代学制史科（第1辑下册）[M].上海：华东师范大学出版社，1986：515.
❹ 霍有光.南洋公学译书院及其译印图书[J].西安交通大学学报（社会科学版），1999（4）：46.

第一章　近代教科书的出现与发展　　　　　　　　　　// 019

卷（张相文编辑，南洋公学，1902）、《小学地理教授法》（［日］富泽直礼著，张相文译述，南洋公学，1902）、《南洋公学课文选录》4卷（张美翊选编，南洋公学，1904）、《高等小学算术教科书》（吴廷璜编，南洋公学，1910）、《邮传部上海高等实业学堂附属高等小学堂算术教本》（吴廷璜编，文明书局，1911）等。❶ 此外，当时南洋公学编译馆的许多学术译著虽然没有以教科书命名，但却作为公学学生的必读教材在校内使用，有些也在校外发行。如《原富》在南洋公学译书院一经出版，立即引起了社会的巨大反响，各省各地的学校纷纷前来订购，在全国范围内影响深远。自南洋公学推出自编教科书后，其他学堂纷纷效法。中国学校教育由此进入了自编新式教科书的历史阶段，这也意味着中国新式教育有了重要保障。❷

当时除了南洋公学外，许多其他新式学堂中的一些有创新思想的中国人也纷纷尝试自编教科书。比较有影响的是：上海三等公学堂、上海澄衷蒙学堂、无锡三等公学堂、上海育才书塾、杭州求是中学堂、湖南修业学堂、中国公学、吉安中学堂、无锡竞志女学校、京师大学堂、山西大学堂、武昌高等学堂等，它们都编撰出版过新式教科书。

1896年，王维泰在上海南市大东门王家祠堂内创办上海王氏育材书塾，不教八股，教授英语、数学等"新学"，是上海最早的民办新式学堂。书塾自1897年春正式开学，1900年南洋公学师范生王培孙接办育材书塾，改为"上海王氏育材学堂"。1901年订立中学课程，规定4年毕业期限。1904年，经向两江总督衙门呈准，育材学堂正式改名为"民立南洋中学"。育材书塾成立不久就编纂出版过一些教科书，如《普通地理读本》（王氏育材学堂编译所，1901年）、《初等国文教授》两编（王立才著，育材书塾编辑处编辑，上海开明书店，1902年）、《中等国文读本》（陈东极、许朝贵编，上海育才学堂编译，文明书局，1903）。

1898年8月，无锡举人俞复、裘廷梁会同友人丁宝书、吴稚晖等

---

❶ 石鸥，吴小鸥. 中国近现代教科书史（上册）[M]. 长沙：湖南教育出版社，2012：76-77.

❷ 石鸥. 我国最早的现代意义的教科书——南洋公学的《（新订）蒙学课本》[J].《书屋，2008（1）：1.

学习日本的办学体制,创办无锡三等公学堂,开设中学校、高等小学校、寻常小学校。学堂的教师们边教学边自编教科书,"开办至今,适族三载。读书一科,随编随教,本不足存。近欲录副者颇多,爰图画写稿,付之石印,略加诠次,厘为七编。……今朝廷未设文部,私学校读本尤鲜善者。出是编以课童子,无非为教育之热心所迫"❶。于1901年完成《蒙学读本全书》七编,由俞复、丁宝书等书写,丁宝书绘图,杜嗣程缮写,石印成书。1902年,该套书经京师大学堂管学大臣审定,请官厅存案,付上海文澜书局石印发行,载明"寻常小学堂读书科生徒用教科书",并附有文法书,类似于教学法,以供教师教学时参考。后此套书又被刚成立的文明书局出版,为文明书局赢得了第一桶金。关于此套教科书,俞复自称:"当此学堂萌芽时代,儿童发蒙用书,先只有南洋公学所编之《蒙学课本全书》,仅有三四册。又其它零星课本,皆不成军者。自此书出,一时不胫而走。至光绪三十年,已印十余版,而各地翻印冒售者,多至不可胜计。至光绪三十三、四年间,各家渐有国文教科本出版,而是书销售数乃渐衰落。计此书前后占我国小学教育上一部分势力者,实有五六年也"❷。1925年,陆费逵还说:"这本书写、画都好,文字简洁而有趣,在那时能有此种出品,实在难得。"❸后来文明书局又将《蒙学读本全书》之第五编与第七编单独取出,编成《高等小学国文读本》之卷一与卷二,1907年6月经学部审定初版。此外,无锡三等公学堂还编译了《中国理科教科书》2卷文明书局出版,1902)及《蒙学理科教科书》4卷文明书局出版,1905)等中小学教科书。

1898年,宁波商人叶澄衷在上海创办澄衷蒙学堂,1900年学校发展为从小学到高中的规模(现上海唐山路第一小学和澄衷中学的前身)。胡适和竺可桢是澄衷蒙学堂学生,先后在澄衷蒙学堂讲学的有马寅初、章太炎、陶行知、马君武、章士钊、林语堂、杜重远、陈鹤琴、章乃器、夏丏尊、寿孝天等。为满足教学需要,1901年澄衷蒙学堂的刘树屏编成《字课图说》,共4卷8册,共选3000余字,有黑白插图762幅。是书面世后,即被多次翻刻,也称《重校蒙学堂字课图说》。

---

❶ 无锡三等公学堂编.蒙学读本全书[M].21版.上海:文明书局,1907:约恉.
❷ 舒新城编.中国近代中国教育史料(第2册)[M].上海:中华书局,1928:253.
❸ 舒新城编.中国近代中国教育史料(第2册)[M].上海:中华书局,1928:254.

刘树屏认为传统教科书"其施也悖，其求也佛。不责以日用行习之常，而反语以性与天道高远难行之旨，不循循焉师尼山善诱之术，而惟束缚以立之威"❶。因此，他注意结合儿童心理特点来编撰教科书，"故词尚浅近，一切深文奥义不及焉"。借解说与插图帮助儿童识字，字图相互配合，生动形象。但全书脱离文句，只讲单字，且注解也多有不妥之处。据《澄衷蒙学堂字课图说》广告，到1905年冬，澄衷蒙学堂新出教科书有：《本国地理教科书》《大版字课图说》《缩印字课图说》《小学本国史教科书》《小学格致读本》《小学联字法》《习字图说》《辑览史论合编》《普通国文读本》《中学溥通国文读本》《高等小学国文读本》《中学本国史》《小学本国史教授用本》《中学东洋史》《中学西洋史》《高等小学本国地理》《亚洲地理教科书》《欧洲地理》《非洲地理》《美洲地理》《大洋洲地理》《高等东/西洋历史》等。❷

1896年3月，钟天纬创办上海三等公学，开设英文、华文、讲书、作文、算法、体操等课程。学堂编译了一套供学童使用的教科书，分别称之为：《字义》《喻言》《智慧》《格致》《经余》《史略》等，统称为《读书乐》，也称《蒙学镜》，1898年由上海美华书馆印刷，署名上海三等学堂编译。该书仅有课文，没有任何解释，无标点、无作业、无思考题。《读书乐》一词，有两层含义。一是儿童只有在快乐之中，才能学得好；二是读这套书，应该是快乐的而不是痛苦的。所谓《蒙学镜》则是"蒙之义训为昧，得镜照之，昧者斯明"。❸ 此书被认为是我国近代首部用语体文编写教科书的读本，❹ 是中国第一部白话文小学教科书。❺《读书乐》涵盖面很广，多种文体均有涉及，且有了分科的意识，如"史略"和"智慧"分开，即体现了把历史与哲学从传统的"文"中分离出来的努力。而"格致"单列，也突出了理科的价值。第二卷《喻言》涉及大量寓言，像"两鸡相斗""狐骂葡萄""牧童说谎""农夫救蛇"等，容易引发学生兴趣。其中不少课文已经成为经

---

❶ 字课图说（卷1）[M]．2次石印．上海：澄衷蒙学堂，1901：序．
❷ 澄衷蒙学堂字课图说（卷一）[M]．第1次缩印．上海：澄衷蒙学堂，1905：1．
❸ 钟天纬．字义教科书[M]．上海：上海三等学堂，1903：序．
❹ 王建军．中国近代教科书发展研究[M]．广州：广东教育出版社，1996：98．
❺ 薛毓良．钟天纬传[M]．上海：上海社会科学出版社，2011：221．

典，流传使用至今。比如第六课"牧童说谎"，就是今天家喻户晓的"说谎的孩子"的原型。

当时，还有很多新式学堂，诸如江西吉安学堂等，都自己编辑编译了教科书，如《中国教科书国学讲义》（龙津学堂编，新学会社出版，1905年）、《高小地理教科书（本国之部）》（辜天佑编，湖南修业学堂出版，1906年）、《澡德学堂中学国文课本》（马仿周评，北京茹薏书室出版，1907年）、《中等化学教科书》两卷（［日］吉永曾贞编著，中国公学出版，1907年）、《中国地理教科书》（贺尹东编，求是中学堂出版，1909年）、《高等小学女子国文课本》（侯鸿鉴编，无锡竞志女学校出版，1909年）、《广州府中学堂文学课本》（广州市中学堂编，出版时间不详）等。

 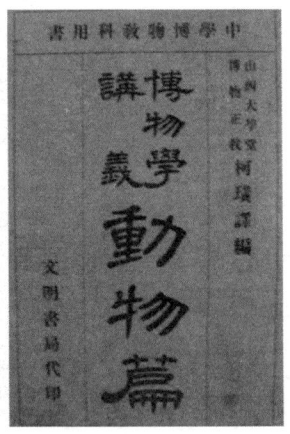

三、大学堂编译的教科书

当时除了中小学新式学堂自编自译了一些新式教科书，解决了学堂急需教科书的困境外，几所刚成立的高等学堂也积极行动，编撰各种新式教科书，为我国刚起步的中小学新式教育做出了贡献。

京师大学堂是清政府主办的第一所新式高等学堂。1898年6月，京师大学堂还在筹办时，管学大臣孙家鼐即奏请于大学堂内附设编译局，集中一些懂外语的人才专门翻译、编辑西学教科书。7月3日，光绪帝发布上谕，正式建立译书局，由孙家鼐督率办理，梁启超具体操办。译书局开办后，便从日本购买了一批美国学堂的初级教材，开始着手翻译。后来八国联军攻占北京,京师大学堂停办,译书局的工作也告停顿。直到1902年3月,大学堂重新开办,译书局也于同年10月恢复(1904年7月停办)。此外,因上海为西学荟萃之区,为了便于引进西书,京师大学堂于1902年5月于上海成立译书分局,主要从事教科书的翻译工作(1904年停办)。译书局、上海译书分局是大学堂译介教科书的主要机构,二者以引进、编译教科书为主要职责。对于译书馆翻译的教科书,张百熙有宗旨性的阐述:"然译局非徒译一切书籍,又须翻译一切课本。泰西各国学校,无论蒙学、普通学、专门学,皆有国家编定之本,按时卒业,皆有定章,今学堂既须考究西政西艺,自应翻译此类课本,以为肄习西书之需。惟其中有与中国风气不同及牵涉宗教之处,亦应增删润色,损益得中,方为尽善"❶。京师大学堂编译的教科书中,一部分是大学堂自用,另外也有部分是中小学教科书。因为在1902年的《大学堂谨拟译书局章程》中写道:"现在所译各书,以教科为当务之急,由总译择取外国通行本,察译者学问所长,分派深浅专科,立限付译。教科书通二分等,一为蒙学,二为小学。其深邃者俟此二等成书后,再行从事。"❷除了翻译国外现成的教科书外,京师大学堂也着手有计划地编撰教科书,1902年,京师大学堂编书处成立。在1902年的《大学堂谨拟编书处章程》中写道:"编纂课本,拟按照中小学课程门目分类编纂,一曰经学课本、二曰史学课本、三曰地理课本、四曰修身伦理课本、五曰诸子课本、六曰文章课本、七曰诗学课本。"并立编辑大纲,同时强调"各门课本,拟分两项办法:一最简之本,为蒙学及寻常小学之用;二较详之本,为高小及中学之用。"❸ 从1898年到1911年,京师大学堂翻译、出版的西学教科书大约有60余部100多册,其中属于自然科学的有23本(约占36%),社会科学和人文类有40本(约占62%),而属于应用科学的只有1本。❹

1901年9月,山西巡抚岑春煊筹办山西大学堂。1902年5月8日,

---

❶ 黎难秋. 中国科学翻译史料[M]. 合肥:中国科学技术大学出版社,1996:100-101.
❷ 政艺丛书:政书通辑(卷4)[M]. 1902:38.
❸ 政艺丛书:政书通辑(卷4)[M]. 1902:38.
❹ 张运君. 京师大学堂和中国近代西方教科书的引进[J]. 北京大学学报:哲学社会科学版,2003(3):141.

山西大学堂宣告成立。同年，山西大学堂在上海成立了译书院。山西大学堂成立之初，岑春煊即对译编教科书擘划在胸，在"晋省拟将耶稣教案赔款另立学堂归并大学堂，作为西学专斋，以收主权而宏教育"的奏折中，曾列举归并办理"数利"，其中一利即为："今日译编新出者尚属寥寥，旧出者已成陈迹。虽设学堂，读西书，苦无课本。若归并办理，则西学专斋所译之新书，皆系大学堂之课本"。❶ 译书院成立后，西学专斋首任总理李提摩太曾于1903年5月间到日本访问考察，搜集了大量日本翻译的西方国家大、中、小学教本，带回学堂进行翻译。山西大学译书院于1908年因经费紧张而停办。据山西大学校史，当时山西大学堂翻译的中学堂用书有9种11册，❷ 即《藤泽算术教科书》2册（［日］藤泽利喜太郎著，［日］西师意译）、《植物学教科书》1册（［日］大渡忠太郎著，［日］西师意、许家惺译述）、《动物学教科书》1册（［日］丘浅博士著，［日］西师意、许家惺译述）、《矿物学教科书》1册（［日］神保小虎著，［日］西师意、许家惺译述）、《物理学教科书》1册（［日］西师意、朱葆深译述）、《性理学教科书》1册（［日］丘浅次郎著，［日］西师意、许家惺译述）、《地文学教科书》1册（［日］横山又次郎著，［日］西师意译）、《十九周新学史》1册（［英］华丽士著，梁澜勋译述，许家惺纂辑）、《代数学教科书》2册（信息不详）。据《民国总书目——中小学教材》记载，山西大学堂还印行了《无机化学》（上下卷）（徐鸿宝、习观枢、王成浚编纂，1905年）和《动物学》（柯璜编，1908年）等中小学教科书，另存世有《生理学教科书》。

其他一些高等学堂，诸如武昌高等学堂、福建高等学堂等，也参与了教科书的编撰和翻译。如武昌高等学堂出版了张之洞编写的《蒙学读本地球歌韵》（祥记书局石印，1901年）、张士瀛的《蒙学读本地球韵言》（1901年）等教科书；福建高等学堂编译出版了《中等地文教科书》等。

相对于此前西学教科书的大量引入和其后民间书坊编译教科书的涌

---

❶ 行龙. 山大往事 1902－1953［M］. 太原：山西人民出版社，2002：36.
❷ 行龙. 山大往事 1902－1953［M］. 太原：山西人民出版社，2002：36.

现而言，19世纪末20世纪初新式学堂编译教科书的整体数量是有限的，但其涵盖的范围较宽，从蒙学识字到中学各科均有涉及。学堂教科书编译者大都接受过新式学堂教育或有着出国留学或考察的经历，并且具有丰富的教育教学经验。他们不但注重在教科书中渗入教育教学规律，而且自编教科书几乎全部来自其教育教学实践。为了提高效率，教科书中出现了专门的教学指导用语和相应的教学指导书。一个最重要的特征就是，中国人改变了以往在西学教科书引进中的"参与"翻译者的角色，成为教科书的编撰者。这些力量虽然微薄，却显示了一种民族精神，不但在一定程度上抵制了教会文化对中国的进一步入侵，而且奠定了国人在新式教科书建设中的主体地位，让新式教育有了更多的选择，影响深远。

第二章　现代教科书的产生与繁盛
1904～1926

伴随着1902年《钦定学堂章程》的颁布和1904年《奏定学堂章程》的正式实施，中国第一套现代意义的教科书由商务印书馆编纂出版。这前后近三十年间，社会思潮与教科书的发展激荡辉映，不同类型、不同层次的教科书雨后春笋般出现，并在1922年新学制的后一段时期达到最高峰。这是中国教科书史上一个十分罕见的时期，多特色、多种类、多形式的教科书应时而生。这一时期也成为中国近现代历史上延续时间最长和最自由的教科书黄金时期。此后，中国教科书基本定型，再难看到这样的生机勃勃。

第一节　现代意义教科书的产生

我们认为现代意义的教科书应该满足如下条件：第一，产生了现代学制，根据学制，依学年、学期而编写；第二，有与之配套、专供教师使用的教授书（教授法、教学法）等教学参考书，教授书内容要包括分课教学建议，每课的教学时间建议等；第三，依据国家教学计划（课程方案）规定的课程门类（比如语文、历史、数学等）分门别类、并分级编写出版和使用。❶ 据此，南洋公学的《蒙学课本》、澄衷蒙学堂的《字课图说》等均只能是现代教科书的萌芽或雏形。虽然无锡三等公学堂的《蒙学课本》开始编写教授书（它称之为"文法书"），但也没有严格按学年、学期、学科分级编写。中国现代意义的教科书是伴随着现代学制的建立而出现的。

一、中国现代学制的确立

从夏朝始有官立"庠""序"之类学校的设置到春秋战国时期私学的兴起，再到汉武帝以后官学和私学的并举，一直到清朝政府，学校在学生年龄、学习年限、课程内容等方面均无统一的规定——没有统一的学制。1860年，中国最早留学美国的容闳前往南京，向太平天国的后

---

❶ 石鸥. 最不该忽视的研究——关于教科书研究的几点思考［J］. 湖南师范大学教育科学学报，2007（5）：5-9.

期领导人提出建立新学制的主张，但未果。19世纪70年代后期，部分改良派人士、维新代表人物甚至一些知名的欧美传教士，纷纷以著文、上书等形式建议清政府仿行西方建立学校制度，并提出了不尽相同的学制方案。维新变法颁布了一系列除旧革新的政令。近代学制处在呼之不出的边缘境地。1901年清政府宣布新政，推行教育改革，中国现代学制开始全面构建。1902年，清政府颁行了中国历史上第一个学制，1904年，系统的学校教育制度终于实施，并将在自身的不断完善中规范和指导未来中国教育的发展。

1. 清末学堂章程的颁布

1902年（农历壬寅年），张百熙上呈学堂章程，即《钦定学堂章程》，史称"壬寅学制"。该学制虽然是中国第一个新学制，但颁布后并没有要求实施。第二年，张百熙、张之洞、荣庆合作对这一学制进行了修改，于1904年1月（农历癸卯年底）由清政府正式颁布并要求实施，这便是《奏定学堂章程》，史称"癸卯学制"，是中国实际实施的第一个现代学制。

癸卯学制分为初等教育、中等教育和高等教育三段，三段又共分为七级：初等教育有蒙养院（4年）、初等小学堂（5年）、高等小学堂（4年），中等教育有中学堂（5年），高等教育有高等学堂（3年）、分科大学堂（3~4年）、通儒院（5年）。其中关于中小学课程设置的规定如下：

初等小学堂之教授科目凡八：一、修身，二、读经讲经，三、中国文字，四、算术，五、历史，六、地理，七、格致，八、体操。此为完全学科。视地方之情形，尚可加图画手工之一科目或二科目。凡加授之科目，均作为随意科目。❶

高等小学堂之教授科目凡九：一、修身，二、读经讲经，三、中国文字，四、算术，五、中国历史，六、地理，七、格致，八、图画，九、体操。视地方之情形，尚可加授手工农业商业等科目，但于预备入中学堂之学生，可毋庸加授。凡加授之科目，均作为随意科目。❷

---

❶《奏定学堂章程·初等小学堂章程》. 湖北学务处本：4.
❷《奏定学堂章程·高等小学堂章程》. 湖北学务处本：4.

中学堂学科目凡分十二：一、修身，二、读经讲经，三、中国文学，四、外国语（东语、英语或德语、法语、俄语），五、历史，六、地理，七、算学，八、博物，九、物理及化学，十、法制及理财，十一、图画，十二、体操。❶

新式学堂的发展需求为教科书的编撰提供了客观基础，而癸卯学制的颁布对于各类教科书的编撰更是起着直接的规约作用，中国第一套现代意义的教科书呼之欲出了。

2. 科举制的改革与废除

考试取士始于西汉，科举制度则始于隋代。科举制由于采用分科取士的办法，所以称为科举。作为选拔读书人的制度，科举制是直接体现教育公平的一种制度，曾经使得大量的优秀人才脱颖而出。唐朝的繁盛，不能不说与科举制选拔的优秀人才有着直接关联。但是，发展至明清时期，科举制度逐渐演变为以八股文取士，其考试内容与形式日益封闭、僵化、陈旧，科举越来越成为人才选拔、教育发展的一个主要障碍，也越来越成为有识之士的批判对象。梁启超曾直言道："变法之本在育人才；人才之兴在开学校；学校之立，在变科举。"❷ 如何变科举呢？1898年1月，贵州学政严修奏请设立"经济特科"，专门选拔通晓天下利弊、擅长中外交涉、擅长制造测绘等拥有一技之长之士。该举措在百日维新期间被朝廷采纳。同时，在百日维新期间，朝廷下令废除八股，改试时务策论，题目涉及天文、地理、制造、声、光、化、电等学科，以及西方学校、财政、兵制、商务、法律等制度。这是对旧科举的重大改革，它使近代科学文化知识正式成为中国科举考试内容。

1901年和1903年，张之洞等提出用十年的时间来递减科举取士的名额、递增学堂取士的名额，并逐步取消科举。1904年癸卯学制正式颁布后，旧的科举必定干扰各地办学的积极性。1905年，张之洞、袁世凯等六名地方督抚联名上奏，要求立即停止科举，以促进学校的广泛发展。清政府不得不慎重对待重臣们的这一建议。1905年9月，清政

---

❶ 《奏定学堂章程·中等学堂章程》．湖北学务处本：3.
❷ 梁启超．论变法不知本原之害［M］//饮冰室合集（第1册）．北京：中华书局，1989：19.

府明令废科举：自次年为始，"所有乡会试一律停止，各省岁科考试亦即停止"。❶ 没有了科举制的禁锢，有了新学制的保障，学子们便可大量接受新学，伴随着新式学校，现代意义教科书更是有了勇往直前的发展动力了。

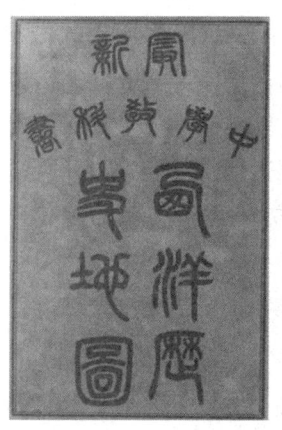 

二、中国第一套现代意义的教科书

1897年，夏瑞芳、鲍咸恩、鲍咸昌及高凤池等创办商务印书馆。商务印书馆开办之初，主要是印刷商业簿册和报表，以及给学堂和其他机构代印书籍，比如南洋公学的《蒙学课本》就由商务印书馆代印。1898年，商务印书馆请谢洪赉翻译教会学校所用的、英国人为其殖民地印度小学生所编的英语课本 *Primar*，用中英两种文字排版印刷，定名为《华英初阶》。这是商务印书馆从印刷转行出版的第一本书，该书大受欢迎，为商务印书馆赢得了第一桶金。于是商务所书馆又将高一级的课本以同样的形式翻译出版，定名为《华英进阶》。这两套书是我国最早的自编英语教科书，且不断再版，影响颇大，成为英语学习者的首选课本。周作人在《知堂回想录》中就说过，他在南京水师学堂所学的英语课本就是《华英初阶》。胡适童年也用它学英语，在其自传《四十自述》之《在上海》中，他说自己上梅溪学堂时英文课上用《华英初

---

❶ 朱有瓛主编. 中国近代学制史料（第2辑·上册）[M]. 上海：华东师范大学出版社，1983：113.

阶》。❶可见此书在当时的影响。清政府学部于1906年审定批准此二书为中小学堂英语教科书。这两套书的编译出版为商务印书馆编辑新式教科书拉开了序幕。❷

20世纪初，我国的新式学堂开始迅猛发展，商务印书馆审时度势，先后聘蔡元培、张元济任编译所长，决定以出版新式教科书为中心业务。并率先于1903年启动大规模的适应新学制的教科书编撰工作，定名此套书为"最新教科书"。"最新教科书"于"1903"年陆续出版发行，成为中国第一套现代意义教科书。该教科书系列科目众多，覆盖新学制要求开设的所有课目，到1907年夏，商务印书馆已出版如下教科书❸：

初等小学堂用书16种54册，分别是：《修身教科书》10册、《国文教科书》10册、《女子国文读本》、《文学初阶》6册、《普通珠算课本》、《珠算入门》2册、《珠算教科书上卷》2册、《珠算教科书下卷》2册、《笔算教科书》5册、《普通新历史》、《中国历史教科书》2册、《格致教科书》2册、《画学教科书》、《小学唱歌教科书》3集、《唱歌游戏》、《中外国地理教科书》4册、《五彩精图方字》（共1000字附教授法）。"教授法"5种27册，分别是：《修身教科书教授法》10册、《国文教科书教授法》8册、《珠算教科书教授法上卷》、《珠算教科书教授法下卷》、《笔算教科书教授法》5册、《格致教科书教授法》2册。"挂图"2种36幅，分别是：《修身教科书第一册挂图》20幅、《笔算教科书一二册挂图》16幅。"练习簿"1种，即《算学练习簿》。"习字贴"1种4册。"习画贴"3种21册，分别是：《习画贴教员用》1册、《习画贴学生用》8册、《毛笔习画贴》8册。

高等小学堂用书19种41册，分别是：《国文教科书》2册、《中国历史教科书》2册、《西洋历史教科书》2册、《亚美利加洲通史》2册、《中国历史教科书》4册、《东洋历史教科书》2册、《西洋历史教

---

❶ 胡适．四十自述［M］．合肥：安徽教育出版社，2006：47．
❷ 石鸥．我国最早的自编英语教科书——《华英初阶》与《华英进阶》［J］．书屋，2008（5）：1．
❸ 商务印书馆编译所编．最新初等小学修身教科书（第2册）［M］．13版．上海：商务印书馆，1907：广告页．

科书》、《中外国地理教科书》4 册、《小学万国地理新编》、《理科教科书》4 册、《初等物理学教科书》、《博物学大意》、《博物示教》、《理化学大意》、《理化示教》、《笔算教科书》4 册、《数学教科书》2 册、《笔算教本》2 册、《算术教本学生用》4 册。"教授法及教员用书"3 种 10 册，分别是：《理科教科书教授法》2 册、《笔算教科书教授法》4 册、《算术教本教员用》4 册。"习画贴"3 种 24 册，分别是：《毛笔习画帖》8 册、《毛笔习画范本》8 册、《铅笔习画贴》8 册。还有一本《伊索寓言》，想必是课外读物。

中学堂用书 40 种 54 册，附图画 1 册，分别是：《中国历史教科书》3 册、《西洋历史教科书》2 册、《万国史纲》、《瀛寰全志》1 册及附图画 1 册、《中国地理学教科书》、《代数学》2 册、《初等代数学》2 册、《易解速成代数学》2 册、《平面几何学》、《立体几何学》、《三角术》、《用器画教科书》2 册、《化学教科书》、《格致教科书》、《物理学》、《物理学讲义》、《物理学新教科书》、《热学》、《力学》、《水学》、《气学》、《磁学》、《声学》、《静电学》、《动电学》、《生理学教科书》、《生理学》、《地文学》、《地质学》、《矿物学》、《植物学》、《中学植物学教科书》、《动物学》、《兵式体操》、《汉文典》2 册、《马氏文通》2 册、《理财学精义》、《计学教科书》、《帝国英文读本》6 卷、《英华文通》。"习画贴"1 种 6 册，即《中学铅笔习画帖》6 册。

其实，"最新教科书"一直有所拓展，如还出版了西洋历史地图、东洋史要地图等。

1903 年底新学制颁布后，各级学堂课程设置才定下来，而商务印书馆能够在这么短的时间内把各级各科教科书编撰出来，几乎就是一个奇迹。这与其编撰队伍直接相关。"最新教科书"的编撰队伍学识渊博，视野开阔，他们或开办过新式教育，或任教于新式学堂，或大量编译过西学书籍，尤其是许多人都有留学背景。其中主要成员有张元济、蔡元培、杜亚泉、蒋维乔（教育家，曾应蔡元培之邀到南京任临时政府教育部秘书长，协助蔡制定教育部法令，草拟大、中、小学学制）、庄俞（著名编辑、学者）、高梦旦（曾任浙江大学堂总教习，后率留学生赴日，并任清政府留日学生监督）、邝富灼（哥伦比亚大学文学、教育双硕士学位获得者）、伍光建（翻译家，英国格林威治皇家海军学院毕业)、谢洪赉,还包括日本学者小谷重、日本前高等师范学校教授长尾槙太郎等。他们或洞彻到中国社会固有的顽疾,深知启蒙思想在现代社会的必要性,秉承着改造传统的热情和责任,"筚路蓝缕,煞费苦心,得成一种辅助教育的新事业"❶。

"最新教科书"开创了教科书编辑出版史上众多的"第一",为中国新式教育的迅猛发展作出了重要贡献。它是第一套依遵学堂章程(国家课程方案)而编辑的教科书,是第一套同时配套出版教师用书("教授法"或教学参考书)的教科书,是第一套按课程门类分学年学期分级分册分科编写的教科书,是第一套附有彩色插图的教科书,是第一套每册都印有英文书名的教科书。特别值得一提的是,"最新教科书"各册把大量的新知识和新事物呈现在学生面前。如与现代科技相关的有《电报》《电话》《望远镜》《五带之生物》等,与现代政治文明相关的有《法律》《图书馆》《博物院》《慈善事业》等,与现代经济相关的有《专利》《邮政》《日报》《公司》等,与现代现代文明生活相关的有《咀嚼作用》《体操之益》《竞走》《拔河》《缠足之害》《学堂卫生》《烟草之害》《传染病》等,与外国文明相关的有《中外历法之异同》《科仑布》《美利坚》《侨民》《德意志》《俄罗斯》《华盛顿》等。正因为这种现代文明的引入以及关注教和学的编排,才使得教科书一出版就广受欢迎。蒋维乔在《编辑小学教科书之回忆》一文中说,"教科书之形式内容,渐臻完备者,当推商务印书馆之《最新教科书》。此非作者身与其役,竟敢以此自夸,乃客观之事实可以证明:一、此书既出,其他书局之儿童读本,即渐渐不复流行。二、在白话教科书未提倡之前,凡各书局所编之教科书及学部国定之教科书,大率皆模仿此书之体裁。"❷ 如《最新初小国文教科书》(1904年)一经出版便势不可当,发行后几日内便被抢购一空,"未及数月,行销十余万册"❸。可谓横空出世,独步神州,既取代了其他教科书,又成为后世教科书模仿的对象。

---

❶ 庄俞.谈我馆编辑教科书的变迁[M]//商务印书馆.商务印书馆九十年——我和商务印书馆.北京:商务印书馆,1987:64.
❷ 张静庐辑注.中国出版史料补编[M].北京:中华书局,1957:139.
❸ 王建军.中国近代教科书发展研究[M].广州:广东教育出版社,1996:111.

当然，因为这是商务印书馆第一次编撰系统教科书，经验与科学指导都不够，所以该套教科书难度偏大，内容偏深。然而，瑕不掩瑜。不论从哪个角度看，"最新教科书"在教科书发展史上的地位都是那么显眼。它是一套独一无二、成就卓越的教科书，是中国教科书现代化最有力的印记，无可置疑地成为教科书发展史上的经典巨作，更是整个教科书发展谱系上一座难以超越的里程碑。1907年，针对"最新教科书"材料太深的弊端，商务印书馆另编写有一套初等小学"简明教科书"，降低了难度与容量，有修身、国文、中国历史、中国地理等。

因为"最新教科书"的成功推出，商务印书馆此后以其品质优良的教科书雄踞清末民国时期教科书出版的龙头达半个世纪之久。据不完全统计，1903年开始，商务印书馆还出版了一套学堂用"问答书"，有中国历史、世界历史、地文学、普通博物、生理学等，这些书既可作为教授法之类的教师用书使用，也可以作为学生用书使用。同年还出版"新撰中学教科书"，有植物学、平面三角法、化学、代数学、画学临本、平面几何画法、矿物学、动物学等。1907年开始，商务印书馆出版了"中学新教科书"，有生理卫生、动物学、物理学、平面三角法、球面三角法、中等平三角、平面几何学等。1906年开始，商务印书馆针对寒素子弟，或学龄已大，不及入学堂者而出版了一套"简易教科书"，有修身、国文、历史、地理、数学、格致、实业、法律，共计8种。1907年开始，商务印书馆出版女子教科书及教授法，有国文、尺牍、修身、新唱歌等。除了成套出版的教科书以外，商务印书馆从1898年开始还陆续出版了不少单科教科书，小学有40多种，中学有50多种。

第二节　清末教科书及其审定制

民间教科书编写的百家争鸣，满足了形式各异的各级、各类学堂教学的需求，但由于编写者的思想素质与知识结构参差不齐，对新学的取舍标准不一，加上学术水平、流派的歧异，造成同一学科出现各种版本的教科书，可谓五花八门。面对汹涌的教科书大潮，晚清政府确立了教科书审定制，为教科书的发展提供了生长的空间，也提出了规范的尺度，而且这一制度一直贯穿整个民国时期。

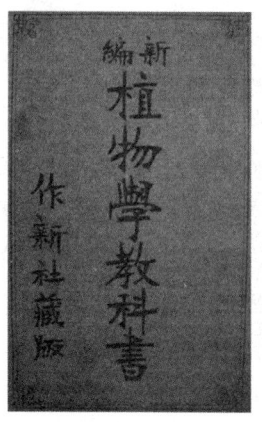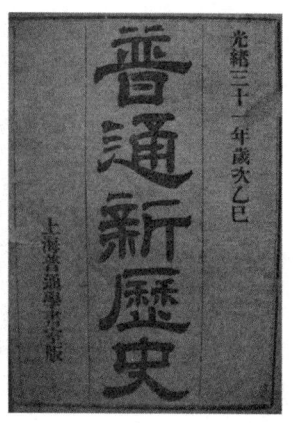

一、大量涌现的书坊教科书

"19世纪末至20世纪初，卷入自编教科书潮流的不仅有各地各级学堂，还有商务印书馆、文澜书局、文明书局等民间出版机构，个人编辑者更是难以数计。"❶ 据1906年上海书业商会出版的《图书月报》统计，已入会的会员共22家，分别是：文明书局、商务印书馆、开明书局、点石斋书局、广智书局、昌明公司、中国教育机械馆、启文社、新智社、会文学社、通社、新民支店、群学会、东亚公司新书店、彪蒙书室、时中书局、有正书局、乐群书局、普及书局、鸿文书局、新世界小说社、小说林。❷ 这些出版团体大多数都以出版教科书为专业（除了点石斋书局、新世界小说社、小说林等几家机构外）。而以商务印书馆、文明书局、中国图书公司、广智书局、昌明公司、会文学社、彪蒙书室、乐群书局、普及书局等为代表的民间书坊，更是引领一个时代的思想文化与选择，将教科书的编撰推向一个又一个的高潮。

1. 文明书局

清末，在民营出版业的教科书出版尚未全面兴起之时，无锡士人俞复、廉泉、丁宝书等于1902年在上海创办文明书局。由于俞复、丁宝

---

❶ 中华民国教育部编.教科书之发刊概况［M］//第一次中国教育年鉴（戊编·教育杂录）.上海：开明书店，1934：116.

❷ 图书月报.1906（1）.

书等曾经是无锡三等公学堂的教员,所以文明书局创办之初便出版了原无锡三等公学堂的"蒙学读本全书",声威大震,风行一时,有效地占领了教科书市场,两年间重印至十余版,该书被张謇誉为"中国教科书中第一善本"。文明书局初战告捷,进而高举"蒙学大旗"和"文明大旗",马不停蹄地出版了从蒙学、初小、高小到中学等各级学堂用书,在清末出版界和教育界赢得了较高的声誉,从1902年开始,文明书局先后出版了"高等小学教科书",有国文、国史、中国历史、西洋历史、地理、游戏法、博物、卫生等。1903年,文明书局开始出版"蒙学科学全书",到1905年5月,文明书局已经出版"蒙学科学"全书25种37本,❶ 囊括文法、修身、历史、地理、珠算、笔算、卫生、天文、化学、动物等各学科。据记载,该局在"章程(奏定学堂章程)颁布前后,发行教科书多种,总称科学全书,冠以'蒙学'二字。是年末,该局广告所列书目就有50种,83个单本。"❷ 同年,文明书局开始出版中学教科书,但不知为何,一部分以"中等"命名,一部分以"中学"命名,中等教科书有国文读本、西洋史、东洋史、生理卫生、伦理学、修身、矿物学、数学、算术、地理等;中学教科书有文粹、化学、日本文法、物理学、植物学、中国历史、地文等。此外,文明书局于1902年开始出版了"普通教科书",有新智识读本、商业教科问答、博物学、西洋历史、生理卫生、体操学等;1904年开始出版中学用"最新教科书",有动物学、地质学、化学、植物学、论理学、初等动物、初等植物学、初等生理卫生、初等化学矿务等;1910年以"国民教育社"之名出版了高等小学用"新体教科书",有修身书、国文读本、中国历史、中外地理等。文明书局作为20世纪初期的一所民营出版社,其崭露头角的时期,正是日译教科书在国内流行之时,因此文明书局出版的许多教科书编译、改编或参照了日本教科书。大量参照甚至直接译自日本教科书是文明书局初创时期的一个重要特征。整体来看文明书局的教科书印刷精美,图文并茂,封面多以中国的优美书法题写红色书名,所以,其教科书非常醒目,曾兴盛一时。1906年4月,清学部公布了《学部第

---

❶ 丁福保编. 蒙学卫生教科书 [M]. 8版. 上海:文明书局,1905:3.
❷ 张静庐辑注. 中国近代出版史料(初编)[M]. 北京:中华书局,1957:126.

一次审定初等小学暂用书目》，共计46种102册（学生用书19种55册，教员用书27种47册），其中商务印书馆52册，文明书局33册，文明书局位居第二。文明书局的教科书和商务印书馆的教科书共同影响了一大批进步青少年，在清末起到了文明启蒙的重要作用，在中国教科书现代化进程中具有不可磨灭的价值。郭沫若在《童年时代》中回忆说，学习了上海文明书局出版的《格致》《地理》《地质》《东西洋史》等《蒙学科学全书》，使他的"观感焕然一新"。胡适在《四十自述》中写道："我初到上海梅溪学堂时，班上读的是文明书局的《蒙学读本》……"❶但此后由于多种原因，比如商务印书馆教科书出版的兴起，文明书局的教科书未严格按照新学制的课程设置来编撰出版，没有严格的分年级、分册编写，自身缺乏与新学制完全吻合的拳头产品，曾经势头良好的文明书局在教科书市场上每况愈下，书局的人员也陆续离开。民国后，中华书局盘入了文明书局（但文明书局的牌子仍保留使用了一段时间，到1932年彻底停用），"专出应时之书"。❷

2. 科学书局

上海科学书局的创办时间不详。1921年科学书局主人杨墨林病故，书局出盘给在上海市党部任职的国民党元老林焕廷，改名为"民智书局"。科学书局从1895年就开始出版教科书，当年有《初等小学女子官话修身教材》刊行。据1909年的统计，科学书局已出教科书包括：初级小学有《修身新教科书及教授法》《习字描红本》《新习字帖》（少年国民必读蒙学第一奇书）《中外故事读本》《格致》《博物》《乐典》《体操图》《汉文教授法》《（南洋公学）小学地理教授法》《最新文法教科书》，高等小学有《国文新读本》《经训修身》《国史》《陆上运动》《学校游戏法》（又名游戏体操）《表情体操》（又名唱歌游戏），中学有《化学必读》《乐典问答》《理化》《算术教科书全草》《陈槐中等算术详草》《俟实学堂课文》《（南洋公学）课文汇选》《精选音乐大全》；女子教科书有《（初等小学）女子官话修身》《初级女子修身》《（女子体育全书）新游戏法》《最新女子音乐全书》《（普通）女子尺

---

❶ 胡适. 四十自述[M]. 海口：海南出版社，1997：50.
❷ 郑逸梅. 书报话旧[M]. 北京：中华书局，2005：80.

牍范本》等；还有《陈文算术教科书详草》《万法精理》《新编日本语言集全》《最新东文自修指南》《学生立志论》《几何初步详草》《三版改良女学唱歌》《妇孺新读本》《正续蒙学理科读本》《两等习字帖》《(最新详注) 无机化学讲义完璧》《几何初步》《笔算数学详草》《笔算数全草》《生理卫生讲义》《中等西洋史》《中等西洋画图》《中等东洋史》《(桦正董改订) 算术教科书》《(桦正董改订) 算术问题详解》《代数因子分解全草》《数学问题详解》《初等算术讲义》《初等算术详草》《人体生理图》《人种图》《(兵式) 体操图》《新撰代数讲义》《平面三角法讲义》《天下最新图》《译学馆代数讲义》《丁氏代数初步》《丁氏代数初步详草》《初等代数讲义续编》《初等代数续编》《代数问答》等各色教科书。❶

3. 新学会社

1903 年，市面上就出现了新学会社出版的教科书。该书局于 1898 年由奉化人孙锵和江起鲲合资兴办，最初开在宁波，后迁至上海。新学会社的教科书有理化博物、训蒙、唱歌、速通文法、新教育、物理、几何学、国学、女子家政、平面三角法、小代数学等科目。新学会社在清末以"第一简明启蒙"教科书著称，民国后这些书的订正版还大量发行。其中包括《第一简明修身启蒙》《第一简明博物启蒙》《第一简明历史启蒙》《第一简明地理启蒙》《第一简明造句启蒙》《第一简明论说启蒙》《第一简明尺牍启蒙》《第一简明珠算启蒙》《第一简明笔算启蒙》《第一简明图画启蒙》等。此外，它还编撰出版了《国文必读训蒙新读本》《初等小学简易心算教科书》《初等小学连通文法教科书》《初等小学柔软体操教科书》《初等小学国民新国文》《初等小学修身唱歌集》《初等小学习字》《初等铅笔习画帖》等。截至 1913 年 7 月新学会社共出版教科书 18 种 45 本。❷在 1922 年第 37 版的《第一简明历史启蒙（后编）》封二上有该社出版教科书的广告，计有《国民新国文教科书》8 本、《新编修身教科书》8 本、《新编国文教科书》8 本、《新编算术

---

❶ 何荣桂编辑. 高等小学国文新读本（卷四）[M]. 上海：科学书局，1909：广告页.
❷ 周铭训编辑. 女子家政教科书（民国初等小学用）[M]. 11 版. 上海：新学会社，1913：封 2.

教科书》8本、《速通文法教科书》2本、《初级作文模范》1本、《修身启蒙》2本、《历史启蒙》2本、《地理启蒙》2本、《博物启蒙》2本、《造句启蒙》2本、《论说启蒙》2本、《珠算启蒙》2本、《尺牍启蒙》2本。❶

4. 中国图书公司

1906年，中国图书公司创办。中国图书公司起步较晚，但阵势颇为壮观，是"商务的劲敌"。❷ 创办人席裕福、曾子卿都是上海资本家，公司人力资源丰富。编译所长沈恩孚，在江苏教育界相当有声望，其麾下有一批有能力的编辑，如朱树人、徐傅霖、姚明晖、秦同培等，并且还拉走了不少商务印书馆的职员。另外还聘张謇为董事长（张謇是清末状元，与清朝权贵交情颇厚，又是江苏教育会长）。中国图书公司一成立，就以出版教科书为业务重心。到1908年6月，该公司已出版教科用书37种71册。初等小学有《修身及教授本》《国文及教授本》《算术及教授本》《珠算教授本》《图画范本》《手工教授本》《唱歌》《体操范本》，高等小学有《修身及教授本》《历史及教授本》《地理及教授本》《格致及教授本》，中学有《几何学（平面、立体）》《植物》《法制理财（政治学、经济学）》《音乐（乐理概论）》《体操（兵士教练）》《简易地理》《简易理化》《算术》《教育学》《心理学》《教育史》《小学各科教授法》《简明实用教育学》《简明小学校管理学》《军国民读本》。此外，还出版参考宣讲用书共16种18册，有《算学自修书（算术之部）》《初等解析几何学》《最新化学理论解说》《小学劣等生救济法》《实验二部教授法》《新译明治教育史》《通俗教育谈》《卫生新论》《新译瑞典式疗病体操》《新译国际私法》《家事课本》《女子小学体操范本》《幼儿保育法》等。❸ 中国图书公司出版的教科书不如商务印书馆和文明书局有影响，但其门类比较齐全，尤其是有些新兴学科的教科书，比较应急，比较有特色，填补了清末自编教科书的某些空白或不足。如1909年出版的徐傅霖编写的《女子体操范本》，被《教育杂

---

❶ 胡朝阳编. 第一简明历史启蒙（后编）[M]. 37版. 上海：新学会社，1922：封2.
❷ 商务印书馆编. 1897~1987商务印书馆九十年——我和商务印书馆 [M]. 北京：商务印书馆，1987：102.
❸ 黄端履编. 家事课本 [M]. 再版. 上海：中国图书公司，1908：广告页.

志》第 1 年第 2 期（1909 年）评价为"是书固今日所最急需者也"❶。

5. 科学会编译部

上海科学会编译部由清末留日学生创建（其教科书上的印刷者署名为日本人），总发行所位于上海四马路老巡捕房东首，主要编辑出版中学理科用书。到 1910 年，上海科学会出版的教科书主要有：《算术教科书（中学用）》（陈文编辑，1905 年）《问答体物理学初等教科书》（陈文编辑，1906 年）《中学博物教科书动物学》（秦嗣宗编辑，1906 年）《中等博物教科书矿物学》（陈用光编辑，1911 年 3 版）《中等教育几何学教科书平面之部》（何崇礼编，1906 年）《中等教育新式物理学》（陈榥编，1907 年）《中等博物教科书植物学》（李天佐编，1908 年）《中等博物教科书生理卫生学》（陈用光编，1907 年）《查理斯密小代数学（中学用）》❷（陈文编注，1906 年）《高等小学算术教科书》4 册（陈文、何崇礼，1907 年）《地文学教科书》（曾彦编，1910 年）《普通教育植物学教科书（中学用）》（曾彦编，1910 年）《温特渥斯平面几何学》（马君武译，1910 年）以及《中学教科外国地理》《中学教科本国地理》《中学中国历史》《普通教育生理卫生学》《普通教育动物学教科书》《普通教育理科汇编》《高等地文学教科书》《普通教育地质学教科书》等。❸ 1910 年后，上海科学会编译部还出版了《美国伦孙氏中等化学教科书》（马君武译，1911 年）等书，以及之前一些教科书的修订版。

6. 会文学社

1903 年，沈玉林、汤寿潜等在上海创办会文学社，经理陈鉴堂。会文学社亦称会文堂书局，1926 年改组为会文堂新记书局。民国期间名人蔡东藩编著的《中国历代通俗演义》就是该书局出版的。书局在清末民初以出版女子教科书、白话教科书等闻名，如《最新女子初等小学修身教科书》（何琪编纂，1906 年）《初等女子修身教科书教授法》（何琪编辑，会文学社编译，1906 年）《最新女子初等小学国文教科书》

---

❶ 王建军. 中国近代教科书发展研究 [M]. 广州：广东教育出版社，1996：133.
❷ 王建军. 中国近代教科书发展研究 [M]. 广州：广东教育出版社，1996：133.
❸ 温特渥斯. 平面几何学 [M]. 再版. 马君武，译. 上海：科学会编译部，1910：广告页.

8册（何琪编，李士贞校订，1906年）《最新应用女子尺牍教科书》两编（杜芝庭著，1907年）等。在1904年出版的《会文学社字课图说》的最后有广告页，刊有该书局所出版的各种教科书：《改良字课图说》《初级国文教科书》《最新国民新读本》和《文汉读法》《普通教育百科全书》《少年世界史》《中等最新本国历史》《化学探原》《农务化学问答》《续支那通史》《日本帝国近世史》《万国史纲》《五大洲万国图说》《五大洲地理新志》《中等生理书》《俄国通志》《法国通志》《泰西风土记》《初级笔算教科书》《代数备旨》等。❶ 到1911年年初，会文学社出版教科书42种118本。其中初等小学堂用23种81本。有《最新官话识字》《修身及教授法》《国文》《中国历史》《本国历史》《中国地理》《本国地理》《算术及教授法》《笔算》《心算》《珠算》《格致》《物理》《生理卫生》《手工》《教育唱歌》《游戏》《体操》《图画》《习画帖》《习字帖》等；高等小学堂用10种18本，有《修身》《中国历史》《地理》《唱歌》《铅笔习画》《博物》《中国暗射地图》《普通世界暗射地图》等；中学和师范学堂用9种19本，有《本国历史》《本国地理》《普通舆地图绘学》《测地绘图》《平面几何学楷梯》《理化》《形学备旨全草》《代数备旨全草》等。❷ 需要指出的是，《普通教育百科全书》是留日学生范迪吉等选择日本中等学校教科书和一般教养书100册编撰而成，这是我国最早的百科全书。❸

7. 彪蒙书室

1903年，钱塘人施崇恩在杭州创办彪蒙书室，1905年前后迁至上海。书室规模并不大，却最早编印出版了大量小学白话教科书。据统计，彪蒙书室历年出版的各种小学教科书不少于75种，特别是，其白话教科书的出版发行在晚清教育界有一定的影响。除了书室主人施崇恩外，彪蒙书室白话教科书的编撰者们，还有程宗启、戴克敦、钱宗翰、董承志、李思慎、朱陶、卫克强、沈楙、沈燊等。书室出版的教科书一般都不署个人名字，只署集体的名字"彪蒙书室"或"彪蒙编译所"。

---

❶ 会文学社编纂. 会文学社字课图说［M］. 上海：会文学社，1904：广告页.
❷ 何琪编辑. 最新女子初等小学修身教科书（第2册）［M］. 12版. 上海：会文学社，1911：广告页.
❸ 黄福庆. 清末留日学生［M］. 台北：中央研究院中国近代史研究所，1975：172.

1903年1月，彪蒙书室开始出版"绘图教科书"，有《绘图中国白话史》《绘图外国白话史》等。1905年开始，彪蒙书室陆续出版白话讲义蒙学丛书，定名为"绘图蒙学实在易"，包括《绘图蒙学识字实在易》《绘图蒙学造句实在易》《绘图蒙学修身实在易》《绘图蒙学中国历史实在易》《绘图蒙学外国历史实在易》《绘图蒙学体操实在易》《绘图蒙学卫生实在易》等。截至1909年2月共出版《绘图蒙学实在易》17种69册。❶ 1907年，彪蒙书室开始出版《初等小学教科书》系列，有国文、笔算、中国历史、中国地理等。1905年，该书室编撰出版的《绘图四书速成新体白话读本》，纯用白话解释且附有图说。当时许多小学堂都选用此书，影响巨大，印刷了20余版。不幸的是清政府认为利用白话传播经书，是传播维新思想，对其统治大为不利，因此下令禁止流通。1909年6月3日，学部咨照各省督抚，查禁了除《绘图蒙学卫生实在易》之外的、彪蒙书室编纂的所有教科书，❷造成了轰动当时的一桩禁书案。彪蒙书室经此打击，一蹶不振，不久就停业了。

8. 广智书局

上海广智书局由留日维新人士冯镜如等创办于1901年（就其成立时间而言，目前有四种说法：1898年、1901年、1902年、1903年）。名广智，有广为传播智识之意。❸ 译员有梁启超、梁启勋兄弟，另外还有许多维新派人士，其中不少人都是康有为的弟子。名义上冯镜如主持，其实背后操持的都是梁启超，书局成为维新运动失败后维新保皇派的重要活动与联络机构，出版了大量康、梁的著作。据初步统计，广智书局出版的教科书近50种，主要有：《广智国文读本》《修身教科书》《外国地理问答》《地质学》《经济学》《伦理学》《新理科》《世界地理》《物理学》《立体几何学》《西洋历史》《国史》等。其中部分教科书直接译自日本教科书，如伦理学教科书、乐典教科书、中学数学教科书、化学教科书等。❹ 1903年出版的译自日人久保田贞则的《德育及体

---

❶ 彪蒙编译所编辑. 绘图蒙学论说实在易 [M]. 5版. 上海：彪蒙书室，1909：广告页.
❷ 宣统元年（1909年）4月16日，学部咨照各督抚严禁各学堂用彪蒙书室各教科书.
❸ 广智书局历史 [N]. 国民日日报，1903-8-17.
❹ 张朋园. 广智书局——维新派文化事业机构之一 [J]. 中研院近史所集刊，1972（2）.

育》可能是我国最早使用"体育"一词的教科书之一。广智书局的教科书一般印刷比较精美,纸质颇佳,多为进口瑞士白纸。印刷精美可能是受日本教科书的影响缘故。从它的国文教科书来看,明显受到日本横滨华侨大同学校的教科书的影响,事实上二者有密切关联。书局还发行《不忍》杂志和梁启超在东京主编的《新民丛报》。因多种原因,书局于1915年停业。

9. 普通学书室

1901年,杜亚泉在上海创立普通学书室,延聘精通翻译和自然科学的人才,陆续编译了诸如《普通数学》《普通化学》《普通质学》《普通矿物学》《普通植物学》《普通动物学》《普通生物学》《普通英文典》等中等学堂教科用书,1904年秋,杜亚泉应商务创始人夏瑞芳、张元济之邀,被聘为商务印书馆编译所理化部主任,普通学书室也并入了商务印书馆。普通学书室出版的《普通新历史》很受欢迎,被多次再版或修订出版,以《校正普通新历史》《增补普通新历史》等名义出现。1902年上海广智书局第三次印刷《校正普通新历史》,1913年商务印书馆又增订出版《普通新历史》,迄1917年8月发行了28版,足以说明《普通新历史》流传之广。

10. 东群书局

上海乐群书局又叫乐群图书编译局,由汪继甫创办,具体成立时间不详。1901年沈知方与王均卿接盘该局,并加泰记牌号。该局主要经营教科书,曾编辑出版国文、格致、心算、笔算、历史、地理等小学课本,后因所编教科书被商务印书馆控为侵害版权,败诉,遂售与商务印书馆。至1906年,上海乐群书局已经出版《初级小学修身及教授法》《国文及教授法》《中国地理及教授法》《蒙学修身》《中国历史及教授法》《格致及教授法》《体操及教授法》《笔算及教授法》《唱歌》《孝经以及习字》《习画教科书》等。[1] 其所出教科书均在1906年以前,故推测该书局于1907~1908年间停业。

---

[1] 陆保璿,金念祖,王文濡编辑.国文新教科书(第1册),[M].上海:乐群图书编译局,1906:广告页.

11. 普及书局

上海普及书局由陶甲三创办，具体成立时间不详，但很少见到其1906年前的出版物。鲁迅以之江索士的笔名翻译了法国儒勒－凡尔纳的科幻小说《地底旅行》，先在《浙江潮》上连载，后于1906年由普及书局出版。❶ 该书局出版的教科书也主要是理科方面的。所见有：《（订正再版）重译足本几何教科书（中学堂用）》（［日］林鹤一著，彭清鹏译补，1906年）、《化学讲义实验书（中学堂用）》（［日］龟高德平著，虞铭新译，1906年）、《普通教育动物学教科书（中学堂用）》（［日］岩川友太郎等著，张修爵、王官寿辑译，1906年）、《新代数学（中学堂用）》两卷（周道章编译，1906年）、《普通教育植物学教科书（中学堂用）》（彭树滋编撰，1906年）、《普通教育物理学教科书》（［日］滨幸次郎、河野龄藏著，张修爵译述，1906年）、《普通教育平面三角教科书（中学堂用）》（［日］长泽龟之助著，张修爵译，1906年）、《高等小学地理教科书》（经家龄著，1906年）、《高等小学地理教授用书》（经家龄著，1906年）、《普通教育几何教科书平面之部（中学堂用）》（［日］阪进英一著，顾澄编译，吴起潜、胡复校订，周道章校阅，1907年）、《中等教育化学矿物教科书》（［日］滨幸次郎、河野龄藏著，唐士杰译述，1907年）、《普通教育代数学教科书（中学堂用）》（陈福咸编译，胡虞宾校勘，1908年）等。

12. 作新社

作新社是由我国第一批（13名）留日学生之一的戢元丞与日本著名女教育家下田歌子合作开办的，一般被认为创办于1901年，1902年移至上海。该社发行《大陆》杂志。其教科书基本是在日本印刷装订好之后，运来中国发行销售。出版的基本是中学教科书，有《东语正规》《世界地理》《万国历史》《政治学》《国文》《动物学》《体操法》等。它的教科书印刷精美，部分硬封精装，多为大32开。

13. 东京教科书译辑社

东京教科书译辑社是1902年中国留日学生陆世芬等在日本东京创

---

❶ 唐弢等. 鲁迅著作版本丛谈［M］. 北京：书目文献出版社，1983. 19.

立的，主要工作是编译东西教科书，备各省学堂采用。陆世芬是留日学生译书汇编社14名成员之一，名列第三位，教科书译辑社广告中所注发行所地点为"日本东京本乡区丸山福町15番地"，与译书汇编社的发行所地点相同，因此，日本学者、中日文化交流史专家实藤惠秀博士推断，教科书译辑社系译书汇编社的分社。但译书汇编社主要翻译大学教材，而本社则专译中学教科书。该社出版的第一部译书为《物理易解》（1902年），1902年6月首次广告中拟出新书即有23种，含自然科学与社会科学各科的中学用书。❶据《江苏》第一期卷末广告❷，教科书译辑社"近已付梓，不日出版"的教科书有地文、物理、生理、化学、社会学、经济学、地理、代数、几何等。当然，广告中"拟出""不日出版"之类说法并不完全可靠。

14. 国学保存会

1904年，邓实等人在上海发起"国学保存会"，刘师培、邓实、黄节、陈庆林等都是国学保存会主要成员。他们发行《国粹学报》，编辑"国学教科书"及乡土教科书。他们出版的中学教科书主要有经学、中国历史、中国地理、伦理学、中国文学等，乡土教科书主要有安徽乡土地理、乡土历史、江苏乡土、广东乡土历史、广东乡土地理、江西乡土地理、江西乡土历史、湖北乡土历史、直隶乡土地理、直隶乡土历史等。

15. 集成图书公司

上海集成图书公司由席豫福将申报馆附设的三家出版机构（集成图书局、点石斋石印书局、申昌书局）和开明书店合并组成，聘夏清贻为编辑长。一般认为创办于1907年，但我们发现了它出版于1906年年底的书籍。1912年改组为民国第一书局。1914年迁武汉，不久即停业。该公司出版了不少教科书，以小学教科书为主。其中比较值得注意的是出版了黄守孚等编著的《小学教科初等修身教科书》和《教授案》各8册（1908年）《小学教科初等国文教科书》和《教授案》各16册

---

❶ 林煌天主编. 中国翻译词典［M］. 武汉：湖北教育出版社，1997：329.
❷ 罗家伦主编. 中华民国史料丛编［M］. 台北：中国国民党中央委员会党史史料编纂委员会，1968：203-206.

(1906年)。黄守孚曾经留学日本,做过《新申报》的主笔,辛亥革命后曾任嘉定军政分府司法部副部长、江苏省议会秘书长和省政府秘书。从1909年的书目上看,他们已经出版教科书和教授案20种以上,有《小学教科初等修身及教授案》《初等国文及教授案》《初等习字范本及教授案》《初等历史及教授案》《初等理科及教授案》《初等地理及教授案》《初等图画范本及教授案》《初等算术教范》《初等体操教范》《初等乐歌及教授案》《初等手工教范》《初等文范》等。❶

16. 昌明公司

1903年,湖北留日学生成立昌明公司,总公司设在上海,分公司设于武汉。以万声扬为总理,马刚侯为副总理,陆费逵曾任经理。武昌起义后,万曾任湖北军政府顾问,马曾任湖北军政府交通部长。昌明公司的主要任务为招待湖北出洋学生,出版与销售文化书报,宣传革命思想,传递海内外消息,编撰与出版新式教科书。从1904年开始出版教科书,有《普通应用物理》《新式数学》《平面几何学》《(普通教育)矿物界》《平面几何》《(订正三版)平三角法》《新理科书》《本国地理》《小学地理》等。

清末,比较有影响的教科书出版机构还有:上海群学社、上海时中书局、东亚公司、上海科学仪器馆、长沙群益书社、上海开明书店、上海春风馆、东京清国留学生会馆等。

此外,劝学会社、达文社、时敏书局、世界公学、达人书馆、人演译社、上海著易堂书局、上海华阳书局、上海吴云记书局、上海越社、上海通社、上海中国教育改良会、上海振东学社、上海锟记书社、上海蒙学书局、上海闳肆书局、上海华美书局、上海书局、上海理科书社、上海启文译社、上海挹记图书馆、上海群通社、上海启智学社、上海中国公学、上海宏文馆、上海理科丛书社、上海校经山房、上海苏新书社、北京华新书局、北京华北书局、北京塾受书局、北京旅京江苏学堂、北京新华书社、东京导文社、东京启文书局、中国地学会、河北译书社、武昌中东书社、苏州振新书社、绍兴奎照楼书坊、江南群学社、

---

❶ 黄守孚编辑. 小学教科初等国文教科书(第12册)[M]. 上海:集成图书公司, 1909:广告页.

杭州东文学社、杭州编译局、广州萃文报会社、江西抚州印书局、太谷求是书室、太原晋新书社、湖南编译社、湖南作民译社、湖南广雅新译社、长沙三益社、长沙湖南集成书社等在清末民初均出版有或多或少的新式教科书。其中的一些机构在今天已经找不到任何有关它们的记载了，它们已经被历史彻底遗忘了，好在有它们出版的教科书。教科书还记得它们，默默地纪念着它们。

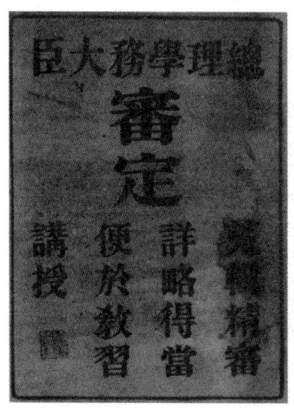 

二、教科书审定制的确立

清政府办教育的主要目的之一是维护自身统治，而兴办教育"全以教科书为胜败"，他们本能地希望"钦定"一种教科书颁行全国。1902年10月京师大学堂译书局和编书处成立，张百熙聘严复为译书局总办、林纾为副总办、李希圣为编书处编辑总纂，希望编撰出统治集团自己认定（"钦定"）的教科书。但由于当时政府还没有颁布学制，全国学堂课程的门类众多，所需教科书种类繁多、数量巨大，并且清政府教材编写人员的知识结构单调，对新教育的认识不足，所以不具备在短时间内迅速编撰出全国统一的教科书的条件。1903年，编书处颁布了《暂定各学堂应用书目》，将学堂课程分为16门，列有教学用书91本，供学堂采用。这16门课程为：修身、伦理、字课、作文、经学、词章、中外史学、中外舆地、算学、名学、理财、博物、物理、化学、地质、矿产。但在这本书目中，连一本由京师大学堂编书处自己编写的教科书都没有。清政府自己编撰的教科书出不来，民间教科书又纷繁浩博，鱼龙混杂,如果听任它们自由地进入学堂,摆在学童面前,肯定会让统治集团忧心忡忡。

1904年,张之洞、张百熙在《学务纲要》中提出:"查京师现设编译局,专司编辑教科书,惟应编各书,浩博繁杂,断非数年所能蒇事,亦断非一局所能独任。"❶ 为此,在官方统编教科书未能编订发行前,应以审定民间教科书为主导。他们建议首先组织各科之教员编纂教科书目录。"查照各学堂年限钟点,此书供应若干日讲毕,卷叶应须若干,所讲之事孰详孰略,孰先孰后,编成目录一册,限三月内编成。由学务大臣审定,颁发各省。"❷ 其次,由京外各编译局分担任务,按照目录规定分别编纂。书成后,送学务大臣审定,颁行各省。重出无妨,择其精善者用之。第三,经学务大臣审定之教科书用之于各中小学堂。各中小学堂再依学堂之程度,将此书按学制年限,分为"详细节目",即每年讲若干,每星期讲若干,自何处起至何处止,共若干日讲毕。"宜一面奖励著书之人,一面严定惩戒之令"❸。《学务纲要》对此作了具体的说明:"书成后,应咨送学务大臣审定,颁行各省。"编辑的教科书要"宗旨纯正,说理明显,繁简合法,善于措词,合于讲授之用"❹。这是教科书审定的开端。

1904年清政府颁布的《奏定中学堂章程》明确规定了教科书的审定制度:"凡各科课程,须用官议编译局编纂,经学务大臣奏定之本。其有自编课本者,须呈经学务大臣审定,始准通用。官设编译局未经出书之前,准由教员按照上列科目,择程度相当而语无流弊之书暂时应用,出书之后即行停止。"❺ 根据国家统一的教育宗旨,分别由国家、地方、民间个人多渠道、多层次地编辑教科书,再由国家统一审定后颁

---

❶ 舒新城编. 中国近代教育史资料(上册)[M]. 北京:人民教育出版社,1961:213-214.

❷ 舒新城编. 中国近代教育史资料(上册)[M]. 北京:人民教育出版社,1961:213-214.

❸ 论设学部办法. 南方报 1905-10-2//转引自:关晓红. 晚清学部研究[D]. 中山大学博士学位论文,1999.228.

❹ 舒新城编. 中国近代教育史资料(上册)[M]. 北京:人民教育出版社,1961:213-214.

❺ 朱有瓛主编. 中国近代学制史科(第2辑·上册)[M]. 上海:华东师范大学出版社,1987:391.

行，这标志着教科书审定制度在中国的正式确立。

《奏定学堂章程》正式确立教科书审定制后，清政府并无进一步的具体行动。故而民间自编教科书未有送审之压力，学校采用教科书也大多听凭教员自由选定。教科书审定制在癸卯学制之后一两年并未真正有效施行。

1905年12月，清学部成立后，为了加强教科书的审定工作，学部于总务司下设立审定科，其职责是主管审查教科图书，对编译局已经编辑之图书详加审核颁行。审定科除常设人员外，还经常临时聘请学部其他人员和各学堂教员之熟悉科学者助理之。有了专门的教科书审查机构，清末的教科书审定工作才真正开始步入正轨。1906年3月，学部咨文各省，要求"该省督抚饬属晓谕官商人等，如有家藏或市肆售卖新编教科等书，一并邮寄本部，候审定后再行颁发各省，以归画一"❶。在荣庆与严修的主持下，审定科将审定初等小学教科书工作纳入实际操作阶段，从而成就了晚清学部公认的一项显著成就。

清末教科书审定工作的开展是以学制及其教育宗旨为依据的。1906年3月25日，学部公布了"忠君、尊孔、尚公、尚武、尚实"的教育宗旨。在《学部奏清宣示教育宗旨折》中要求："令编书各员，守定宗旨，迅即编纂中小学堂教科书，进呈之后一律颁发。至各省所编教科书，亦必认定宗旨呈由臣部核定，然后许其通行。"❷ 1906年清政府颁布了《教科书审定办法》。为了使教科书的编写又快又好，并能于广博而得要，清政府确定了允许私家编纂教科书的政策。"如有各省文士能遵照官发目录编成合用者，亦准呈送学务大臣鉴定，一体行用，予以版权，准著书任自行印售，以资鼓励。"❸ 各省中小学堂也可以先行资编讲义，然后汇订成册，送交学务大臣审定。"官编教科书未出版以前，各省中小学堂亟需应用，应准各学堂各科教员按照教授详细节目，资编讲义。每一学级终，即将所编讲义汇订成册，由各省咨送学务大臣审

---

❶ 学部咨调教科新书. 申报. 1906-3-17//转引自：关晓红. 晚清学部研究［D］. 中山大学博士学位论文，1999：231.

❷ 朱有瓛主编. 中国近代学制史料（第2辑·上册）［M］. 上海：华东师范大学出版社，1987：156.

❸ 舒新城编. 中国近代教育史资料（上册）［M］. 北京：人民教育出版社，1961：213-214.

定，择其宗旨纯正，说理明显，繁简合法，善于措词，合于讲授之用者，即准作为暂时通行之本。"❶ 这样，从1906年起，清学部陆续审定了初等小学、高等小学、中学、初级师范、国民教育以及女子教育方面的教科书，并着手审定高等专门学堂的讲义。学部陆续将审定教科书的意见和评语在《学部官报》上公布，其批示的评语及校勘指正多令人信服，凸显了审定的科学性、权威性和公开性。

学部审定教科书，求得学校教学用书程度、内容上的大体均衡，在一定程度上为全国的新式教科书树立了榜样，起到了督促作用。虽然从清政府这方面来说，其加强对教科书审查的最主要目的是为了防止民权自由等种种在他们看来是悖谬的言论思想传入国内而危及其统治，但是在当时国人不问能力，一哄而上编译教科书的情况下，也对于整顿教科书出版发行的混乱状况起到正面引导作用，这对于新式教育的发展是有好处的。更为重要的是，通过审定，新式教科书在体裁形式、教育教学、纸质印刷、价格等方面都有了较强的制度保障。学部将审定意见公诸于众，作为规范教科书编写的基本尺度，这种政策导向对教科书的发展无疑具有积极意义。同时，为了维护审定教科书的权威性，学部采取一系列措施：一是规定审定过的教科书的有效期；二是"严立限制，以杜伪滥"。并于1910年11月通行各省，各级学堂教科书的印刷发行必须由各省奏报学部备案审查，对承印教科书的局所、印刷的规格数量、发行的价格均予以明确规定，并发放印花票。❷ 不久，又明令各省严厉查禁伪造学部审定教科书以图利的私贩，咨行民政部转饬内外城巡警配合缉拿查办。❸ 这一切都是现代教科书制度建设的重要环节，为中国教科书现代化建设铺垫了基础，整个民国时期的教科书审定制度基本上便是以清末审定制度为框架的。

---

❶ 舒新城编. 中国近代教育史资料（上册）[M]. 北京：人民教育出版社，1961：213-214.
❷ 学部札各省提学司翻印高初两等小学各书办法文（1910-11-2）[N]. 学部官报(7)，1911-4-19.
❸ 学部札行各省查禁伪造学部审定教科书文（1910-12-7）[J]. 教育杂志，1911(12).

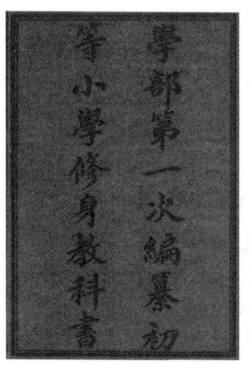
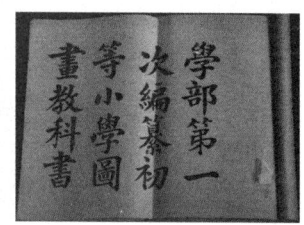

三、清末国定教科书

19世纪末至20世纪初,从教科书的发行从数量到质量,民营机构都占据绝对优势,由此形成教科书编写的社会广泛参与和自由竞争局面,增加了清政府对教科书控制的难度,危及了清王朝在意识形态领域的垄断统治地位。1897年,孙家鼐在奏请开办京师大学堂的奏折中就明确提出,为解决教科书的问题,应在上海等地开设编译局,编写教科书,但未果。1898年6月,在京师大学堂筹办时,总理衙门奏拟的《京师大学堂章程》第五节中明确提出"开设编译局……局中集中中西通才,专司纂译"❶。1901年,清政府宣布"新政",张百熙再次奏办京师大学堂,重申设立编译局,实施统编教科书。"故学堂又以编辑课本为第一要事。现在各处学堂,皆亟待国家编定,方有教法。上海南洋公学,江、鄂新设学堂,即自编课本以教生徒,亦不得已之举也。臣维国家所以变法求才,端在一道德而同风俗,诚恐人自为学,家自为教,不特无以收风气开通之效,且转以生学术凌杂之虞。"❷他建议慎选学问渊通,心术纯正之才,从事编辑,假以岁月,俾得成书;书成之后,再请颁发各省学堂应用。政务处采纳后上奏要求:"教科各书,前经管学大臣张百熙奏明编译中西各书,用为学堂课本,请敕下该大臣迅速编

---

❶ 朱有瓛主编. 中国近代学制史科(第2辑·上册)[M]. 上海:华东师范大学出版社,1987:655.

❷ 舒新城编. 中国近代教育史资料(上册)[M]. 北京:人民教育出版社,1961:213-214.

译颁行各省，俾有遵依。"❶ 1902年10月，京师大学堂成立了编书处和译书处，任命李希圣为编书处总纂。普通科目由编书处分科编辑，西学（科学）科目由译书处翻译外国教科书应用。这是张百熙为改变教科书编写发行无序状况而进行的初步尝试，也是中国近代第一个由官方组织的教科书编纂机构。

1902年《京师大学堂编书处章程》（20条）颁行，对编纂宗旨、分纂各员、各科课本的编选等作了规定。编书处的编撰宗旨有4条："一曰端正学术，不坠畸邪；二曰归于有用，无取泛滥；三曰取酌年限，合于程途；四曰博采群言，标注来历。"❷ 编撰办法，各门课本都出两个版本，一为最简之本，为蒙学及寻常小学堂之用；一为较详之本，为高等小学及中学之用。至于高等及专门学堂用书，依日本高等学校办法，由教习口授学生笔记，不编教科书。而对于各科选编，以地理为例，《京师大学堂编书处章程》中是如此规定的："编纂课本，拟按照中小学课本目录分类编纂。地理课本，拟区分行省、府、厅、州、县。几经纬度数、山川形势、户口丁漕、驿传道路、关榷税款、物产工艺，备载大略。惟地图一门，率多旧制，绝少采择。除参用洋图外，拟俟将来各州县学堂遍设之后，略取冯氏抗议绘图之法，由各本地学堂谙悉测绘之人分制详昭，以备肄业之用（注：西国小学堂地理一门，必先习本乡地理）。"❸ 由于当时还没有颁布学制，全国学堂课程的门类众多，所需教科书种类繁多、数量巨大，清政府编写人员不具备条件在短时间内迅速编撰出全国统一的教科书。1904年，编书处关闭。

1905年12月清学部正式设立。1906年6月，学部设立编译图书局，主持全国教科书编辑工作，首任局长为袁嘉谷。编译图书局定有章程九条，按照这一章程，编译图书局的工作运行主要遵循如下准则：

①编译教科书，初等小学最先，高等小学次之，中学与初级师范又次之。

②编纂教科书，宜恪遵忠君、尊孔、尚公、尚武、尚实之宗旨，以

---

❶ 光绪要政·卷28//转引自：王建军. 中国近代教科书发展研究［M］. 广州：广东教育出版社，1996：161.
❷ 政艺丛书政书通辑. 卷4.
❸ 政艺丛书政书通辑. 卷4.

实行国民教育。所编之书务使程度相宜，教育进步。

③凡编一种教科书，兼编教授书。

④凡编一本，预先须议定年限钟点。

⑤编辑、绘图、庶务、印刷互相协作，以迄集事，力戒各顾其私。

⑥译书先择英、日二国书籍，余俟聘定妥员再行翻译。

⑦成书之后，由学部审定科审定，再通行各省学堂，提倡学堂提意见。

⑧各科说明书编成后，一面本局自行编纂，一面由本部悬赏募集编纂，以补本局之不逮。❶

编译图书局下设编书课、译书课，任务是研究编写"统一国之用"的各种官定教材。编译图书局之成书，由分校、复校、总校三级校审，总校由局长亲任。为了普及教育，适应新学堂需要，编译图书局所编之书，允许各地翻印；凡地方官员及本国各书坊遵循该局章程者，均准其随时翻印；但翻印前，须先期呈送样本，并声明印刷册数，经督学局或各省提学使司核准，以资查考。"所编教材务使程度相宜有利于教育进步。须兼编教师参考书以方便教学，每一课本在编纂前须议定教学年限和学时，以与学制体系吻合。"❷ 为了提高教科书编写质量，编译图书局专设研究所，研究教科书编写问题。研究所除研究之外，还经常举办业务培训性质的讲座，聘请精通教育学、教育心理学及教科书编纂法的学者为"讲演员"，规定局长以下均须入班听讲，上、下课礼节一如学堂学规。

1907年春，中国第一册由国家主管部门编写的官编或国定教科书《初等小学国文教科书》出版，随后学部编译图书局又推出《修身教科书》第1册。这是我国中央最高管理机构编撰统一的通用教科书的开端，也是国定本教科书的开端。秋季，又出版了第2册。至1909年，初等小学各科课本已全部颁行。1910年，高等小学教科书全部颁行。主要有《初等小学修身教科书》《初等小学堂五年完全科修身教科书》《初等小学堂五年完全科国文教科书》《初等小学堂四年完全科修身教

---

❶ 学部编译图书局备览[N]. 学部官报（第68-70期附录），1908-10.
❷ 学部编译图书局备览[N]. 学部官报（第68-70期附录），1908-10.

科书》《初等小学堂四年简易科图画教科书》《初等小学珠算教科书》《初等小学堂五年完全科珠算教科书》《初等小学体操教授书》《高等小学修身教科书》《高等小学算术教科书》《高等小学地理教科书》《高等小学图画教科书》《高等小学课本地理志略（本国之部）》《博物学动物编》《女子初等小学修身教科书》等。每册课本都编有教授法，教授法规定每课体例为"要旨、教材、教法、备考"四项。

没有编学生用的体育（体操）教科书，只是编写了教师使用的参考书（教授书）。这种模式长期影响了我国对中小学体育教材的态度——不需要学生用体育教科书，只要教师用书。改革开放以来，虽然有编写学生用书的做法了，但仍然有争议。

在内容上这套教科书，非常强调基础性和民族性，关注民族文化的传承，并未选取很多西学的知识。如《初等小学修身教科书》第一册课文是：《学堂》《敬师》《容体》《恪守时刻》《勤学》《讲堂与体操场》《游戏》《父母》《孝顺》《兄弟》《家庭之乐》《交友》《戒争论》《戒讳过》《戒恶言》《礼貌》《戒搅扰人》《卫生》《好儿童》❶可见其是以儒家伦理道德为准则的，既不过分强调维护封建帝王统治，也不过分宣扬西方的自由民主思想。

学部教科书谨遵1906年清学部颁布的"忠君、尊孔、尚公、尚武、尚实"教育宗旨，且"聚23省之人才"，"几经讨论、几经弃取"编撰而成的，但心中终归是不踏实，因而"执笔之余，动多牵掣，苦心绌力，勉勉皇皇。然则是书之成，安敢自信而共信"。❷学部教科书寄托了晚清政府试图通过教育来实施社会控制的理想化目标。

除了全日制学校教科书外，学部还适应非全日制教育的需要，根据学部颁布的《简易识字学塾章程》编撰了简易教科书，专为年长失学及贫寒子弟学习而用。"设简易识字学塾，欲以辅小学教育之不及。"❸学习年限为1~3年，每日授课2~3小时，也可上半日、下半日分班施

---

❶ 学部图书编译局编纂.初等小学修身教科书（第1册）[M]北京：学部图书编译局，1909：1.

❷ 袁嘉穀.卧雪堂文集卷8，转引自《中国近代教科书发展研究》，王建军，广东教育出版社，1996.

❸ 朱有瓛主编.中国近代学制史料（第2辑，上册）[M].上海：华东师范大学出版社，1983：350.

教,并可增夜校,学生不收学费。适应此类学塾的课本主要有学部所颁的《简易识字课本》《简易算术课本》《国民必读课本》等。❶ 在这种课本中除了伦理、历史内容外,还有相当部分科学常识、生活知识,甚至还有一些破除迷信的内容。《简易识字课本》根据其识字程度的不同,编为三种:

《第一种简易识字课本》适合家较贫年幼儿童使用。学制三年,分为三编,共六册,全编计之共用三千余字。《第二种简易识字课本》适合于教年长失学之人。学制两年,分为二编,每编分为上下二册,共四册,每册为一学期之用,每编为一学年之用,第一编生字两千,第二编生字一千六百。《第三种简易识字课本》教年长失学而又初能识字者,学制一年,上下两册,每册120课,只取日用寻常之字,目前通行之文,字数为一千六百字。

另外,当时的一些地方官书局也在不同程度上参与了中小学教科书的编撰与翻印。如直隶总督袁世凯于1902年成立的直隶学校司编辑出版了一套蒙学课本,包括《植物学》《生理卫生学》等,1904年,直隶学校司改直隶学务处,又编辑出版和翻印了一些教科书。各省官书局不但出版翻印了学部的官编教科书,其中南洋官书局、北洋官书局等翻印有不少各类其他民间书局编撰出版的中小学教科书。如1905年,南洋官书局付印了上海春风馆编纂的《初等小学国文教授法》。除了官书局,当时的一些官报局也参与翻印教科书的行列,比如北洋官报局在清末翻印过南洋公学的蒙学课本以及文明书局的教科书。

继京师大学堂编书处之后,学部编译图书局的成立第二次启动了我国近代由中央组织有计划、有系统地编写国定教科书的计划,但它却是我国近代首次大规模付诸实践的国定教科书编撰计划。然而毕竟清政府意识到教科书统编的意义已经有点迟了,而成立教科书编撰机构就更迟了。教科书编撰启动太晚,明显晚于敏锐的民间书局,当时市场上已经充斥了商务印书馆、文明书局等民间书坊的教科书。而且对编译局的编纂人员来说,编辑新式教科书事属首创,此前并没有过这方面的经验,加之时间紧迫又受制太多,特别是时局动荡,编写教科书的知识分子和

---

❶ 学部官报、章奏(第四册),112:19-21。

其他知识分子一样矛盾彷徨。在这种情况下，他们虽然难能可贵地编辑成了这些教科书，但其质量参差不齐，整体上不如商务印书馆的"最新教科书"。此外，这批教科书种类也不全，有些学科的教科书并未完成。这样，学部编译图书局所编纂的部编教科书无论是种类抑或质量都存在着诸多严重问题，其"分配之荒谬、程度之参差，大为教育界所垢病"❶，甫一颁布，批评之声就不绝于耳，加之利益所在，牵涉各家民间书局，发行伊始即遭社会舆论的广泛抨击，以致晚清政府以部编教科书作为国定本推行全国中小学堂的设想迟迟未能实现，远没有占领全国市场。直至覆亡，清廷始终未完成统一中小学教科书的计划。

第三节 民初教科书的多样探索

辛亥革命后，资产阶级进行了一系列比较彻底的教育改革，全新的教育宗旨、学制系统及课程标准陆续公布，从而引发了教科书革命，适应新政体新学制、力图博采世界最新主义、期以养成共和国民之人格的教科书不断迅速推出。

一、民初学制与课程变革

民国肇建，成立不几日（成立于1912年1月9日）的民国教育部在第一任总长蔡元培的领导下，迅疾于1912年1月19日发布《普通教育暂行办法通令》，同日发布《普通教育暂行课程之标准》等。在同年7月10日的临时教育会议上，讨论了学制改革的问题。

教育宗旨是国家意志的体现，在不同阶级执政时期，需要有能代表统治阶级意志的教育宗旨作为国家办教育的指导方针，从而引导教育发展的方向。1912年9月2日，民国教育部公布了新教育宗旨，即"注重道德教育，以实利教育，军国民教育辅之，更以美感教育完成其道德"❷。这是以公民道德教育为中心的新教育宗旨，具有鲜明的反对封

---

❶ 李桂林，戚名琇，钱曼倩编.中国近代教育史资料汇编·普通教育[M].上海：上海教育出版社，2007：200-201.

❷ 教育宗旨令[J].教育杂志.1912，4（7）.

建主义，发展资本主义的时代特征。

1912年9月3日，教育部公布了反映新教育宗旨的第一个《学校系统令》，因1912年为农历壬子年，史称"壬子学制"。同年9月至次年8月，教育部又颁布了各级学校令，建立了以初等教育、中等教育、高等教育为经，以普通教育、实业教育、师范教育为纬的完整的现代教育体系，并具体规定了各种教育、各阶段教育的内容及目的，为新式现代教育的发展提供了基本的模式与构想。因为1913年是癸丑年，也统称"壬子癸丑学制"。根据该学制要求：

"初等小学校之学科目，为修身、国文、算术、游戏体操，视地方情形，得加设图画、手工、唱歌之一科目或数科目。女子加设裁缝。高等小学校之学科目，为修身、国文、算术、中华历史、地理、博物、理化、图画、手工、体操（兼游戏），女子加课裁缝。视地方情形，得加设唱歌、外国语、农、工、商业之一科目或数科目。中学校之学科目，为修身、国文、外国语、历史、地理、数学、博物、理化、图画、手工、音乐、体操、法制、经济。女子加课裁缝、家政。"❶ 外语以英语为主，但可依地方需要任择法德俄语中的一种。

虽然此后上述各类学校的课程之后有变化，但与此规定出入不大。此后，"课程标准"一词沿用了40年。

"壬子癸丑学制"是民国的第一个学制，体现了剔除封建性的革命精神和民主意识。小学废止读经科，是对封建社会以尊孔读经为核心内容进行的根本改革；禁用清学部所颁布的教科书，要求各种教科书务合于民主共和精神，保证了教育为民主共和政治服务的方向；初小可以男女同校，摒弃了封建教育男女不平等，确立了男女平等和公民平等受教育的原则。"壬子癸丑学制"也是民国初期的中心学制，到1922年新的学制出台前，虽有局部调整，但其整体框架基本保持不变。

受民国初年社会形势变化的影响，加之学制自身的问题，"壬子癸丑学制"在局部上有所调整。1915年7月和11月，教育部先后公布《国民学校令》《高等小学校令》和《预备学校令》，初等教育由单轨制

---

❶ 朱有瓛主编. 中国近代学制史资料（第3辑·上册）[M]. 上海：华东师范大学出版社，1990：3-4.

改为双轨制，改初等小学为国民学校。其中国民学校4年，为义务教育。高等小学校年限为3年，目的在增进国民学校之学业。国民学校和高等小学校面向不准备升入中学的平民子弟，课程、设备可以从简。预备学校面向升入中学的士族子弟，附设于中学校，分前后两期，前期为4年，后期为3年，课程、设备力求完备。这一带有明显等级性的教育制度很快就于1916年10月被撤销。从1915年《颁定教育要旨》公布到1916年初，教育部修正或重新颁布了各级各类学校的课程标准，普遍增添了读经课程，但在袁世凯死后又都予以废除。

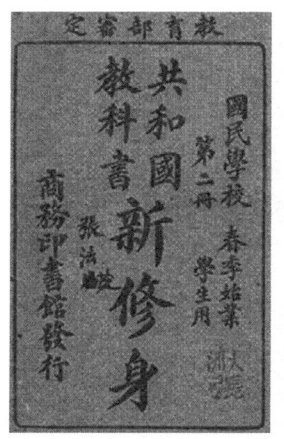 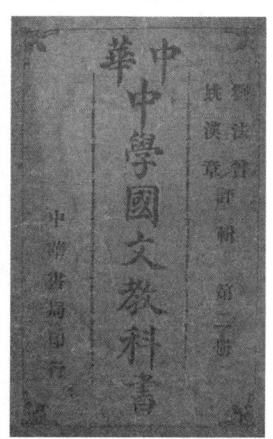

二、新政体教科书

推翻清王朝后，国民政府教育部十分重视教科书这一文本的重要价值。教育部成立才10天，就下发了《教育部普通教育暂行办法通令》，首先明确规定清朝颁行的教科书一律禁用，同时指出"凡民间通行之教科书，其中如有尊崇满清朝廷，及旧时官制、军制等课，并避讳抬头字样，应由各该省书局自行修改，呈送样本于本部及本省民政司、教育总会存查。如学校教员遇有教科书中不合共和宗旨者，可随时删改，亦可指出呈请民政司或教育部通知该书局改正"❶。而此时是1912年1月19日，离开学的日子可以说是屈指可数了。学校需要书，学生需要书，燃

---

❶ 朱有瓛主编. 中国近代学制史资料（第3辑·上册）[M]. 上海：华东师范大学出版社，1990：2

眉之急必须解决。同年2月19日，上海书业商会呈文教育部《关于请将旧存教科书修正应用》获得批准。教育部指出："现距开学期迫近，为应急需，各书局已修改之教科书，如重印不及，则准许先印校勘记，随书附送或备各处索取，以免延误开学。"❶ 在这样的背景下，适应民国教育革新需求的教科书迅速推出，其中以新成立的中华书局的教科书为最先，力求解燃眉之急。

中华书局与中华民国同时成立于1912年1月1日，创办人为陆费逵、戴克敦、陈寅、沈颐、沈继方。自1912年1月开始，书局就陆续推出"中华教科书"，这是中华书局成立后主持编写出版的第一套教科书，为中华书局的发展以及民国时期的教科书建设奠定了基础。书局在报上刊登《中华书局宣言书》："立国根本在乎教育，教育根本，实在教科书。教育不革命，国基终无由巩固；教科书不革命，教育目的终不能达也。"❷ 到1913年上半年，中华教科书系列已经出版小学教科书18种，计74册；小学教授书10种47册。❸《中华中学教科书》包括修身、国文、英文、英文会话、历史、地理、算术、代数、物理、化学、动物、植物、生理、经济、法制等15种。整套教科书从1912年1月开始出版，到1913年全部出齐。初版时新的教育方针和宗旨尚未确立，因而在出版的过程中，编辑者们不断根据新的要求加以修订和完善。该套教科书最先投入民国教育市场，是中华民国第一套系统的教科书。其时清政府颁行的教科书为民国政府禁用，商务印书馆的教科书还来不及改编和重编，"中华教科书"基本适应新教育要求，内容合乎共和体制，体例新颖，并赶上中华民国春季开学，因此，为各学校广泛采用，几乎独占了1912年春季的全部教科书市场。一时间风行全国，需求之猛烈，势不可挡。第一天还只有五元收入的中华书局，到第二天，销售额就骤增到一百元。第三天，中华书局接到了批发业务，高达六百元。开学日近，那些原本持观望态度的校长们也最终下定决心购买，此后销量节节攀升。陆费逵和他的同事们开始还在为没有订户发愁，现在则开

---

❶ 陈学恂主编. 中国近代教育大事记 [M]. 上海：上海教育出版社，1981：22.
❷ 中华书局宣言书 [N]. 申报. 1912-2-23.
❸ 华鸿年，何振武编. 中华初等小学国文教科书（第4册）[M]. 24版. 上海：中华书局，1913：封2.

始为订户太多而担忧,他们不得不添设印刷所,增加印刷机。即便如此,白天教科书上架,不到晚上就已经卖完。"架上恒无隔宿之书,各省函电交促,未有以应。""开业之初,各省函电纷驰,门前顾客坐索,供不应求"❶,中华书局的教科书远销西南云贵、西北陕甘诸省,及南洋、美洲各埠,为华人子弟争相购读,暂时独占了市场。这为其成为民国教科书的出版大户奠定了良好的基础。

1912年9月,民国教育部公布新学制,初小四年,高小三年,中学、师范各四年。又将春季始业改为秋季始业,一学年分为三学期。"中华教科书"系列是在这之前编撰出版的,无法适应这一变化。为了适应新学制需要,中华书局扩大编辑部,聘请曾积极参与和推动了南京临时政府的教育改革的范源廉为编辑部长,此公先后四次担任过教育部总长,曾任北京师范大学首任校长,在他的主持和亲自参与下,中华书局的"新制中华教科书"很快便于1912年12月开始出版,并配有相应教授书。教科书强调按照"养成共和国民"的新培养目标,"以共和国眼光编辑"。❷ 对这套教科书,中华书局做了相应说明:"教育部新令以八月一日为学期开始,分每年为三学期,本局前编各书系供春季始业者用之,今更遵照部令另编新制小学教科书全套以供八月始业者之用并格外廉价五折发售,以期教育普及之助"。到1913年3月,中华书局已出版"新制中华教科书"之小学教科书与教授书共计30种248册,包括修身、国文、历史、地理、理科、算术、唱歌(初小)、图画(高小)、英文(高小)、手工、习画贴(初小)、习字帖(初小)等。❸"新制中华教科书"内容上遵循教育宗旨,体现共和平等,选材力求通俗务实,内容各科联络。如国文教科书的编纂目的就非常明确:"甲 遵守教育部所定教育宗旨,注重道德教育,以实利教育军国民教育辅之,更以美感教育完成其道德。乙 阐发共和及自由平等之真义,以端儿童之趋向。丙 提倡国粹以启发国民之爱国心。丁 兼采欧化以灌输国民之世界知识。戊 注重国民常识以立民参政之基础。己 表章汉满蒙回藏之特色,以

---

❶ 陆费逵. 中华书局二十年之回顾. 中华书局图书月刊, 1931 (1)
❷ 王建军. 中国近代教科书发展研究 [M]. 广州:广东教育出版社, 1996: 206.
❸ 戴克敦, 沈颐, 陆费逵编. 新制中华高等小学修身教科书(第1册)[M]. 5版. 上海:中华书局, 1913年: 封2.

示五族平等。"❶ "新制中华教科书"意从新教育这个角度去体现教科书的时代特色,因而在社会上反响比较好。教育部对初小国文教科书的审定评价有一定代表性:"极合儿童心理,选字造句均甚妥适,字体图画亦工整。"❷

为了照顾当时许多学校一时难以改变清末学制春季始业的习惯做法,中华书局又编写了"新编中华教科书":"饬间发行之春季始业教科书系照南京教育部暂行章程编辑,自新章颁布后,如高小教科即截去第四学年用书,以应各校之需,故于教材时令不免多所迁就,本局为求合折章起见,特新编中华教科书专供春季始业之用。各科课数悉照四十星期分配,呈经教育部批准"。❸ 到1914年,中华书局已出版"新编中华教科书"18种,共计120册。❹ 该套教科书注重激发儿童学习兴致,修身初小第一、二册几乎全是绘图本,国文第一、二册则是图文各半。这套教科书的最大外观特点是封面、封二和封三都是红色印刷。

1912年年初,中华民国临时政府下令禁用清学部颁行的教科书,这样商务印书馆之前编撰的大量教科书便不能使用,于是商务印书馆一方面着手修改最新教科书系列,以供开学之急用,另一方面立即着手编辑适应民国教育宗旨和学制需要的"共和国教科书"。1912年4月,"共和国教科书"开始陆续初版发行,投入使用。到1915年年初,商务印书馆出版的适用于高等小学的"共和国教科书"及"教授书"有25种118册;❺ 到1916年年初,已出版适用于初等小学和国民学校用的"共和国教科"书及"教授书"有20种140册(含挂图24幅);❻ 到1927年7

---

❶ 中华教育界.1913(2)9.
❷ 史礼绶.新制中华高等小学地理教科书(第1册)[M].7版.上海:中华书局,1913:封2.
❸ 史礼绶,徐增编.新编中华地理教科书(高等小学第1册)[M].3版.上海:中华书局,1914:封2.
❹ 刘传厚,杨哲编.新编中华国文教科书(国民学校第1册)[M].4版.上海:中华书局,1914:封2.
❺ 沈颐,戴克敦编纂.共和国教科书新修身(春季始业)(初等小学第8册)[M].153版.上海:商务印书馆,1915:广告页.
❻ 庄俞,沈颐编纂.共和国教科书新国文(春季始业)(第7册)[M].1169版.上海:商务印书馆,1916:广告页.

月，出版中等教育适用"共和国教科书"及"参考书"共计36种55册。❶"共和国教科书"是继第一部"最新教科书"之后，商务印书馆出版的第二部完善的教科书，也是中国近现代教育史上发行量最多、印刷版次最多的一套教科书，创造了教科书出版的神话。❷它完全适合共和的宗旨，内容、方法与"最新"大为不同，文字更简洁易懂，图画也增加了许多。此套教科书，小学阶段包括新国文、新修身、新算术，新字帖、新图画、新手工、新唱歌、新体操，高小还有新历史、新地理、新理科、新农业、新商业、法制大意、英文读本等。教科书有甲、乙、丙三种，甲种为秋季始业用书，乙种为春季始业用书，丙种为春秋季始业通用书。此套教科书。初小用书兼收女子材料，便于男女同校之用。❸

"共和国教科书"可以说是集中了商务印书馆的优质编撰力量，他们或是新知识分子，并且大部分都有着中小学教学实践经验，如张元济、蒋维乔、庄俞、戴克敦、杜亚泉、樊炳清等；或是留学归国人员，如留学日本的高凤谦、郑贞文、周昌寿等，留学欧美的邝富灼、王兼善等。其中部分编撰人员曾经是"最新教科书"的主要编撰者。在"共和国教科书"的编撰群体中有一个特殊的团队——江苏省立第一师范附小范祥善等15位教员。他们与商务印书馆合作编辑了初小《共和国教科书新国文教案》（共八册）。这一做法首开了有意识地请一线教师参与教科书编撰之先河。后来范祥善等成为多种教科书的重要编撰者。教师们直接参与教科书编写，在一定程度上也成就了学校的辉煌。❹

---

❶ 周传儒编辑. 新撰世界史（上册）[M]. 16版. 上海：商务印书馆，1927：广告页.
❷ 吴小鸥，石鸥. 1912年"共和国教科书"新文化标维探本个[J]. 课程·教材·教法，2013（2）：78-85.
❸ 编辑共和国小学教科书的缘起[J]. 教育杂志，1912，4（1）.
❹ 该校创办于清光绪三十一年（1905），原名江苏两级师范学堂附属两等小学堂，创办人为江苏师范学堂监督罗振玉。是一所教学改革走在前列的先锋学校。1912年改名为江苏省立第一师范附属小学，同年，俞子夷任学校主事，添授乡土教材，订定各种规程，试行新教授法。1919年试行儿童自治，注重个性研究，采用自学辅导和弹性升留级办法。1920年在低年级试行设计教学法。1921年施仁夫执掌校政后，提出"实施儿童本位教育"，联络江苏各地小学教育研究会，编订《新学制小学标准》。1923年开办幼稚园。1924年在高年级试行道尔顿制。1928年在中年级进行克伯屈自愿学习法试验。著名教育家杜威、孟禄先后两次来校考察，盛赞学校"堪称与欧美一流小学并驾齐驱"。1934年改名江苏省立苏州实验小学校，成为专供师范生试教实习之基地。抗战时期，学校被迫停办，1938年迁上海福州路复课。1945年迁返苏州。建筑学家贝聿铭、经济学家吴大琨等曾在此就读。

1913年，商务印书馆出版了一套中学理科教科书，命名为"民国新教科书"，包括算术、代数学、几何学、三角学、动物学、植物学、矿物学、生理及卫生学、化学、物理学等。这套教科书的编撰者学历都比较高，主要为从欧美留学回来的知识分子，如负责编撰物理学、化学、生理及卫生学的王兼善是英国爱丁堡大学格致科学士、文艺科硕士；负责编撰动物学的丁文江是格拉斯哥大学动物学及地质学双学士；负责算术、矿物学教科书编写的徐善祥是美国哥伦比亚大学化学工程博士，曾任中央大学、东吴大学教授，中央工业试验所所长，实业部技监，建国后曾任南京大学教授、华东财委工业部水利材料组专门委员；负责三角学、几何学、代数学教科书编写的秦汾，毕业于天津北洋大学，后赴美国留学，入哈佛大学，获硕士学位，又曾赴英国、德国留学，1910年归国，后任上海浦东中学校长、南京江南高等学堂教务长、上海南洋公学教授、北京大学教授，1926年任教育部代次长，并任北京大学理学院代理院长，曾出席万国教育会议，为中国首席代表，等等。这套书对于实验相当重视，设计也比较简单可行，所以当时许多中学校都乐于采用。比如当时教育部对《动物学》教科书的审定批词是："撰述详明，堪称善本"，对《生理及卫生学》的审定语是："是书体例甚佳，说明亦详确。"可见该套教科书的整体质量还是比较高的。

民国初期，中华书局和商务印书馆几乎完全占领了中小学教科书市场，其他出版机构大多来不及编撰能适应共和国这一新政体需要的新教科书，只能进行局部修改，提供零星的或单科教科书。能够推出稍微成系列的教科书的还有中国图书公司，它迅速将原有的教科书改订，同时于1912年2月出版了初等小学用《新国民修身课本》和《新国民国文读本》。不久，就推出了一套新的中小学教科书。

辛亥革命以后，中国由封建帝国变为资产阶级民主共和国，"中国创建共和政体，开四千年以来东亚未有之创局"❶，全国上下一片"共和"声，作为一定时期政治经济文化体现物的教科书，字里行间也洋溢着民主共和、新型职业观、破除社会陋俗和尊重女性等全新的价值观念。

---

❶ 陈学恂主编. 中国近代教育史教学参考资料（中册）[M]. 北京：人民教育出版社，1987：421

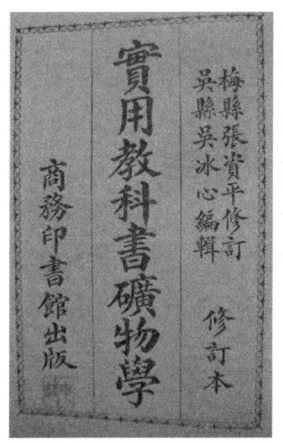
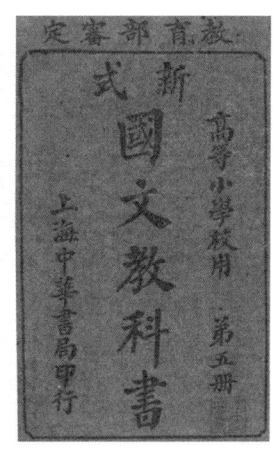

三、新教育思潮教科书

民初,由庚款留美生、各类官费留欧美生和自费留欧美生共同组成了一支宏大的欧美留学生队伍。他们放眼各国科技与教育发展的潮流,充分认识到教育的重要性与紧迫性,对于欧美最新的"民主"教育思想极为推崇,大力引进全新的教育思潮,国外的多种教学模式被引入中国,在全国各地兴起一股教学改革的热潮。特别是,随着杜威的实用主义教育学说在中国的广泛传播,以实用主义为代表的各种新教育思潮从政府到民间,风行一时。同时,为了解决国民普及教育实践中出现的问题,以自学辅导主义为代表的新教学方法席卷全国,成为时尚。这些探索和实验未必完美,但它对传统的教育模式起到了冲击作用。为了顺应这股潮流,教科书出版界异常敏感地开始了新动作,多套体现新教育思潮的教科书陆续问世。这其中,商务印书馆和中华书局各占半壁江山。

1913年,黄炎培发表著名论文《学校教育采用实用主义之商榷》和《小学校实用主义表解》等文,还作过实用主义教育思想的演说,批判当时旧教育脱离实际,脱离生产的弊病,提倡教育与学生生活、学校与社会实际相联系的实用主义,并具体提出小学各科的教学应与儿童的日常生活紧密联系,而使受教育者真正获得生活上必备的知识与技能。黄炎培所倡导的实用主义教育,在民国初年逐渐发展成为一种教育思潮。江苏、上海各小学反应热烈,安徽、江西、浙江、直隶等甚少实行的省份,以"一见倾心,莫不以实用主义为其谈话之资料。盖此四字即于一股教育者之脑海深矣。"❶ 1915年2月,袁世凯以大总统名义颁布《特定教育纲要》,申明教育宗旨,注重道德、实利、尚武、实用,"现时教育最大之缺点有四:一不重道德,二不重实利,三无尚武精神,四不切实用。教育部前颁教育宗旨,注重道德、实利、军国民、美感各教育,惟未标明实用主义。且部令虽颁,国内并未奉行,教育迄今无一定趋向。是宜重加规定,以道德教育为经,以实利教育、尚武教育为纬;以道德实利尚武教育为体,以实用主义为用(实用教育,以各学校注重理、化、博物等实科之实验为始;尚武教育,以自初等小学注重体育卫生,加以军队束伍进退之法为始)。特下命令,颁布宗旨。"❷ 这样,实用主义教育得以自下而上广为传播,尤其是国家层面的强调,更使相应的教科书名正言顺地大量推出。

商务印书馆从1915年下半年开始推出"实用教科书",小学教科书的编纂者为"北京教育图书社"。编撰这套教科书是因为"教育之道与时势为转移,教科书为教育之主要品,尤当视教育之趋势按时编辑。现今教育方趣重实用主义,本馆有鉴于此,特尊新颁教育纲要与教育宗旨,编成小学实用教科书多种同时出版,为近今最新最良之本"❸。"实用教科书"突出实用性,为解决实际问题安排了不少新生活的内容,且编排形式简洁明了,"插图但求其能助儿童观察理会者,不论繁密,至日常经见之物,在初教授语言时,可使儿童想起实物,故首二册插图尤多,以后渐减,盖国文插图,虽能劝儿童摹绘之心,于审美稍有关系,而揆之读书本旨,不如多用挂图教授之为得也。本书字体,概用楷书,至应用书条等式,间参行体,然必清晰明确,使儿童不致误识"❹。部分教科书在每册书的课文后编排复习内容。到1915年12月,商务印书馆已出版春季始业用小学"实用教科书"9种和"实用教授书"9种,

---

❶ 黄炎培.实用主义产生之第一年[J].教育杂志,1915 7(1).
❷ 教育公报(第9册),1915-2.
❸ 赵传璧,秦同培编纂.普通教科书新手工(国民学校用第3册)[M].上海:商务印书馆,1915:封3.
❹ 北京教育图书社编纂.国民学校实用国文教科书第1册[M].90版.上海:商务印书馆,1922:编辑大意.

共计120册。❶ 紧接着又编撰"中学实用教科书",包括国文、历史、地理、生理卫生学、物理学、矿物学等。教育部对国民学校用《实用国文教科书》的审定批文是"查是书选择材料以及序次文字均注重实用方面,与标名相符,可供国民学校之用"❷。

1915年12月,中华书局开始出版体现新教育思潮的"新式教科书"系列,该套教科书的宗旨是适应"实用主义,自学辅导主义。……务贯彻国民教育之真正目的"❸。该套教科书之各科教授书特别突出"皆采最新之方式"这一原则,"自动主义,今世教育界公认为最进步之教育方法。本书各科教授书,注意此点。……所创各例,皆根据最近研究所得,于初学年采练习主义,期以培植儿童自力研究之基础。于高学年采自学辅导主义,期以养成儿童自力研究之习惯"❹。值得注意的是,在《新式国文教科书》每册的最后都附有四课白话课文,标为"附课",以此有别于前面的文言课文。如第一册附有这样的一篇白话课文,"那一位给衣裳你穿?那一位给饭你吃?那一位很疼爱你?你仔细想,不是你的父亲吗?"这一举措,虽说极不彻底,但在当时条件下,确实有不同凡响之处。教育部的审定是这样的:"查该书最新颖处,在每册后各附四课,其附课系用官话演呈,间有与本册各课相对者。将来学校添设国语,此可为其先导,开通风气,于教育前途殊有裨益。至各册所用文句,其次序大致均与口语相同。令教员易于讲授,儿童易于领悟。在最近教科书中洵推善本。"❺ 这是最早试用白话文的系统教科书。在新式教科书的作者群体中,新进入的吕思勉是主力,先后编写了地理、国文、历史教科书等。

1915年年底,商务印书馆还出版了一套"普通教科书",覆盖初小、高小各学科。部分学科教科书有春季始业和秋季始业两种,春季始业教科书的封面全部是黑色印刷,秋季始业则是红色印刷。但不知什么

---

❶ 赵传璧,秦同培编纂. 普通教科书新手工(国民学校用第3册)[M]. 上海:商务印书馆,1915:封底广告.
❷ 北京教育图书社编纂. 国民学校实用国文教科书(第3册)[M]. 72版. 上海:商务印书馆,1921:封3.
❸ 中华书局新式小学教科书出版预告[N]. 中华教育界,1915,4(10).
❹ 新式教科书编纂总案[N]. 中华教育界.1916,5(1).
❺ 中华教育界.1916,5(1):广告.

原因，该套教科书未被商务印书馆自己列入各种统计资料中，1935 年，商务印书馆的教科书出版概况中也未涉及这套教科书。这套教科书的版权信息比较复杂，有些疑问仍未澄清。

1916 年，上海科学会编译部编纂出版了中学用的"实用主义教科书"，集中在理科，马君武博士是其中的主要作者。

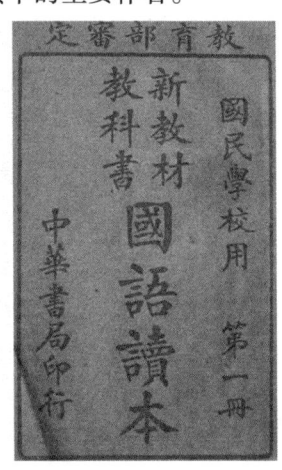

四、国语运动与白话教科书

民国早年，文化教育新思潮、新主张层出不穷。在新文化运动的影响和普及教育呼声的直接推动下，国语运动全面掀开。

国语就是普通话的前身。辛亥革命以后，蔡元培积极倡导国语统一，决定先从统一汉字的读音做起。1913 年"读音统一会"召开，议定了汉字的国定读音（"国音"）和拼切国音的字母"注音字母"（也叫"国音字母"）。议定以后，北洋政府迟迟未公布。黎锦熙批评说："民元二间，比清末倒退了一步：清末朝野已提倡国语统一，而民元设会，只敢定名为'国音统一'。"❶ 袁世凯复辟失败后，随着新文化运动和文学革命的发展，在国音、国语标准、师资培训等方面都取得了相当大的进展。1916 年 10 月中华民国国语研究会在北京成立。主张"言文一致"和"国语统一"，并试图促使最高教育行政机关采取断然措施下

---

❶ 黎锦熙. 国语运动史纲 [M]. 北京：商务印书馆，2011：159.

令国文科改国语科。1917年国语研究会召开第一次大会,选蔡元培、张一麟为正副会长,并且拟定了《国语研究调查之进行计划书》。用白话文取代文言文,已成为不可逆转的事实,提倡言文一致,在教育界逐渐汇成一股强大的时代潮流。张一麟在《中华教育界》发表《我之国语教育观》,认为"若是将来做成一种教科书,推广到全国,那么我国一千个人中的九百九十三个不识字的半聋、半瞎、半呆等同胞,仿佛添了一种利器,叫他把天生的五官本能完全发达,那不是一种最大的慈善事业么?"❶ 这一观点,把国语统一和言文一致的意义又大大推进了一步。

1917年10月,第三届全国教育会联合会大会通过了一项决议案,即《请定国语标准并推行注音字母以期语言统一案》,对国音、国语做了界定,"所谓国音,即注音字母规定之音。所谓国语,即从前所谓官话,近今所谓普通话"❷。1918年北洋政府教育部召开"全国高等师范校长会议",决定在全国高等师范附设"国语讲习科",专教注音字母及国语,并于1918年11月23日公布了注音字母。1919年4月,国语统一筹备会正式成立。在第一次大会上,周作人、胡适等人提出《国语统一进行方法》的议案,其中关于小学教科书方面作了这样的说明,"统一国语既然要从小学校入手,就应当把小学校所用的各种课本看作传布国语的大本营;其中国文一项,尤为重要。如今打算把《国文读本》改作《国语读本》。国民学校全用国语,不杂文言;高等小学酌加文言,仍以国语为主体。《国语》一科以外,别种科目的课本,也该一致改用国语编辑"❸。

1920年1月12日,北洋政府教育部明令改"国文"为"国语",并通令全国各国民学校先将一、二年级的"国文"改为语体文(即白话文),同年四月,又通令全国各地,从1922年以后,凡国民小学各种教科书一律改为白话文,文言文教科书逐渐被淘汰。

民间国语教科书的尝试随着国语运动而不断出现。早在1917年,蔡元培、李石曾和北大教授沈尹默、马幼渔、马叔平等在北京东城区方

---

❶ 张一麟. 我之国语教育观 [J]. 中华教育界.1919,8(3).
❷ 黎锦熙. 国语学讲义(下篇)[M]. 上海:商务印书馆,1919:3.
❸ 陈学恂主编. 中国近代教育史教学参考资料(中册)[M]. 北京人民教育出版社,1987:439-440.

巾巷的华法教育会的会址，创办了一所新型学校——孔德学校。1918年，沈尹默、马幼渔、钱玄同、陈大齐等以"新教育研究会"的名义编出了孔德小学一年级学生用的国语课本。课本的内容有短语、儿歌、故事等，每个字都有注音，还配有插图，插图是由徐悲鸿画的。据说1919年后，孔德学校小学各年级国语课本都由钱玄同、陈大齐等编写。

商务印书馆凭借与蔡元培、胡适等人的良好关系在国语和白话文教科书市场上抢得先机，1919年8月出版了由庄适编纂、黎锦熙等校订的《新体国语教科书》，共8册，自这套教科书始语文教科书由"国文"改为"国语"。《新体国语教科书》在编写体例方面非常具有代表性，它不仅把生字单独列出并注音，而且数课之后有练习，练习的内容既有针对课文内容的，又有语言训练。虽然没有形成单元的形式，但是已经具有了雏形。课文的材料组织非常口语化，如"好久不见了，你近来身体好吗？""谢谢你，很好"。❶ 新体国语教科书经教育部审定，国民学校使用。教育部的审定有两次，可以看得出当时对新生的国语教科书审定的慎重。第一次审定批词云："是书专为国民学校练习国语而设，用意甚嘉……唯事属创始，究竟是否适宜，须俟各地方试验之后，方可确有把握，应准暂时审定，作为国民学校练习国语试用之书，仰该馆征求各处对于是书之意见，随时参酌修改。"❷ 可见，第一次审定只是通过为"暂时"使用的教科书。第二次审定才正式通过，批语称此书为"国语教科书之首先出版之作，椎轮大辂，实开国语教科之先声。上届送部审查，已经准予暂时审定在案，其中签示各条业已修改。自应予以审定，以为国民校教科之用"❸。

紧随商务印书馆之后，中华书局也于1920年3月开始出版了适应国语改革要求的国民学校用《新教材教科书国语读本》8册（及配套的《新教材国语读本说明书》8册），改用白话文编辑，字形由简单起，生字全部注音，第一册"分为两段，前段专教注音字母，后段教初步的语

---

❶ 庄适编纂. 新体国语教科书（国民学校用第2册）[M]. 53版. 上海：商务印书馆，1920：8.

❷ 庄适编纂. 新体国语教科书（国民学校用第2册）[M]. 53版. 上海：商务印书馆，1920：封3.

❸ 庄适编纂. 新体国语教科书（国民学校用第2册）[M]. 53版. 上海：商务印书馆，1920：封3.

言和识字"❶，使用了句号、冒号、点号（即逗号）、问号、惊叹号和引号六种新式标点符号。课文基本上分上下两栏，上多为图，下多为文。整套书经教育部审定出版发行。新教材教科书的封面均为红色印刷。可能因为当时能够完全把握国语精髓，使用真正的白话文编辑教科书的作者不是很多，所以中华书局这次也聘请了商务教科书的作者来编写这套国语教科书，他们是我国国语运动的先驱者，主要有王璞、黎锦熙、陆衣言等，还有黎锦熙的弟弟黎锦晖（均荃，中国流行音乐的奠基人）。

新体国语教科书和新教材国语教科书是两套最早适应国语运动的语文教科书，而且只是编写了语文（国语）一科，没有涉及其他科目的教科书。而把国语、国音和新式标点符号应用于所有科目的教科书、全面推动白话改革的努力当属几乎同时启动的商务印书馆的"新法教科书"和中华书局的"新教育教科书"。

1920年年初，商务印书馆的《新法国语教科书》6册开始出版，这是"新法教科书"中的一种。该套教科书包括国民学校之修身、新法国语、国文、算术各八册，高等小学修身、国语、国文、算术、历史、地理、理科各六册，商业、农业各四册，英语三册等。另有配套的教授书出版。该套教科书在编纂出版过程中，恰遇教育部学制改革，小学分前期小学和后期小学，科目也发生了一些变化。"新法教科书"也随之变化，改高小教科书为后期新法教科书。后期教科书由原来的6册改为4册（小学后期学制改为2年），且改修身科为公民科，修身教科书在后期教科书中消逝，代之以新法公民教科书（2册），改新法国文教科书为新法国语文教科书（4册），增加了新法卫生教科书（2册）以及新法自然研究教科书（2册）等。新法教科书拥有一只令人惊讶的编撰队伍，其中有：吴研因、顾颉刚、钱基博、吕思勉、田广生、吴俊升、刘大绅、唐钺、朱经农等。该套教科书是"切合本国教育新趋势而编辑的。全书用新方法、新标点，采纳新教材，除国文一种偏重文体外，其余通用语体编纂，精神面目焕然一新，曾经教育部审定，洵为初

---

❶ 黎均荃，陆衣言编，新教材国语读本（国民学校用第1册）[M]．上海：中华书展，1920：编辑大意．

期小学最良好的教科书。"❶ 由于该套教科书编写体例新颖,"本书文字,全依教育部最近的通令,不用文体,纯用语体"❷,又使用了新的标点符号,且首次出现了"单元"的编排,所以教科书从形式到内容都便于教学。教育部审定批词给予了较高的肯定,如"体例完善,诚为近日最新之本","应准予审定作为国民学校用修身教科书及教授书"❸;"这部书形式实质两方面都还分配得宜,可以作为高等小学校国语教科用书"❹。

在国语、注音字母运动的推动下,中华书局根据教育部的要求于1920年6月开始编辑出版"新教育教科书"。国民学校用者,全用语体文编写;高小用者,语体、文言互用。"语体文,注重语法和生字的次序。字的笔画,第一、二课最多三画;第三课到第六课,最多八画;第七课到第十六课;最多十二画;从第十七课至末课,最多十八画。生字的数目,第一课到第十课,最多四个;第十一课到第十五课,最多五个;第十六课到第二十课,最多六个;第二十一课以后,最多七个。每课的分量,最多不过五句;课文自四个字起,到二十个字左右。语法都是用最简单的,看他的深浅,依着次序进步……"❺

1920年3月开始,中华书局还出版了黎均荃和陆依言编辑、黎锦熙阅订的国民学校用《新教材教科书国语读本》8册及《新教材国语读本说明书》8册。

1912年是中国历史上最重要的年份之一,其意义在于中国建立了第一个民主共和的新政权。中华书局的"中华教科书"和"新制中华教科书"、商务印书馆的"共和国教科书"作为大变革时代的产物,在革故鼎新的重大历史转折时期,大胆改革,开风气之先,为现代教科书发展和教育发展奠定了一个全新的基础。

---

❶ 庄适,吴研因,沈圻编纂. 新学制国语教科书(初等小学第2册)[M]. 15版. 上海:商务印书馆,1913:封3.

❷ 骆师曾编纂. 新法算术教科书笔算(国民学校学生用第4册)[M]. 80版. 上海:商务印书馆,1922:编辑大意.

❸ 刘宪,费焯编译. 新法修身教科书(国民学校学生用第3册)[M]. 95版. 上海:商务印书馆,1922:封3.

❹ 刘大绅,戴杰,于人骙,王国元,吴俊升,范祥善,吕思勉,缪衍,田广生编. 新法国语教科书(高等小学学生用第1册)[M]. 45版. 上海:商务印书馆,1922:封3.

❺ 胡舜华,陆费逵,杨敬勤,戴克敦,陆衣言,张相,黎均荃,刘传厚编. 新教育教科书国语读本(国民学校春季始业用第1册)[M]. 上海:中华书局,1921:编辑大意.

西方各种教育理论的流入,引起人们教育观念的更新。各家书坊编撰出版的教科书紧随其变,既有共同特点,也各有特色。这是时代的要求在教科书上打下的烙印,又是教科书编制者不同思想的体现。教科书编撰者们认识到教育对个人生活能力的培养、对社会生产发展的重要意义,为了突出实用性,教科书强调从社会生活和学生生活的实际出发,沟通教育与生活、学校与社会,强调学生主动、创造的学习和实际能力的培养,要求课程内容和教学组织形式均须适应生产和生活发展的需要。新教育思潮教科书不仅紧扣民初的教育宗旨,而且在内容和编排上也力求科学化,体现出时代性,反映且影响了新文化运动前后各种教育思潮的产生和教育观念的转变,满足了当时的学校对多样教科书的需求。

第四节 1922 年新学制教科书的新发展

中国现代学制形成之后,虽然经过了民国初年的改造,但是却依然存在许多问题。比如小学教育阶段过长,初中教育阶段太短,学制体系单一,缺乏灵活性,学制虽然规定初等小学为义务教育,但却没有具体的保证措施,使普及义务教育难以实现,这些都是民国学制所存在的现实问题。同时,新文化运动使中国教育界出现了全新的局面,原有的学制体系越来越不适应新的形势,改革势在必行。我国有深远影响的新学制即将产生,适应新学制需求的教科书也随即出现。

一、学制变革与《新学制课程标准纲要》

民国初期,由庚款留美生、各类官费留欧美生和自费留欧美生共同组成了一支前所未有的欧美留学生队伍。1916 年前后,留美学生纷纷回国任职。1917 年国内就有人提出学习美国的学制。自 1918 年开始,杜威、罗素、孟禄、杜里舒、泰戈尔等一批著名学者先后访问中国。杜威作为 20 世纪美国影响最大的实用主义哲学大师、著名教育家,也是胡适、陶行知、蒋梦麟在哥大求学时的导师。自 1919 年 4 月 30 日至 1921 年 7 月 11 日,杜威在中国住了 2 年又 2 个月零 12 天,足迹遍及 14 个省市,大小演讲 200 多次。孟禄是哥伦比亚大学师范学院教育部主任、著名教育史学家、比较教育学家和教育行政专家、美国国际教育会远东部部长，也是陶行知的导师，1921年随杜威之后受邀来到中国。为了迎接他的到来，京、津两地教育界专门成立了一个"实地教育调查社"，全程跟随他考察。1921年9月5日至1922年1月7日，他前后在中国待了4个月零2天，演讲66次，历经9省27个城市及许多乡村。陶行知全程陪同并担任翻译。大师的访华把美国进步的教育制度、实用主义的教育思想、儿童中心主义的教育观点以及一些新的心理学理论、心理测验方法、教学理论等介绍到中国。

大师的中国之行以及欧美留学生纷纷归国，造就了民国一个特定的历史时期，著名汉学家史景迁在他的《追寻现代中国》一书中说："那时的中国处于一个之前和至今都没有再出现的时代——一个全世界的知识分子都纷至沓来的时代"❶。以此为契机，教育界积极酝酿变革，中国教育制度由单纯模仿日本转向全面学习美国，成就了具有里程碑意义的1922年新学制。

1921年，全国教育会联合会第七届年会在广州召开，以学制为主要议题，广东、浙江等10个省均提出了各自的学制改革案，最后决议以广东的提案为基础，征求全国意见。1922年9月，北洋政府召开全国学制会议，对提案稍作修改后，提交全国教育会联合会第八届年会再征求意见。在此基础上制定了《学校系统改革令》并于1922年11月1日以大总统的名义（大总统盖印上有"国务总理王宠惠、教育总长汤尔和"字样）公布实施，史称"壬戌学制"，又称"新学制"。

新学制以儿童身心发展为依据，采用美国式的"六三三"分段标准，将整个学程分为三段。"全国教育会联合会"组织了新学制的课程标准起草委员会，在"适应社会进化之需要、发扬平民教育精神、谋个性之发展、注意国民经济力、注意生活教育、使教育易于普及、多留各地方伸缩余地"的思想指导下，1923年公布了《新学制课程标准纲要》，对小学、初中、高中的课程设置作了规定❷：

---

❶ 史景迁. 追寻现代中国：1600～1912年的中国历史［M］. 黄纯艳，译. 上海：上海远东出版社，2005：4.
❷ 全国教育联合会新学制课程标准起草委员会编. 新学制课程标准纲要［M］. 上海：商务印书馆，1925：5.

小学课程分为国语、算术、卫生、公民、历史、地理（前四年卫生、公民、历史、地理合并为社会）、自然园艺、工用艺术、形象艺术、音乐、体育等十一目。

初级中学课程分为社会科（公民、历史、地理）、言文科（国语、外国语）、算学科、自然科、艺术科（图画、手工、音乐）、体育科（生理、卫生、体育）等六学科。必修的课程有：公民、历史、地理、国语、外国语、算学、自然、图画、手工、音乐、体育。从初中开始实行学分制，中学一律采用选课制。

高中实行分科制，分普通、农、工、商、师范、家事等科。公共必修课包括：国语、外国语、人生哲学、社会问题、文化史、科学概论、体育，这是不管哪一科都要修的课目。分科专修课反映不同的科目特色，第一组科目为特设国文、心理学初步、论理学初步、自然科或数学一种。第二组科目为：三角、高中几何、高中代数、解析几何大意，以及物理、化学、生物选习两种。纯选修课反映各人不同的兴趣爱好。❶

该学制的课程标准起草委员会，由袁希涛、金曾澄、胡适、黄炎培、经亨颐为组成，并委托知名专家负责"拟定新学制课程标准纲要"❷，部分学科分工如下：

小学：《国语》吴研因；《算术》俞子夷；《公民》杨贤江；《历史》朱经农、丁晓先；《地理》黄孟姒、王伯祥；《社会》丁晓先；《形象艺术》宗亮寰；《音乐》刘质平、《体育》王小峰。

初级中学：《公民》周鲠生；《历史》常乃德；《地理》王伯祥；《国语》叶绍钧；《外国语》胡宪生；《算学》胡明复；《自然》胡刚复；《图画》刘海粟、何元、俞寄凡、刘质平；《手工》刘海粟、何元、俞寄凡、刘质平；《音乐》刘海粟、何元、俞寄凡、刘质平；《体育》麦克乐。

高级中学：公共必修科《国语》胡适；《外国语》朱复；《人生哲学》黄炎培；《社会问题》孟宪承；《文化史》徐则陵；《科学概论》

---

❶ 全国教育联合会新学制课程标准起草委员会编. 新学制课程标准纲要 [M]. 上海：商务印书馆，1925：127.
❷ 全国教育联合会新学制课程标准起草委员会编. 新学制课程标准纲要 [M]. 上海：商务印书馆，1925：3-5.

任鸿隽;《体育》麦克乐;普通科第一组必修的《特设国文》胡适;《心理学初步》廖世承;《论理学初步》胡适。普通科第二组必修的《三角》汪桂荣;《高中几何》何鲁;《高中代数》汪桂荣;《解析几何大意》倪若水;《物理学》薛天游;《化学》任鸿隽;《生物学》秉志。

总的来看,1922年学制比较彻底地摆脱了封建传统教育的束缚,表现了教育重心的下移,更重视基础的、民众的教育,在培养各个层次的人才、适应社会和个人需要方面是比较和谐的。学制比较简明,又具有充分的灵活性。因此,这个学制后来除了在某些方面有所改动外,它的总体框架一直延续下来,所以1922年学制标志着中国近代以来学制体系建设的基本完成。由此,中国的学制系统从几乎完全抄自日本的壬寅学制(1902年)、癸卯学制(1904年)、壬子癸丑学制(1912~1913年)到取法欧美,发生了重大的转变,实现了从近代教育向现代教育的成功转型,并影响至今。

二、系统而成熟的新学制教科书

1922年的新学制改革在中国教育史上具有里程碑的意义,伴随着新学制课程改革,民间书坊编撰出版的新学制教科书呈现出在较高平台上的多样化发展态势。这其中,具有代表性的为商务印书馆、中华书局、世界书局的教科书。而教科书多样化发展的总趋势又是逐渐形成系统、稳定而规范的教科书体系。

1. 商务印书馆适应新学制的教科书

在新学制改革如火如荼进行时，商务印书馆汇集胡适、冯友兰、陈哲衡、陶孟和、顾颉刚、叶绍钧、周予同、任鸿隽、竺可桢、周鲠生、周越然、吕思勉、朱经农、傅运森、郑贞文、萧友梅、高梦旦、吴研因、杜亚泉、蒋维乔、王云五、陈兼善、程瀚章、常道直、丁晓先、段育华、段子燮、范祥善、高阳、顾寿白、胡君复、胡宪生、胡怀琛、何鲁、李泽彰、黎锦熙、凌昌焕、骆师曾、陆志韦、陆光宇、缪天绶、缪育南、计志中、瞿世英、谭廉、王钟麒、王振瑄、王华隆、汪奠基、万国鼎、万良浚、吴遁生、吴在渊、严济慈、张其昀、张资平、张慰慈、宗亮寰、周玲荪、周传儒、周昌寿、庄适等90余人的庞大而高水平的作者、编撰与校订队伍，迅速启动"新学制教科书"的编撰。在百年中国教科书发展史上，这是至今唯一一次能够汇聚如此众多社会精英与学界名流的一套教科书。他们中有教育部特聘教授（如常道直、张其昀、何鲁等）、有中央研究院院士（冯友兰、胡适、竺可桢、周鲠生、顾颉刚等），并且很多都是留学欧美的博士和硕士。其中胡适、冯友兰、陈哲衡、陶孟和等都独立编著了教科书。

从1922年年底开始，商务印书馆的新学制适用教科书陆续问世，大部分初版于1923~1925年间，但直到1928年，仍有个别高中教科书还在编撰出版。这些新学制教科书所开创的全新学科知识体系，在更长远的时间内产生了重大的影响，具有很高的认识价值。这套教科书种类和数量都非常庞大，如果考虑用"文言文"编辑的《新撰教科书》30种155册；"适合新学制中等教育段课程，取材至现代为止"的《新著教科书》15种26册，那么商务印书馆的新学制教科书更是达166种527册。❶

全套新学制教科书注重以儿童为中心，关注人性，课文采用新式标点符号，用语体文编写。国语以儿童文学为主，初级小学国语"形式极美备，第一册有两幅彩图，第二册以后也酌加彩图，插图多取连续的动作，很合儿童的心理"❷。低年级编写大量游戏教学内容。如《新学制

---

❶ 吴小鸥，李想. 1922年新学制教科书的多样化探索及启示[J]. 课程教学研究，2013(4)：67-74.

❷ 庄适，吴研因，沈圻编纂. 新学制国学教科书（初级小学第1册）[M]. 40版. 上海：商务印书馆，1923：封2.

算术教科书（初级小学）》"前几册都用有趣的图画，插入游戏故事，从直观引起数量的基本观念，从欣赏引起儿童的习算动机，使儿童于不知不觉中，得着算学的智识"❶。教科书充分考虑了教与学的基本过程，具有较强的科学性。教育部审定批词有"这书选择教材恰和儿童心理，文字注重反复练习，往往将相类的句法编制成文，分量也比该馆向来出版同程度的国语教科书增加了好些：可识为小学初级国语教科适用之本"等语。❷教科书内容兼顾文学和语言两方面，材料多可表演，句法也极合儿童语言的自然次序。除了封面等个别因素，这套教科书从内容到形式都比较出色，具有强烈的现代意义。

新学制教科书的取材相当国际化，具有开拓的国际视野。如著名哲学家冯友兰著的《新学制高级中学人生哲学》，第三章是"理想国——柏拉图"，第四章是"虚无派——叔本华"，第七章是"进步派——笛卡尔 培根 飞喜推"，第九章"亚里士多德"，第十一章"海格尔"等。在这本书的最后第十二章、第十三章是"一个新人生论"，如第十二章有"实用主义的观点与新实在论的观点、宇宙及人在其中之地位、人生之真相及人生之目的、欲与好、天道与人道、中和及通、人性与道德制度及风俗习惯"，第十三章有"文学美术、宗教及宗教经验、意志自由问题、幸偶、人生术、死及不死"。❸美术教科书首次将西方美术教育中有关透视学、解剖学、色彩学、素描、图案画以及形式美的法则和构图理论引入，这与清末至民国初期供学生临摹用的画帖，已有了本质上的区别。

该套教科书多次再版，部分书一直修订、使用到20世纪30年代。部分修订的教科书多由大学院于1928年审定通过出版发行，国语等科的修正版出版时，封面发生了极为重要的变化，由素面到彩色封面，且出现了人物图案，显然是一大进步，儿童自然会更加喜欢。

"学制革新以后，小学课本，改用语体"，但是有不少学校，因为

---

❶ 范祥善编纂. 新学制常识教科书（初等小学第2册）[M]. 20版. 上海：商务印书馆，1923：封2.

❷ 范祥善编纂. 新学制常识教科书（初等小学第2册）[M]. 20版. 上海：商务印书馆，1923：封2.

❸ 冯友兰. 新学制高级中学教科书人生哲学[M]. 上海：商务印书馆，1926：目录.

传统与惯性以及师资的原因，仍采用文言文的教本和文言教学。商务印书馆有鉴于此，根据新学制小学课程纲要，用浅近文言编辑"新撰教科书"。❶该套"新撰教科书"于1924年开始出版。到1926年10月，商务印书馆出版高小适用新撰国文、公民、历史、地理、算术、自然教科书6种24册。❷ 到1925年7月，出版新撰初级中学教科书11种16册。❸

在教育部极力提倡国语教学的政策下，重新编制文言课本，这说明了当时的社会存在对文言课本的现实需求。对于这种情况的产生，有如下一些原因：第一，从语体教科书的编制质量方面来看，文言课本有优势。例如，就一、二年级的识字数量来说，文言教科书多于语体教科书。识字是初小的重要任务之一，尤其是传统语文教学的集中识字还在人们心里占据着一定分量的时侯，很多家长送孩子上学就是为了多识几个字。本来兴学后新编制的国文课本就已经少于原来蒙馆教学的识字量，而国语课本比国文课本还少。经过一段时间的教学实践，人们认识到学生的识字量太少，这就促使一些人重新拿起文言教科书。梁启超对这个问题的态度应该是比较有代表性的，"近时教科书之深浅，种类之选择，课程之分配，仅是为中材以下之标准；稍聪颖者则虽倍之不为多，此在编者教者或不欲过儿童之脑力，然失之过宽，亦实有不宜之处"❹。对于文言教科书的评价尚且如此，那么人们对于比其更浅显的白话课本的评价自然更会是有过之而无不及。第二，从当时人们的心理来看，大多数普通民众还是倾向于文言。儿童学文言的观念在人们的心里根深蒂固，似乎文言才是真正的学问，再加上在当时的生活和工作中常常离不开文言，例如，家信、对联、记账、公函等都用文言的形式。学生读了几年语体教科书走出校门之后写作困难，所学非所用。另外，当时倡导白话文还只局限在一定的范围之内，对于广大的下层人民的影响是极其有限的。大多数人勒紧自己裤带送孩子读书，就是希望孩子多

---

❶ 胡怀琛，庄适编纂. 新撰国文教科书（初小第8册）[M]. 45版. 上海：商务印书馆：封2.

❷ 胡怀琛，庄适编纂. 新撰图文教科书（初小第8册）[M]. 45版. 上海：商务印书馆：封2.

❸ 周传儒编. 世界史 [M]. 16版. 上海：商务印书馆，1927：广告页.

❹ 舒新城编. 中国近代教育史资料（下册）[M]. 北京：人民教育出版社，1981：948.

识几个字、学些即学即用或显得高深的东西。第三，从当时社会上层来说，文言和白话的斗争还处于拉锯战状态，并且又与政治紧密相关，产生忽左忽右的情况也是必然的。上述原因会直接作用于出版业，作为把市场行为当作第一要素的各个书局，当然时刻紧跟社会的需要，只要出版物有一定的市场需求，就有可能出现。因此，文言教科书的继续编制和出版也就是自然而然的事情了。但是，文言语文教科书毕竟是与时代潮流背道而驰的，随着教育的快速发展，到新课程标准颁布之后，初等小学文言教科书的编制就基本上销声匿迹了。

1922年新学制有一个显著变化，即初中课程采用混合法讲授，如算学以代数、几何为主，算术、三角为辅，合一炉而治。但因师资等问题，不少学校对混合讲授持有异议，坚持分科讲授。为此商务印书馆又出版一套《现代初中教科书》，这套教科书既有国文，也有国语，适合初中分科之用。教科书编撰者将新学制改革中关注生活常识、提升学习兴趣等精神较好融入在各科中，并注重实践、实用之引导，同时也十分强调学科研究的目的，培养学生自己解决问题的能力。

2. 中华书局适应新学制的"新小（中）学教科书"

与商务印书馆几乎同时，中华书局也根据教育部1922年新学制要求，不甘示弱地迅速推出适应新学制需求的教科书系列"新小（中）学教科书"。中华书局汇集陆费逵、黎锦熙、钱基博、王宠惠、戴克敦、沈颐、金兆梓、张相、舒新城、朱文叔、何炳松、黎锦晖、吴在渊、胡敦复、胡明复、陆依言、邓庆澜、陈映璜等60余人及国语专修学校教员，推出适应新学制的"新小（中）学教科书"，从1923年1月开始陆续出版。初步统计有64种237册。虽然这支队伍没有商务印书馆新学制教科书编撰者队伍那样辉煌，但看一下上述名单，也是一个了不起的精英群体。至于教科书背后的力量，更是无法计数。他们融教育学、心理学、教学法等知识入教科书的编撰中，使得教科书发展获得较为完备的教育理论与实践支撑。

在1923年3月所出版的新中学教科书《植物学》《动物学》《生理卫生学》和《矿物学》的编辑说明上写道："浙江第四中学校长上虞宋崇义先生，久执中学教鞭。以中学博物教科用书，非过于繁重，即多所漏略；乃就研究所得，益以多年经验，编成上列四书。综其特色，凡有四端：程度浅，适于小学六年衔接，一也。说理明，无艰深晦涩之病，二也。学说新，无承袭旧说之弊，三也。编制善，有衔接联络之长，四也。后经美国佛诺利达大学农学硕士、北京农业高等专门高等师范教授陆费执先生，美国哈佛大学医学博士、美国本薛文尼大学卫生学博士、北京协和大学高等师范教授谢恩增先生，德国勿兰堡大学地质学士、北京大学高等师范教授王烈先生悉心校阅。用上等西洋纸精印，字迹清楚，图画明晰；（并有五彩图）布面精装，坚固美丽。实最新出最适用之中学博物教科书。"❶ 如果说前半部分有点近乎溢美之词，那么后面提到的教科书参与者却是值得刮目相看的。这就保证了教科书的基本质量。

与商务印书馆一样，为了适应高级小学实行新学制后，相当部分学校仍然使用文言教学的需要，中华书局自1924年起也在新小学、新中学教科书体系中编写了部分"文体教科书"，主要是高级小学阶段的教科书，包括历史、公民、理科等，它们与白话体的教科书大致相同，课文完全对应，只是"全书叙述，概用文体"。

该套教科书的设计富有创意，考虑了教师的教和学生的学，教学安排富有弹性，注重激发学生的兴趣和培养学生的实际操作能力。这在教师水平参差不齐的年代尤为重要。如《农业课本》（高级小学）第一册，课文内容分为4个部分，即标题、指引、观察、正文。以第一课为例：

"标题"为："农业"；

"指引"为："（一）我们天天吃东西吗？（二）这些吃的东西怎样生成的？（三）我们穿的衣服，用那些衣料做的？（四）房屋都用木料吗？用竹的有没有？"

"观察"为："（一）在附近地方，观察栽培的植物，和农民工作的状况。（二）到农家去观察饲养的动物。（三）到市镇上，观察商人买卖，工人工作的状况，和农业农民相比较"；

"正文"内容为："人类吃的食物，有米、麦、豆、菜、肉、鱼……等；穿的衣服，有布、绸、绒、呢……等，制布、绸、绒、呢的

---

❶ 秦汾编．新中学教科书代数学（中等学校适用）[M]．再版．上海：中华书局，1923：广告页．

原料，是棉、麻、茧丝、羊毛；住的房屋，用的器具，大部分的材料是木和竹。凡米、麦、豆、菜、棉、麻、木、竹，是栽培植物生成的；肉、鱼、茧丝、羊毛，是饲养动物生成的；栽培植物，饲养动物的事情，统称农业。人类的生活，吃、穿、住、用，缺一不可，他的原料，都从农业供给；所以农业和人生的关系，非常重要。"❶

这样一种由问题引导学生去实际生活中观察，阅读课文回答问题的教科书编排方式，非常罕见也很有新意。

3. 世界书局的"新学制教科书"

1917年，沈知方脱离中华书局创办世界书局，1921年7月改组为股份有限公司。世界书局成立后，就展开了与商务印书馆和中华书局在教科书市场的竞争。1922年新学制的颁布，对世界书局是一个绝好的机会，因为旧教科书不能使用了，所有学校都要使用新学制教科书，而商务印书馆和中华书局等老牌书局也得重新编撰教科书。世界书局是教科书出版的后起之秀，沈知方及其他主要成员都对教科书编撰非常了解甚至颇有研究，加之他们的营销手段灵活，世界书局的教科书来势很猛。据世界书局自己的统计，到1925年4月，共出版新学制初等小学教科书4种32册，教学法4种32册；❷到1925年3月，共出版新学制高级小学教科书9种34册，且每册都具有教学法专供教员讲授之用。❸

世界书局编写的适应新学制的小学教科书陆续出版后，渐与商务印书馆、中华书局形成三足鼎立局面。值得注意的是，世界书局的作者队伍有一个创新，即比较多地邀请教育群体参与教科书编写。它的策略是"教育大家贡献编辑方法，全国小学教师供给教材"，所以，以学校或一线教师的名义提供教材者在世界版新学制教科书中体现出来了。如《新学制高级公民课本》（4册）的版权页就署名"编辑者：潘文安、戴渭清"，"教材供给者：中华职业学校"。而《初级国文读本》的编辑

---

❶ 储劲，顾复，鲍映奎编. 新小学农业课本（高级第1册）[M]. 7版. 上海：中华书局，1926：1.

❷ 江效唐，朱翊新编辑. 高级卫生课本（第2册）[M]. 再版. 上海：世界书局，1925年：封3.

❸ 魏冰心编辑. 高级国文读本（第4册）[M]. 上海：世界书局，1925：封3.

者是杨喆、范祥善，供给教材者为"世界书局小学部同人"。《初级国语读本》就更有意思了，编辑者是魏冰心、朱翊新、范祥善，供给教材者是："全国各小学校教员、江苏二女师范附小同人、世界书局小学部同人"。"全国各小学校教员"有点过了，个别小学的教师参与、"江苏二女师范附小同人"的参与则应该是属实的。

新学制小学课程要求，卫生、公民、历史、地理四科，在初级小学四学年里应合并教学，称社会科；园艺应附入自然，称自然科。世界书局在到底是把社会、自然分编两部适用，还是合编一部适用的问题上，广泛征求了全国教育界的意见，征求结果，以主张合编的占多数，所以世界书局的新学制教科书就合编一部，称常识。❶ 常识教科书的内容包括卫生、公民、历史、地理、自然、园艺等项。针对课程纲要要求，一家教科书编撰机构，既依据课程纲要，又超越课程纲要，可以说是非常大胆的创新。

难能可贵的是，世界书局新学制教科书开始关注学生情感、态度等非智力因素的养成，注重联系学生生活实际，强调探究学习、社会实践、问题引导，表现出了比较现代的教育理念。《国语读本》选取的材料有"文学"和"语言"两种，"文学材料，重在能扩充想像，开发思想和陶冶优美情感，养成读书兴味。语言材料，首重日常应用的动作语，次重会话、演讲等。……低年级供给儿童想像生活的材料，高年级供给儿童现实生活的材料"。❷《自然课本》"启发对于自然物和自然现象的基本知识，使①明了自然与人生有美术的、经济的、社会的、卫生的各种关系。②有欣赏自然、研究自然和爱好田野生活的兴趣。③有利用自然和种植、畜养的知能"。❸《公民读本》之《社会上的职业》的问题为："社会上的职业，有多少种类？职业为什么要一面分工，一面合作？职业有没有阶级？"之《如何利用假期》后面的"实践"活动为："助父母处理家政，实行调查本地状况，实行通俗演讲，实行组织

---

❶ 董文编辑. 初级常识课本（第1册）[M]. 68版. 上海：世界书局，1927：封3.
❷ 魏冰心，朱翊新，范祥善编辑. 初级国语读本（第1册）[M]. 51版. 上海：世界书局，1926：1.
❸ 姜文洪，范广涛编辑. 高级自然课本（第1册）[M]. 12版. 上海：世界书局，1926：1.

卫生队，实行设立贫民读书处。"❶

这套教科书面世后既受到了师生欢迎，也得到了专家肯定。教育部审定《初级算术课本及教学法》的批词具有代表性："该书以小儿习见之物，或喜闻之动物编入课中，便其计算又益以启发算术观念之童话，使向视为畏途之习算一化而为深有趣味之陶冶，殊堪嘉尚。"❷ 教育部对历史课本的审定词是："是书取材赅备，文辞条达，所插画像及地图既便于参证，而每课又设研究判断，诸问题尤足兴起学生寻绎之趣味。"❸ "这套书的编制最新颖，教材最活泼，程度深浅恰于新学制初级小学教科书相衔接，确是新学制高级小学教科书中的第一善本。"❹ 所以，教科书一经出版，就受到欢迎，不断再版。比如《初级国文读本》第七册，1924年6月初版，1925年5月就是31版了；第八册也是1924年6月初版，1925年5月就是37版，而第一册此时已经到了39版。

有意思或奇怪的是，这一套新学制教科书与商务的新学制教科书、中华的新学制教科书几乎完全一样、同出一辙，封面都非常朴素，甚至朴素得有些过头了，近乎简陋、粗糙、毫无吸人之处的地步。从某种意义可以说，新学制教科书在中国教科书历史甚至教育发展史中，具有举足轻重、不可轻视的地位，但新学制时期最初几套最有影响力的大教科书的封面又是中国教科书历史中最没有光彩的。

1922年新学制颁布实施后，全国各地中小学改革陆续进行。但我国地域辽阔，地区差异显著，为满足不同地区、不同层次教学的需要，新学制教科书可谓是种类繁多，异彩纷呈，既有白话文编撰也有文言文编撰，既有分科编撰也有合科编撰等，彰显了不同特色。在遵循课程标准纲要及基本要求的基础上，体现了一定的创新，较好地适应了不同学生的发展需要。

比如，各书局小学国语教科书都选有文学和语言两种材料，但取材

---

❶ 潘文安、戴渭清编辑. 高级公民读本（第2册）[M]. 6版. 上海：世界书局，1925：36.

❷ 戴渭清，谢季超，何恭甫，朱建侯，盛志良编辑. 初级算术课本[M]. 30版. 上海：世界书局，1925：封3.

❸ 杨喆，朱翊新编辑. 高级历史课本（第4册）[M]. 13版. 上海：世界书局，1926：封3.

❹ 魏冰心编辑. 高级国文读本（第4册）[M]. 上海：世界书局，1925：封3.

和排列各有不同特色，多数是分开编撰，有的则白话和文言合编。如商务印书馆用文言文编辑了"新撰教科书"。又如商务印书馆的《新法国语文教科书（新学制小学校后期用）》，"除诗歌外，大部分是语、文对照的；后两册有几课浅近的文言文，不用语体文对照，所以叫作国语文教科书"❶，这套国语文教科书之所以加入文言文，"为的是学生方面，稍微懂得文言文组织的方法，将来升入中学，学习文言文，可以不感困难；就是读文言的报纸，也便利了。学校方面，有许多不能改用语体文教授的，固然可以把这书做一个绝好的过渡方法；就是改用了语体文，这书也很合用"❷。

这些教科书多数是分科编撰的，但也有综合编写的。如钟衡藏编《初级混合理科》分为三编，第一编以生理卫生为中心，第二编以动植矿物为中心，第三编以理化为中心。❸ 又如新学制小学课程要求，卫生、公民、历史、地理四科，在初级小学四学年里应合并教学，称社会科，园艺应附入自然，称自然科。世界书局的新学制教科书就合编一部，称常识，包括卫生、公民、历史、地理、自然、园艺等。

人们普遍认为，教科书反映的应是比较公认的内容，这也是教科书编撰的一条准则。但在新学制教科书中，我们明显感受到学者自己的思想观点在教科书中的渗透，从而使得其编撰的教科书有着鲜明的个性色彩。这一做法为教科书建设与研究提供了课题。如冯友兰的《人生哲学》（高中），又如陈哲衡编《新学制高级中学西洋史》，采用文化史的、综合的宏观视野来考察历史活动，可以清晰地感受到其深受当时西方新史学理论的影响，并以此作为"标鹄"指导编纂活动。同时，叙述的女政治家、女英雄、女学者、女诗人等女性人物之多、涉及阶层之广，大约是同时代历史教科书中绝无仅有的。胡适在评价《西洋史》

---

❶ 方宾观，庄适，顾颉刚，范详善编纂. 新法国语文教科书（新学制小学后期用第1册）[M]. 75版. 上海：商务印书馆，1925：1.

❷ 方宾观，庄适，顾颉刚，范详善编纂. 新法国语文教科书（新学制小学后期用第1册）[M]. 75版. 上海：商务印书馆，1925：1.

❸ 钟衡藏编. 新中学教科书初级混合理科（第1册）[M]. 6版. 上海：中华书局，1925：2.

时说其"确然做了一番精心结构的工夫"❶。

"由书塾到学堂！这一个转变，在当时的我的心里，比从天上飞到地上，还要来得大而且奇。……当时的学堂，是一般人的崇拜和惊异的目标，将书院的旧考棚撤去了几排，一间像鸟笼似的中国式洋房造成功的时候，甚至离城有五六十里路远的乡下人，都成群结队，带了饭包雨伞，走进城来挤看新鲜。在校舍改造成功的半年之中，'洋学堂'的三个字，成了茶店酒馆，乡村城市里的谈话的中心；而穿着奇形怪状的黑斜纹布制服的学堂生，似乎都是万能的张天师，人家也在侧目而视，自家也在暗自得意。"❷癸卯学制颁布后，新式学堂迅猛发展，中国现代教育的框架逐步成型，各级各类学堂的课程设置与要求基本明确，相对固定。与此相应，现代教科书的编纂开始具有系统性和科学性，中国教科书迎来了发展的黄金时期。这其中，商务印书馆在中西文化交流大潮中审时度势，按照学制系统分科分级编撰出版的"最新教科书"成为中国第一套现代意义教科书，极大地推动了现代教科书发展的历史进程，商务印书馆由此也成为清末民国教科书建设的一面旗帜。而随着中华民国的成立，"中华教科书"和"共和国教科书"也宣告了它们在中国近现代教科书发展历程中的不可磨灭的价值。同时，文明书局、中国图书公司、中华书局、世界书局等出版机构的教科书均为新式学堂提供了丰富的教学资源，成为现代课程可以依托的有效文本，显示了民间出版的巨大力量。这一时期，晚清留日学生的编译出版使得教科书异彩纷呈、丰富多样，而民初欧美留学生的编译出版使得教科书规范、成熟与定型。以留学生为主体的社会知识精英群体的责任担当，城市乡村一线教师教学的积极实践，报刊杂志的大力宣传，宽松有序的教科书审定制度的逐步建立等等，使得多方参与的教科书社会支持系统得以形成，为多样化教科书的出版构建了一个充满活力的环境，教科书建设的现代化步伐不断加快。

---

❶ 胡适. 介绍几部新出的史学书 [C] //顾颉刚, 编著. 古史辨（第2册下编）. 上海：上海古籍出版, 1982: 340.

❷ 郁达夫. 郁达夫自传 [M]. 南京：江苏文艺出版社, 1996: 13.

第三章 国民党南京政府时期的教科书
1927~1949

1924年孙中山改组国民党，正式提出了"以党建国""以党治国"的政治理念，采取"联俄、联共、扶助工农"的三大新政策，在苏联顾问的指导下，加强了国民党在各个领域的控制，期望构建以"三民主义"为核心的主流意识形态。1927年，国民党完成形式上的全国政权统一后，进一步强化国民党意识形态的主导地位，在各个领域大力实行"党化"，包括原先拥有相对独立地位的教育领域在内。通过教科书阐释党义，国民党维系其政权在社会中的正统地位，极力消除各种"异端思想"在教育界的传播，特别是由于抗日战争的爆发，统一国民思想成为当务之急，自此，中国的教科书逐步被纳入国家权力的控制范围内，中国现代教科书的发展告别黄金时期走入了相对稳定的时期，这也是一个意识形态控制明显加强的时期，教科书形制日益模式化，教科书种类大幅度减少，教科书市场被几大书局的几种教科书所控制。20世纪30~40年代，国民党领导的国统区和日伪占领区等不同性质的政权并存，在特定时空里，教科书编撰与出版也表现出各个政权的不同控制特色。

第一节 国统区教科书

1924年，国民党改组，从一个单纯的资产阶级政党，转变为工人、农民、小资产阶级和民族资产阶级的革命统一战线组织，成为当时革命政权和革命战争的核心骨干力量。从此，国民党与共产党展开合作，创办黄埔军校，建立革命军队。1926年国民革命军出师北伐，1927年完成形式上的全国政权统一，并一直统治中国大陆至1949年。在国民党统治下，教科书密切反映国民党三民主义教育宗旨，在行使知识传播与文明启蒙角色的同时，也体现出国家政治介入教科书的深深印迹。

一、党化教育及其课程

党化教育形成于广东国民革命政府时期，在南京国民政府成立之后强力推向全国。1923年，孙中山不断强调国民党党义或党化教育。他要求"广东的教育……接受本党主义","使广东整个高等教育能在党的指导之下"❶。孙中山强调政治上的一切举措都以党纲为依据,将国民党的党义作为建设中华民国的最高准则。"到了全国人民的心理都被党统一了,本党自然可以统一全国,实行三民主义,建设一个驾乎欧美之上的真民国。"❷ 1925 年 10 月,国民党党籍校长全体大会决议,"本党以党建国,各校直接政府之指挥,即间接受之指挥,各校课程应加入孙文主义一科,阐明党义。……本党出版物,为宣传利器,各校内之各级党部,宜多备数种,以广宣传"❸。为了推行"党义",国民党中央又制定了《各级学校党义教师检定委员会组织条例》《检定各级学校党义教师条例》,从组织上规范党义教师任教资格。❹ 1926 年 2 月,广州特别市党部青年部为了贯彻"以党义训育青年"的方针,并鉴于全市高小以上学校,自春季入学开始,要增设三民主义一科,特发布通告,招考党义教员。❺ 1926 年 3 月,广东国民革命政府成立教育行政委员会,提出"党化教育"的口号。❻ 1926 年 5 月,广东全省第六次教育大会召开并通过《党化教育决议案》。该案关于党化教育的办法有:确定教育宗旨为平民化与革命化之教育;学校增设政治训育部,施行政治训育,使学生有明确的政治观念,全省中上学校全由中国国民党党部介绍训育人员;组织中国国民党童子军;举行总理纪念周与政治报告;规定三民主义为必修课,每周时数至少要占 50 分钟,高级小学以上学校加授政治教育、社会科学及三民主义,每星期共须 150 分钟以上;并提出请教育行政委员会即行审查各校现行教科书,有背于中国国民党的党义及政策者,应令抽出,不准讲授,此后新编教科书,应以中国国民党的党义和政策为中心。❼ 1927 年 5 月,在南京召开的"五四运动"纪念大会上,

---

❶ 邹鲁. 邹鲁全集(一)[M]. 台北:三民书局股份有限公司,1976:142-146

❷ 广东省社会科学院历史研究所等合编. 孙中山全集(第 8 卷)[M]. 北京:中华书局,1986:284.

❸ 党籍校长会开全体大会[N]. 广州民国日报,1925-10-31.

❹ 高奇主编. 中国现代教育史[M]. 北京:北京师范大学出版社,1985:113.

❺ 熊秋良. 从政治动员的角度看国民党改组后的"党化教育"[J]. 江苏社会科学,2004(4):153.

❻ 孙培青主编. 中国教育史[M]. 上海:华东师范大学出版社,2000:416.

❼ 全省教育大会通过党化教育决议案[N]. 广州民国日报,1926-5-10.

蒋介石正式发出实行"党化教育"的号召。❶ 此后,"党化教育"❷ 开始向全国推行。

由于国民党所提倡的"党化教育"过于露骨,出台后立即受到进步人士的抨击。吴稚晖认为"党化教育"含义不明,容易为人假借利用,不如改为"三民主义"。❸ 胡适认为,"党化教育"就是摧残思想自由,呼吁"取消统一思想与党化教育"。❹在国民党党内,对于"党化教育"一词的内涵也有严重分歧。有人认为,"党化教育"就是教育要革命化、人格化、民众化、社会化、科学化;有人认为,"党化教育"就是把中国的教育国民党化;还有人认为,"党化教育"就是训政工作之别名,等等。❺

面对种种质疑和分歧,中华民国大学院于1928年5月召开第一次全国教育会议。会议通过决议,对"党化教育"的内涵进行了批评,认为"党化二字,内容既不确定,出处亦不明了,总理著作,大会决议,均无此名,……名不正则言不顺",❻ 以后应删除此名。大会决定取消"党化教育"一词,以"三民主义教育"一词代之,"以彰'三民主义的教育'之实"。同时,大会通过了《三民主义教育宗旨说明书》,指出:"三民主义教育就是以实现三民主义为目的的教育,就是各级行政机关的设施、各种教育机关的设备和各种教学科目,都是以实现三民主义为目的的教育"。❼同年8月,大学院颁布《各级学校增加党义课程暂行通则》,明确提出"为使本党主义普及全国,并促进青年正确认识起见,各级学校,除在各种内容融会党义精神外,须一律按本通则之规定,增加党义课程"❽:

……

第七条 小学校注重使儿童对于党义得具体观念,中等学校注重使

---

❶ 李华兴主编. 民国教育史 [M]. 上海:上海教育出版社,1997:316.
❷ 李华兴主编. 民国教育史 [M]. 上海:上海教育出版社,1997:316.
❸ 民生报,南京,1928-2-23.
❹ 赵慧峰. 简述人权运动时期的胡适思想 [J]. 民国档案,1996 (2) 84-87.
❺ 舒新城. 近代中国教育思想史 [M]. 上海:中华书局,1928:380-383.
❻ 舒新城. 近代中国教育思想史 [M]. 上海:中华书局,1928:385.
❼ 周予同. 中国现代教育史 [M]. 上海:良友图书公司,1934:34-35.
❽ 河南省教育厅编. 河南教育特刊 [M]. 河南省教育厅印,1929:56.

学生对于党义得正确认识，专门学校及大学校注重使学生对于党义得分析研究其理论体系、实施步骤及运用方法。

第八条 各级学校党义课程之教授时间，每周至少两小时。

……

第十条 各种党义课程之教本须由中央训练部会同全国最高教育行政机关编审颁行之。

……

为了推行党义教育，国民党中央要求"把学校的课程重新改组，使之与党义不违背又与教育学和科学相符合，并能发扬党义和实施党的政策"❶。

1928年2月，大学院颁布《小学暂行条例》，认为总理遗教急待灌输，所以于公民科之外，增设三民主义科，小学之教授科目为"三民主义、公民、国语、算术、历史、地理、卫生、自然、乐歌、体育、党童子军、图画、手工，高级小学得酌量地方情形加设职业或其他科目。"❷

1929年8月颁布中小学《暂行课程标准》，小学课程设置为"党义、国语、社会、自然、算术、工作、美术、体育、音乐"，❸ 同时说明"党义名称和时间都是假定的。"❹《中学暂行课程标准》规定，初级中学科目为"党义、国文、外国语、历史、地理、算学、自然科、生理卫生、图画、音乐、体育、工艺、职业科目、党童军"。❺ 高级中学普通科科目为"党义、国文、外国语、算学、本国历史、外国历史、本国地理、外国地理、物理、化学、生物学、军事训练、体育、选修科目。"❻

---

❶ 教育界消息 [J]. 教育杂志, 1927, 19 (8).
❷ 魏冰心. 小学行政ABC [M]. 再版. 上海：世界书局, 1929：132.
❸ 教育部中小学课程标准起草委员会编订. 幼稚园小学课程暂行标准 [M]. 上海：商务印书馆, 1930：28.
❹ 教育部中小学课程标准起草委员会编订. 幼稚园小学课程暂行标准 [M]. 上海：商务印书馆, 1930：28.
❺ 教育部中小学课程标准起草委员会编订. 中小学课程暂行标准（第2册 初级中学之部）[M]. 再版. 上海：卿云图书公司, 1930：2-3.
❻ 教育部中小学课程标准起草委员会编订. 中小学课程暂行标准（第3册 高级中学之部）[M]. 上海：卿云图书公司, 1930：4-5.

为了落实三民主义教育、党义教育，实施这些课程，需要"赶促审查和编著教科用的图书，使与党义和教育宗旨适合"❶。

二、三民主义宗旨的教科书

教科书是学校实施"三民主义教育"的重要工具，南京国民政府规定，各种教科书必须经审查后方可采用；所有审查工作由国民党中央统一负责；审查的基本标准为：所有教材的指导思想必须符合国民党党义。教科书的发展被纳入国家权力的控制范围内，在形式、编制等方面均表现出模式化发展的特点。

伴随着三民主义教育的确立与实施，各家书局依据变化了的形势，迅速推出了以"三民主义"为宗旨的教科书，其中最典型的是党义教科书。

1925年11月，朱翊新编辑的《（小学校补充教本）三民主义读本》4册由世界书局出版，"供小学校第三学年以上儿童的补充读物，每年适用一册"❷。1926年6月，世界书局再次出版《（小学校补充教本）三民主义读本》。❸ 也就是说，最早进入中小学的党化教科书是作为补充教本出现的。目前已知，广州共和书局在1926年11月出版的戴季虞编辑的《中山主义新国民读本》4册是第一种正式的党化教科书，"本书系供

---

❶ 教育界消息［J］. 教育杂志，1927，19（8）.
❷ 朱翊新编辑. 小学校补充教本三民主义读本（第1册）［M］. 16版. 上海：世界书局，1927：1.
❸ 朱翊新，吕云彪. 小学校补充教本三民主义读本（第1册）［M］. 11版. 上海：世界书局，1927：1.

给高级小学、初级中学及平民学校之用，故用教科书体裁，分课编辑。……中山主义的出版物，坊间不下数十种，但用教科书体裁编辑的，绝无仅有。本书系创作，内容形式，容有未善，编者希望研究中山主义的教育家加以批评修正，使本书成为宣传中山主义的唯一完善读本"❶。

"新时代教科书"　　1927年，商务印书馆开始推出"新时代教科书"，该套教科书完全根据三民主义的教育宗旨编纂而成。全书分小学、中学两段，所见初级小学有三民主义、党义、国语、社会、常识、算术、自然等，高级小学有国语、三民主义、公民、历史、地理、自然等。到1927年8月，共出版初级小学用"新时代教科书"9种72册，教授书8种60册。❷ 初级中学有三民主义、国语、本国史、世界史、本国地理、世界地理等，高级中学有物理、历史、化学、天文等。新时代的《高中物理》由周寿昌编著，《高中外国史》由何炳松编著，《高中化学》由郑贞文编纂，竺可桢参与了编校《高中天文》。蔡元培、朱经农、王云五、吴稚晖、竺可桢、胡适等参与了这套教科书的校订。

"新时代教科书"的政治色彩显著加强。如《新时代三民主义教科书（小学校初级用）》第8册的目次为"三民主义的发明者（一）、三民主义的发明者（二）、中国国民党的历史（一）、中国国民党的历史（二）、中国国民党的历史（三）、中国国民党的政纲、取消不平等条约、确定自治单位、实行普通选举、厘定考试制度、确定人民的自由权、改革军制、严定税额、改良农村组织、扶助劳工、男女平等、普及教育、解决土地问题、兴办国有实业、建国的三个时期"❸。小学校的高级《三民主义教科书》则完全"根据孙中山先生所著之《三民主义》，兼参考孙先生手定之《建国大纲》《建国方略》及其重要演说，又国民党之宣言及重要议决案，编为教科书形式"。高小三民主义共4册，第一册讲民族主义，第二册讲民权主义，第三册讲民生主义，第四

---

❶ 戴季虞编辑. 中山主义新国民读本（第1册）[M]. 13版. 广州：共和书局，1927：1.
❷ 王强编纂. 新时代常识教科书（初小第2册）[M]. 365版. 上海：商务印书馆，1929：封2.
❸ 朱子辰. 新时代三民主义教科书（初小第8册）[M]. 355版. 上海：商务印书馆，1929：目次.

册讲孙中山事略、国民党历史及对内对外的政策和建国大纲、建国方略。❶ 初小教科书则在"适合儿童教育之范围内尽量提倡党义"❷。

"新时代教科书"既在第一时间适应了国民政府对三民主义的教育要求，又发挥了商务印书馆教科书编写的优势经验，所以这套教科书推出后比较受欢迎，多次再版，成为又一套发行量很大的教科书。我们看到的实物有1927年2月初版、1931年6月660版的《新时代三民主义教科书》（小学校初级）第5册，有1929年12月640版的第3册。

因为版本多，使用时间比较长，"新时代教科书"的封面样式颇多。早期是没有彩色、没有图案的纯素面的封面，后来出现以彩色为基础的有图案的封面，其中初小教科书主要是橘红色底色，高小主要是绿色底色，图案很像丰子恺的风格。1932年1月29日，商务印书馆"突遭国难"，"总务处、印刷所、编译所、书栈房均被炸毁，附设之涵芬楼、东方图书馆、尚公小学亦遭殃及，尽付焚如，三十五载之经营燬于一旦"，在社会的支持和感召下，商务印书馆没有倒下，反而坚定而迅速地恢复生产，首先出版教科书，以满足学校需要。当时立即恢复出版的新时代教科书，版权页上都悲壮地注明1932年"国难后第一版"等字样。国难后版本的封面是商务印书馆被轰炸后的断壁残垣图案，图案中一截断墙上还有"商务印书馆"的招牌。

"新中华教科书" 1927年，中华书局也推出适应三民主义的"新中华教科书"，初以"新国民图书社"名义编印，由文明、中华、启新三家经售。初级小学教科书有三民主义、党义、公民、国语、算术、常识、社会、自然、工用艺术、形象艺术、音乐等；高级小学有三民主义、国语、算术、历史、地理、自然、卫生、园艺、农业、工用艺术、形象艺术、音乐、英语等，陆续出至41种。初高级中学用55种，有初中三民主义、国语与国文、初中本国史等。其中三民主义课本由国民党中宣部审定。

这套教科书的编撰与审校队伍也是新老结合，中华书局的资深编者

---

❶ 李扬编辑. 新时代三民主义教科书（高小第1册）[M]. 200版. 上海：商务印书馆，1929：1.

❷ 丁尧章编辑. 新时代社会教科书（初小第1册）M]. 160版. 上海：商务印书馆，1929：1.

仍然起着重要作用，但新加入了几个重量级的国民党元老文人，如叶楚伧、陈立夫等。初小国语主要由黎锦晖、王祖廉、黎明编写，校订者是吴稚晖；初小社会由蒋镜芙编写，由解放前教育部部聘教授、新中国的政协委员何鲁校阅；初小党义教科书由郑昶等编写；初小音乐由丰子恺在浙江省立一师的同学、同样师从李叔同先生的朱稣典编写；初高小三民主义都由陆绍昌编写，由国民党宣传部长、重要笔杆子叶楚伧亲自校阅；初中三民主义教科书由郑昶编写，由国民党另一位重要人物陈立夫亲自校阅。

"新中华教科书"的封面比较朴素，小学课本封面基本上都是单调的灰色，中学则有桔红和灰色两种封面，均没有复杂的图案。在内容上，重视当时国民党的三民主义教育要求，取材注重民族、民权、民生三项，但与生活联系密切，通俗性和实用性强。如《新中华三民主义课本（初中）》"分四编编制：①总论；②民族主义；③民权主义；④民生主义。"四编构成四册，每册内分若干章。"所取材料，都用孙中山先生原著三民主义做根据。或者节录他的文字，或者阐发他的义理；总期条理清楚，理论正确，并用简明的语体文来叙述，使读者容易得到真正的了解。"❶

比起商务印书馆的"新时代教科书"，似乎"新中华教科书"受欢迎的程度略弱。这一点从再版次数可以大体看出，"新中华教科书"的再版次数不是特别多，1929年初版的党义教科书，到1931年一般只有十多版；1928年初版的国语教科书，到1931年一般只有二十多版。当然，每次再版印数不得而知，这只是一个粗略的判断。

"新主义教科书" 1927年，世界书局推出"新主义教科书"。顾名思义，该套教科书是迎合三民主义要求的教科书系列。初级小学有三民主义、国语、常识、社会等，高级小学有三民主义、国语、自然、历史、地理等。中学阶段只出版了与党义相关的教科书，所见有《初中党义》6册（1929年）、《初中党义指导书》6册（1930年）、《高中党义》3册（1929年）。这套教科书的编撰队伍里，多数仍然是资深编写

---

❶ 郑昶编. 新中华教科书三民主义（初中第1册）[M]. 9版. 上海：新国民图书社，1932：1.

者，有魏冰心、范祥善、朱翊新、吕伯攸、董文、王剑星等，新加入者除了叶楚伧等人以外，还出现了国民党重要人物、前后共任监察院院长34年之久的于右任的名字，他是部分国语、常识、三民主义以及社会课本的校订者或校阅者。

该套教科书在内容上强调三民主义教育宗旨，以适应党化教育的需要。三民主义课本一开始就是孙中山的遗像、遗嘱。《新主义教科书三民主义课本（前期小学）》"完全根据革命的三民主义编辑，以期适合於党化教育之用"，全书共8册。前4册"除用浅显的文字介绍三民主义的概要外，兼使儿童认识中山先生，及明瞭中国国际地位，列强强迫状况"，后4册"除用忠实的文字说明三民主义的精义外，凡建国方略，建国大纲及中国国民党的政策等等，也都兼收并蓄；使儿童了解中山先生伟大的思想"❶。《三民主义课本（高小）》"第一册首论三民主义的概要，次论民族主义；第二册讲民权主义，及民生主义；第三册讲行易知难学说，及实业计划；第四册讲民权初步，五权宪法，建国大纲，中国国民党，及国民政府等，儿童读完本书四册后，不但可得整个的三民主义的概念，并且对于中山先生的思想，及中国国民党的历史，也可瞭然"❷。

教科书对三民主义的介绍力求与儿童生活结合，力求体现学科特点，避免生硬说教。如《国语读本（前期小学）》"前四册供给想像生活的资料，利用童话、寓言灌输革命思想；并以儿童环境中所有的事物，演成文学化、儿童化的教材，使儿童需要满足，生活丰富，并籍以养成其读书兴趣"，"后4册供给现实生活的资料，多取中国国民党的具体事实，及被压迫民族的奋斗等材料为背景，演成文学化、儿童化的材料，以激发儿童的革命思想"。而且我们注意到，"新主义教科书"在目标定位上已经达到了相当的高度，即便今天看来，也一点都不落伍。比如《新主义自然课本（后期小学）》的"目的，在启发儿童对於自然物和自然现象的基本知识，总的来说就是：①明瞭自然与人生有美

---

❶ 魏冰心，朱翊新编辑. 新主义三民主义课本（前期小学第1册）[M]. 38版. 上海：世界书局，1929：1

❷ 魏冰心. 新主义三民主义课本（高级小学第1册）[M]. 80版. 上海：世界书局，1932：1.

术的、经济的、社会的、人生的各种关系。②培养欣赏自然、研究自然和爱好田野生活的兴趣。③培养利用自然和种植蓄养的知能"。知识、情感态度、能力目标都有所涉及。

这套教科书封面样式较多，因为教科书出版时间刚好跨大学院阶段，所以封3或封4上方有时为大学院或教育部的审定书，上有大学院的印张及中华民国大学院院长蔡元培、副院长杨经的签章，或民国政府行政院教育部印章及部长蒋梦麟、次长马叙伦的签章。

三大书局除了适应形势而编写以三民主义为宗旨的系列教科书外，还编写了一些零散的党化教科书，如《小学校初级用党义教科书——孙中山先生革命史实》2册（宗亮寰编，商务印书馆，1930年）。此外，其他一些小的书局甚至学校也跟随形势和大书局的动向，相应地编写了三民主义的一些教科书，如《初中党义教本》6册（陶百川编著，蔡元培校订，大东书局，1930年）、《党义辑要课本（初级中学用）》3册（陈景农、陈泮藻编辑，广州大学附属中学校，1931年）《党义教授准备书》6册（徐竹虚编著，大东书局，1932年）《党义教本》（曾任广州大学校长、广东省教育厅厅长的金曾澄等编述，封面为曾经三次出任中山大学校长的我国著名教育学家许崇清题名。广州知用中学，1929年）……❶

当时的党化课本或党义教科书的编撰由一些国民党元老亲自操刀，如叶楚伧、于右任、陈立夫、陈希豪、陶百川、蔡元培、朱经农等，他们与孙中山、蒋介石等关系比较密切。

该时期的教科书编审由国民党中央训练部直接介入。当时，党义课程标准由中央训练部单独订定。有关各种党义课程的教科书，必须由中央训练部会同全国最高教育行政机关编、审颁行。❷ 为防止各校教员在其所编的文学和社会科学讲义中加入"反动内容"，1929年5月，教育部又训令各省，对各级学校教员自编的文学和社会科学讲义严加审查。❸ 1930年6月，国民党中央又颁布《中央训练部审查党义

---

❶ 吴小鸿. 民国时期中小学党化教科书及其启蒙规定性［J］. 中国人民大学教育专刊，2013（4）：145-162.

❷ 河北省档案馆藏. 河北省立大名师范学校档案. 全宗号645，目录号1，卷号35，第19-20页.

❸ 河北省档案馆藏. 河北省立大名师范学校档案. 合宗号645，目录号1，卷号35，第19-20页.

教科用书暂行办法》，对审查范围、标准、手续等都有具体规定。审查范围为各级学校党义教科书。审查标准规定以"总理全部遗教为最高原则，以国民党历次全国代表大会宣言决议案及第三届历次中央全体会议宣言及决议案为依归"。❶ 审查手续分两步：先由教育部初审，然后送中央训练部终审。因大学教材更新较快，最后还特别强调，大学及专门学校的党义教科用书可随时审查，不限日期。❷ 根据南京国民政府和国民党中央的相关规定，各省也相继制定了实施细则。如河北省规定，全省各级学校，于每学期开学后一月内，应将各种党义课本或讲义大纲，送由各该地党部汇转省训练部审核，"其有曲解、误解国民党主义、政策及其他激进反动理论者，得令其停授"❸。1931年，南京市党部和教育局联合对全市"新时代初中三民主义教科书"等 27 种党义书籍进行了一次大规模的检查。此次检查历时三周，范围为全市各学校、各书局和各社教机关。共检查书籍 125 起，其中受到撕毁、没收等"处分"的 27 起；"暂卖待修正" 26 起；"暂准发行"或"暂准代销"共 7 起；"售完后不再代售" 4 起，"已停售" 2 起。❹

这一时期的教科书作为特定历史时期的政治文本，从形式到内容，体现"一个领袖、一个政党、一个主义"的精神，力求构建"唯一正确"的政治文化标准，孙中山本人也逐渐被神化、偶像化。伴随着党化教育的实施，教育及教科书的独立发展受到政治力量的强势干扰，开放多元的思想受到挤压，由此开始了中国教科书发展中意识形态的刚性控制时期，我国近现代意义上的教科书黄金时期终于退出了历史舞台。

---

❶ 中国第二历史档案馆编. 中华民国史档案资料第五辑第一编教育[Z]. 南京：江苏古籍出版社，1994：1112.

❷ 中国第二历史档案馆编. 中华民国史档案资料汇编第五辑第一编教育[Z]. 南京：江苏古籍出版社 1994：1112－1114.

❸ 全省党义教育实施计划大纲. 河北省立大名师范学校档案，河北省档案馆藏，全宗号 645，目录号 1，卷号 35，第 39－45 页.

❹ 国民党南京市党部检查市区学校与书店有关三民主义教科用书经过的文件（1931）. 中华民国史档案资料汇编第五辑第一编教育［Z］. 南京：江苏古籍出版社.1119－1123.

三、新课程标准教科书

应党化教育而出现的教科书积极宣扬"党"的声音和"党"的意志,认为中国国民党的三民主义是一个救国救世的主义,不但足以实现中华民族生存的愿望与目的,还可以解放世界上被压迫的弱小民族。从此,20世纪10~20年代教科书中自由开放的风气渐为国家主义、党化教育所取代。不可否认,这在全国重新统一之时,确实起到了一定的意识形态规整的作用,以三民主义凝聚中华民族人心,具有一定的积极意义。而且,教科书在编制与设计上更为科学与成熟,使民国教育进入稳步发展和逐步定型的时期。但是"教育是以人为本位的,党是以组织为本位的。在党的立场上,假如人与组织的利益有冲突的时候,自然要牺牲人的利益以顾全组织的利益"❶。由于各界人士对"党化教育"的种种质疑和分歧,在1932年教育部正式公布的《课程标准》中,党义课程取消。所以,在中国百年教科书史上,明确以"党义"命名的教科书仅仅出现3~4年时间,可谓"昙花一现",而且数目与种类并不多。

1. 中小学课程标准的变化

南京国民政府成立后,为继续推行自己的政治主张,在教育上加紧制订新的方针、政策,以使教育为其政治服务,对中小学课程先后作了若干次比较大的修订。

---

❶ 任鸿隽. 党化教育史可能的吗[J]. 独立评论(第3号),1932.

1928年大学院《小学暂行条例》《中学暂行条例》 1928年2月，国民政府大学院订《小学暂行条例》，规定初级小学课程与高级小学的课程均为三民主义、公民、国语、算术、历史、地理、卫生、自然、乐歌、体育、党童子军、图画、手工。这次课程修订的最大变更是将"三民主义"及"党童子军"正式列为小学的教学科目；小学教学科目之多，为所有时期之冠；初小和高小教学科目完全相同，所不同者只有高小增加职业科目；"音乐"改名"乐歌"，"手工""图画"又恢复旧名。❶

1928年3月，大学院公布《中学暂行条例》，其中第一条"中学教育应根据三民主义，继续小学之基础训练，增进学生之知识技能，为预备研究高深学术及从事各种职业，以达适应社会生活之目的"。第八条"中学之教授科目分为必修及选修两种"。第十条"中学教科书须采用中华民国大学院所审定者"。❷

1928年5月，中华民国大学院举行第一次全国教育会议，通过《整理中华民国学校系统案》，对1922年的"新学制"进行了修正，特别是有关中等教育进行了如下修正：①中学修业年限仍为6年，分初高两级各3年，但得依地方或设科情况，可分初中4年高中2年；②初中为普通教育，但得依地方情形设各种实业科；③高中为分科，分为普通科和农、工、商、师范、家事等科，但依地方情形普通科可单设，其他各科也得单设为高级职业学校，修业年限以3年为限；④中学3年以上得酌行选科制；⑤高中普通科取消文理分组。

1929年8月教育部公布《中小学课程暂行标准》 1928年5月第一次全国教育会议决定组织中小学课程标准起草委员会，起草整理课程标准。1928年12月教育部公布了《中小学课程标准起草委员会规程》。1929年8月教育部中小学课程标准起草委员会订定的《小学课程暂行标准》《初级中学暂行课程标准》和《高级中学普通科暂行课程标准》公布。《小学课程暂行标准》将小学六年分为低年级（一、二年级）、中年级（三、四年级）、高年级（五、六年级）三段。三段的课程设置

---

❶ 陈侠. 近代中国小学课程演变史［M］. 重庆：商务印书馆，1944：57.
❷ 大学院颁布中学暂行条例［J］. 安徽教育行政周刊. 1928.

一致，改1922年学制中的公民为党义，改工用艺术为工作科，改形象艺术为美术科，将历史、地理、卫生三科合并为社会科。共设课程为党义、国语、社会、自然、算术、工作、美术、体育、音乐等九种。

初级中学的课程设置有党义、国文、外国语、历史、地理、算学、自然科、生理卫生、图画、音乐、体育、工艺，以及职业科目、党童军。普通高级中学的课程设置有党义、国文、外国语、数学、本国历史、外国历史、本国地理、外国地理、物理、化学、生物学、军事训练、体育，以及选修科目。

高级中学分普通、农、工、商、师范、家事等科。农、工、商等职业科学生以就业为主。高级中学普通科暂行课程标准的起草整理和审查人员均为学术领域大家，如下❶：

国文：孟宪承、胡适
英语：张士一、刘光来、鲍德徽
数学：褚士荃、严济慈
本国史：陈训慈、顾颉刚
外国史：陈袁哲、陈训慈、雷海宗
本外国地理：竺可桢、周光倬、胡焕庸、许寿裳
物理：王珏荪、查谦
化学：王鹤清、陈裕光、曾昭抡、刘拓
生物：秉志、胡先骕、张景钺
体育：吴蕴瑞、袁敦礼

1929年9月，教育部以训令的方式要求各地教育厅局转发各校并组织研究会试验研究各科课程标准。训令说，"中小学农工商师范各职业科课程标准，现经本部分别拟订，所有幼稚园、小学、初级中学、高级中学普通科，各种课程标准，业由中小学课程标准起草委员会制定。查是项标准，在本学年内应作为暂行标准，发交各地学校试验研究。"《中小学暂行课程标准》是作为试行标准颁布的，所以教育部通令各省市教育行政机关在贯彻实施时，要随时收集实际教学中的研究和实验情

---

❶ 教育部中小学课程标准起草委员会编订. 中小学课程暂行标准（第3册 高级中学之部）[M]. 上海：卿云图书公司，1930：7.

况，以一年为期上报，在1930年6月前（后推迟至1931年6月）报告试验结果，以便修订和完善。因时间太短，试行中反映出的问题都极有限，各地无意见呈部，所以教育部宣布延续下去，仍作为暂行标准。

1932年10月教育部《中小学课程标准》 1931年，教育部训令将各地实施暂行课程标准的结果上报，组织专家进行修订。然而，因"九·一八"事变发生，同时国联教育考察团来中国考察，对中学教育提出了许多批评意见，此项工作被搁置。后教育部根据苏、浙、粤等教育厅以及京、沪等市教育局的研究报告，撤销原中小学课程标准起草委员会，成立"中小学课程及设备标准初订委员会"，汇集各方意见将"暂行标准"修订为"正式标准"，去掉"暂行"二字，但内容没有太大变化，于1932年10月陆续公布。人们一般都称此为新课程标准，以示前后之别。此后抗日战争和解放战争中，国统区和解放区都进行了课程改革，但大都是在这一课程标准框架内展开的。

1932年10月由教育部正式公布施行的小学课程标准，规定小学课程设置为公民训练、卫生、体育、国语、社会、自然、算术、劳作、美术、音乐，共计十门。公民训练和别的科目不同，重在平时训练；社会、自然、卫生三科，在初级小学合并为常识；美术、劳作二科，在低年级合并为工作科。这次正式公布施行的《小学课程标准》和暂行标准不同的地方还有："党义"科不特设，将"党义"教材充分渗透进"国语""社会""自然"等各科中。

1932年11月公布的《中学课程标准》规定初级中学开设有公民、体育、卫生、国文、英语、算学、植物、动物、化学、物理、历史、地理、劳作、图画、音乐。高级中学开设有公民、体育、卫生、军训（女生为军事看护）、国文、英语、算学、生植物、化学、物理、本国历史、外国历史、本国地理、外国地理、论理、图画、音乐。《中学课程标准》彻底取消了选科制、学分制、文理分组，每周的课时量也达到顶点，可以说是"壬子癸丑学制"颁布后最为硬化、划一的课程设置。

1936年4月教育部公布《修正课程标准》 1932年课程标准施行不久即暴露出一些问题，教育部征求各方的研究意见，自1935年3月起着手组织修订，参与人数达120多人。1936年4月，教育部公布"修正课程标准"，各科教学时数略有减少，课程内容亦有所调整。这次修正颁行的《小学课程标准》中，低年级的美术、劳作归并为工作科，音乐、体育归并为唱游科；初级（低中级）卫生、社会、自然归并为常识科。"高年级在可能范围内，应组织童子军，授以童子军的初级课程。"《修正中学课程标准》规定初级中学课目为公民、体育及童子军、国文、英语、算学、生理卫生、植物、动物、物理、化学、历史、地理、劳作、图画、音乐。高级中学课目为公民、体育、军训、国文、论理、英语、算学、化学、物理、本国历史、外国历史、本国地理、外国地理、图画、音乐。

2. 课程标准教科书

由于1929年新课程标准试行，特别是1932年新课程标准正式颁行以及其后的不断修订，教科书的科目与编写体例发生了较大的变化，各家书局在不断修订的课程标准的指引下，相继推出各类相关教科书。但是，这时教科书的编撰出版已经从1922年新学制教科书的三大书局垄断发展到商务印书馆、中华书局、世界书局、开明书店、大东书局、正中书局和北新书局七大书局集体参与了。

1929年，世界书局出版了一套"初级中学教科书"，这套书实际起到了承前启后的作用，既是适应党化教育需要的产物，恰好又赶上了1929年暂行课程标准的颁布，算是适应了暂行课程标准的需要。这套教科书包含初中各科课本，部分科目的教科书还分混合与分科两种，如初中历史、初中地理、初中自然科学等都有混合和分科编写的教科书。1931年世界书局出版了"新课程教科书"，初级小学有国语、社会、自然、常识、算术、珠算、健康、体育、美术、劳作、音乐等学科。此套教科书的特点是封面有"新课程"字样，且和学科名并行排列，比如《新课程国语读本》《新课程社会课本》等。紧接着，世界书局又根据1932年的正式新课程标准出版了一套中学教科书，封面标志是《新课程标准世界中学教本》（1933年后又新推出《世界初中教本》，集中了《世界中学教本》中的初中教科书，并加以扩充）。这套教科书有一个特点，多数课本以作者姓氏命名，比如《骆氏初中算术》，即由骆师曾编著；《黄氏初中几何》，即黄泰编著的几何；《徐氏初中公民》，为徐逸樵编著；《朱氏初中国文》由朱剑芒编著；《朱氏初中本国史》由朱翙新编著；还有《徐氏初中动物学》（徐琨）、《王氏初中动物学》（王采南)、《薛氏初中代数》(薛天游)、《谭氏初中本国地理》(谭廉逊)、《何氏初中几何》(何时慧)、《王氏初中算术》(王刚森)、《钱氏初中化学》(钱梦渭)、《徐氏初中植物学》(徐克敏)、《马氏初中植物学》(马光斗)、《陈氏初中图画》(陈抱一)、《龚氏初中卫生》(龚昂云)、《李氏高中外国史》(李季谷)、《蒋氏高中新国文》(蒋伯潜)、《余氏高中本国史》(余逊)、《王氏高中本国地理》(王益厓)等。作者多是一些知名学者。如编写《李氏高中外国史》的李季谷（1895～1968），早年毕业于日本东京高等师范学校历史系，1929年留学英国剑桥大学研究院。曾任北京大学、北平师范大学、西北联合大学、中山大学、浙江大学教授，四川大学教授、史地系主任等，做过台湾师范学院院长，浙江省教育厅长。

1933年，世界书局根据新课程标准的要求出版了小学教科书一套，涵盖小学各课程。其标志性特点是教科书封面有"新课程标准世界教科书"字样。且科目上发生了变化，《社会》教科书细分为《社会课本—公民编》《社会课本—历史编》《社会课本—地理编》各四册。世界书局出版的新课程标准教科书，种类多、变化多，让人目不暇接。例如《国语》一科，同时有多种版本发行：朱翊新、魏冰心、苏兆骧等编的《世界第一种国语读本》，多行销于小城市和农村；魏冰心等编的《世界第二种国语读本》，多行销于中小城市；吴研因编著的《世界第三种国语新读本》，多行销于大中城市和海外。这三种教科书封面都有"新课程标准教科书"字样为标志。《世界第二种国语读本》和《世界第三种国语新读本》初小1～2册均出版有"五彩本"和"普通本"两种。另有朱翊新、杨振华编的春季始业《国语》，多行销于农村。1933年世界书局又出版了新课程标准"第一种"的其他教科书，包括初小社会、算术等。1936年教育部修订的课程标准颁布，世界书局修改了部分教科书。如"世界第一种教科书"之"国语读本"（初高小）出版了1937年版的修订版，其标志是封面上有"遵照教育部二十五年修正课程标准编辑""新课程标准世界教科书""世界第一种"等字样，容易区分。根据1936年教育部修订后的课程标准，世界书局出版和修订出版的教科书还有：《国语新读本（初高小）》《初小新常识》《新算术（初高小）》《高小新社会》《高小新社会—新公民》《高小新社会—新历史》

《高小社会—新地理》《高小自然》以及春季始业的《新国语》《新常识》《新算术》等教科书。这些教科书区分起来比较复杂，这是与教育部课程标准和计划的不断变更有密切关系的。

根据新课程标准的要求，商务印书馆于 1931 年 7 月开始陆续出版一套"基本教科书"13 种。蔡元培、何炳松、吴稚晖、吴研因等参与了该套教科书的编撰。其中初中国文教科书由陈望道等编写，他是《共产党宣言》第一个中文全译本的翻译者，是中国共产党上海发起组成员，并当选为中共上海地方委员会第一任书记，新中国成立后曾任复旦大学校长，为中国科学院哲学社会科学部委员，上海哲学社会科学联合会主席。"基本教科书"文图交融，贯穿教学理念，强调学生活动。如《常识（初小）》第四册最后一课《暑假到了》编排的课后活动是："想：学校里为什么要放假？做：①计划假期里的工作。②记载每天的天气。③记载本地的新闻。④搜集本地的特产。⑤搜集本地的图片。⑥调查本地人的生活。⑦访亲戚和朋友。⑧写信给先生和同学。⑨温习学过的功课。⑩帮母亲做事。"❶ 1932 年，在该套教科书的出版过程中，商务印书馆遭遇"一·二九"日本轰炸，损失惨重，部分稿子被毁。尽管很快恢复出版，但不能确定是否全部重新出版或当时没有来得及出版的是否都完整出版了，目前我们只看到很少几种中学"基本教科书"。此套教科书的封面也因此有几种设计，轰炸前出版的"基本教科书"封面是以学生们安详地读书为主要图案，轰炸后出版的教科书封面则都设计为断壁残垣状，唤起人们对这个日子的记忆，强化学生的爱国之心。

1932 年初的商务印书馆，一派欣欣向荣的景象，但灾难突然降临。1 月 28 日，日本突然袭击上海闸北，淞沪战事爆发。次日上午，日军飞机轰炸商务印书馆，位于宝山路的总管理处、编译所、四个印刷厂、仓库、尚公小学等皆中弹起火，全部焚毁。2 月 1 日，日本浪人又潜入未被殃及的商务印书馆所属的东方图书馆纵火，全部藏书化为灰烬。是时，浓烟遮蔽上海半空，纸灰飘飞十里之外，火熄灭后，纸灰没膝，五

---

❶ 计志中编纂. 基本教科书常识（初小第 4 册）[M]. 40 版. 上海：商务印书馆，1931：40.

层大楼成了空壳,其状惨不忍睹。最令人痛惜的是东方图书馆的46万册藏书,包括善本古籍3700多种,共35000多册;2600多种各地方志,共25000册,悉数烧毁,当时号称东亚第一的图书馆一夜之间突然消失,价值连城的善本孤本图书从此绝迹人寰,这不能不说是中国文化史上的一大劫难。有学者认为,圆明园被烧和商务印书馆被炸,是中国近代史上最令人痛心的文明悲剧,确有道理。在战火中成为废墟的商务印书馆在激愤中喊出"为国难而牺牲,为文化而奋斗"的口号,重整旗鼓,利用劫后余存旧纸型,重印"国难版"图书,编印"复兴教科书"。至1933年8月,整套小学、中学用的"复兴教科书"及教学法基本出齐。初中有教科书27种,准备书、辅导书14种;高中有教科书25种,指导书1种。整套书由王云五等主编,为该馆规模最大的一套教科书。以"复兴"冠于书名之前,其意义是不言而喻的。此套教科书有多种封面设计,总体上,小学阶段的封面以一群学生的活动——玩搭积木构建宏伟大厦(寓意复兴)的游戏——为主要图案,而间有变化。"复兴教科书"集中了一批出色的学者和编撰人员,如历史有吕思勉、何炳松等,国语国文有傅东华、陈伯吹等,周建人作为一个主创人员,编写了多种理科复兴教科书。

在"复兴"声中编写的这套"复兴教科书"普遍受欢迎,其中有些书一直使用到20世纪40年代。我们从版权页上能看到:《复兴国语》(小学初级第四册)1933年7月初版,同年8月就120版了,第五册到1935年6月达到365版;《复兴初中国文教科书》1933年9月初版,当年12月达到25版,1935年56版,《复兴初中公民教科书》1933年7月初版,同年10月达到60版,《复兴高中本国史》1934年初版,1946年72版,《复兴高中代数学甲组下册》1935年2月初版,1952年10月55版。

根据教育部颁布的修正课程标准,商务印书馆还编写出版一套中学"更新教科书",初中有本国史、生理卫生、本国地理、外国地理等,高中有化学上下册等。

中华书局从1933年开始编写出版中小学"新课程标准适用教科书",初等小学教科书的封面文字和图案均为绿色(但春季始业的为红色印刷,量很少),高等小学的教科书则为深蓝色,初中的为暗红色。

小学有国语、社会、地理、历史、算术等，初中劳作根据课程标准《劳作（工艺）》编写出版了藤竹工、土工、金工（上下册）、木工（上下册）共六本，对劳作教育非常重视。这套书的编撰者除了老资格的舒新城、朱文叔、黎锦晖、喻守真、金兆梓、陈兼善、吴在渊等人外，又吸纳了一批新人，比如凌瑞堂、喻璞、葛绥成、李儒勉、宋文翰等。凌瑞堂即大家熟知的著名女作家凌叔华。参与教科书编写的还有上海中学实验小学、苏州中学国语教材研究会以及一批教育和文学工作者。

该套教科书突出学生综合能力和探究能力的培养，要求并引导学生在做中学。如《（新课程标准运用）小学国语读本（初级）》第7册第1课《我们的一年计划》"我们入学三年，知识、能力逐渐进步，已经有许多事情会做了。现当第四学年开始，我们要有一个计划，规定在这一年之内，我们应该自动地做些什么事：甲，每人至少在课外读两本名人传记，两本游记，两本童话，两本儿童科学的书。乙，每人至少学会两种科学实验，一种乐器的演奏法。丙，每人至少每天写二十个小楷字没有一个写错。丁，每人至少要种一株树。戊，每人至少要做一件自己用的东西。己，每人至少要研究本地的一种农作物，明了他从播种到收获的经过情形。庚，每人至少要调查本地市面上的一种商品，明了他的产地、运输方法和价格。辛，每人至少要结交一个未入学校的小朋友，把自己认识的字、知道的事情告诉他。壬，每个人会替家中记账，替妈妈写信。癸，大家同去参加本地区公所、本县县政府，并到最近的地方法院，旁听一次。"❶从这一课中，我们可以大略知道，当时，学生的书面学习负担比较轻，但参与、动手、探究、服务等实践活动比较多。

1937年，中华书局又根据1936年的《修正课程标准》，推出了"修正课程标准使用—新编教科书"系列。该套教科书体现了三民主义要求，注重现代文明传播和日常生活需要，导引学生行为。如《新编初中公民》材料之选择，以既定之理论为主，尤为"注重孙中山先生的遗教"❷，第1册注重说明公民之意义、群己之关系、我国故有道德的意义以及实践新生活的规律，以养成学生立己合群的善良品性。第2册

---

❶ 朱文叔等.（新课程标准适用）小学国语读本（初级第7册）[M].40版.上海：中华书局，1934：1-2.

❷ 卢达编.新编初中公民（第1册）[M].17版.上海：中华书局，1938：1.

注重说明公民与政治和国家的关系、我国经济政治之现状，使读者明白自己应尽的义务和复兴民族的途径。第3册则注重地方自治，使读者明白地方自治的重要和基本知识，以培养其健全的公民资格。

在20世纪最初的20余年里，中小学教科书市场基本上由商务印书馆、中华书局和世界书局三大书局瓜分，从20世纪20年代末期开始，一些新书局闯入了教科书市场，这其中有名的有开明书店。开明书店成立于1926年8月，创办人章锡琛。开明书店拥有夏丏尊、叶圣陶、顾均正、赵景深、丰子恺、钱君匋、王伯祥、傅彬然、宋云彬、贾祖璋、周予同、郭绍虞、王统照、陈乃乾、周振甫等一批学者、作家，形成一支知名的编辑队伍。开明编出的教科书切合实际，其内容、编校、纸张、印刷、装订、装帧设计都十分讲究，很受欢迎。其中影响最大的当属叶圣陶和丰子恺合作的《开明国语课本》，以及林语堂编写的《开明英语读本》。

开明书店成立不久，为了独树一帜，在教科书市场有一个良好的开局，编撰出版了一些适合新学制的具有特色的中学课本，以期开教本的新纪元。"中等教育最重要的教科，首推国文英文算学"，开明书店编写出版的三人教本被"称第一善本。"❶ 到1930年已经出版有《开明活页文选》三百余篇，周为群、刘薰宇等编纂的《开明算学教本》7册，以及林语堂编纂、丰子恺绘图的《开明英文读本》3册，读本由外国文学故事、学生生活会话和习惯性词语与句式的系统练习三部分组成，内容丰富多彩，并由丰子恺绘制精美插图。此书出版后，全国各中学纷纷采用，取代了原来畅销的商务版《英语模范读本》，一直延续近20年。1937年，开明书店根据修正课程标准修正出版为林语堂的《开明第一英文读本》《开明第二英文读本》《开明第三英文读本》。

根据教育部1929年的暂定课程标准和1932年的课程标准，开明书店开始系统地组织编写和出版课程标准适用的教科书。有叶绍钧编写、丰子恺绘画的《开明国语课本》（初小八册、高小四册，1932年），顾均正、贾祖璋合编的《高小开明自然课本》（四册，1934年），王伯祥

---

❶ 周为群，刘薰宇，章克标，仲光然编著. 开明算学教本三角 [M]. 上海：开明书店，1929：广告页.

编写的《初中开明国文读本》（六册，1933年），周予同著《开明本国史教本》（1931年），戴运轨编著的《开明物理学教本》（1932年），还有《开明世界史教本》《初中乐理教本》《开明音乐教本乐理编》等。1935～1938年，开明书店出版由叶圣陶和夏丏尊编写的《初中国文科教学自修用国文百八课》。1937年，开明书店修正出版了一套"修正课程标准适用教科书"，包括由夏丏尊、叶绍钧编写的《初中国文教本》、傅彬然编写的《初中外国历史教本》、周予同编写的《初中本国史教本》《初中开明代数教本》《初中化学教本》《开明算术教本》《初中生理卫生学教本》等。这些教科书大多反复再版，个别教科书解放初期还在重印。其中叶圣陶（叶绍钧）编写、丰子恺绘画的《开明国语课本》颇具特色，是当时编写得较好的一种语文教科书。这套课本有初小8册、高小4册，课文全由叶圣陶亲自编写，丰子恺绘画，其中低年级的文字由丰子恺书写。课文全部是创作或再创作，适于儿童诵读和吟咏，语调切近儿童的口语，读来琅琅上口。初小用书于1932年开始出版，10余年内印了40多次，深受师生欢迎，1949年改名《幼童国语读本》。高小用书于1934年开始出版，1947年改名为《少年国语读本》，篇目有所更动。

20世纪40年代后期，开明书店又编写出版了一套"开明新编教科书"，包括朱自清、吕叔湘、叶圣陶合编的《开明新编高级国文读本》（他们三人还合编了《开明文言读本》6册），叶圣陶、周予同、郭绍虞等合编的《开明新编国文读本》（甲种6册、乙种6册，注释本甲种6册、乙种3册），贾祖璋编写的《开明新编初中博物教本》（3册）等，还出版了柳无忌、张镜潭等编写的《现代英语》（6册）。

大东书局于1916年创办，在20世纪30年代逐渐进入教科书领域。它最初编写出版了一些比较有影响的党义教科书，以及系列美术教科书，这方面可以说是它的特色。1933年，大东书局出版适应教育部新课程标准需要的小学《新生活教科书》一套。包括初级小学各科8册，高级小学4册。教科书封面设计新颖，以学生剪影为基本图案，让人印象深刻。这套教科书所选教材多与生活关系密切，合于儿童生活实际和心理发展需要。如《社会教科书》"第一、二册都用故事书，三、四两册也以图画为主，后四册亦尽量插入图画，图画活泼生动，前后联络，儿童极易领悟。本书文字第一、二册均可视为图画之标题，三、四两册亦以说明图画为主，以后逐渐增加，最多有二三百字，惟生字极少，语句明白浅显，相当程度之儿童大都能够自己看得懂"❶。书中"所有故事，均系新编，取材新颖有趣，足以引起儿童学习兴趣"❷。

正中书局创办于1933年，是国民党官办的出版机构。总局设在南京，负责人为陈立夫、吴秉常、叶溯中等，主要出版政治读物和中小学教科书及参考用书。由于受国民党政治上和经济上的扶持，它延揽了一批知名学者编辑包括教科书在内的各种书籍，其教科书出版业务迅速发展。1933年正中书局编写出版了一套适应1932年新课程标准需要的教科书，集中在中学阶段的各科课程。初中教科书封面设计多有孙中山肖像，且初版多有"遵照部颁课程标准编著"的字样。1936年，正中书局又组织编写和出版了针对1936年教育部修正课程标准的教科书，称之为"建国教科书"，仍然集中在中学各科。基本体例、内容、形式以及作者都与三年前适应新课程标准的教科书大体一致，可以看成是已出教科书的修订版。这些教科书的编者中汇集了一批名流，包括叶楚伧、陈立夫、何鲁、孟宪承、罗香林、周佛海等。1943年，正当教育部三令五申要求使用国定教科书，停止其他教科书的时候，正中书局却一家独行，编辑出版了"新中国教科书"。其封面都有"遵照三十年修正课程标准编著""新中国教科书"字样。

除了前面几家主宰教科书市场的大出版机构外，也有一些小型出版机构参与教科书的编写与出版。其中北新书局便是一个比较小但出版了若干教科书的书局。

北新书局于1925年成立于北京。它的创办人是李志云和李小峰兄弟，当时两人都在北京大学读书。北大教授鲁迅、周作人、刘半农、林语堂、孙伏园等人是书局的供稿人。据说当时共有16人为北新书局撰稿，除上述5人外，还有钱玄同、江绍原、章衣萍、王品青、韦素园、冯沅君、俞平伯、顾颉刚、李霁野、张定璜、章矛尘等。在众多著名作

---

❶ 王昧辛主编. 新生活教科书社会（初小第5册）[M]. 56版. 上海：大东书局，1934：1.

❷ 袁昂，杨士枥，傅章琰编. 新生活教科书社会教学做法（初小第8册）[M]. 上海：大东书局，1933：1.

家的支持下，北新书局的营业渐有起色。遵照1929年教育部所颁中小学课程暂行标准，北新书局开始编写出版教科书。1931年7月首先出版姜亮夫、赵景深编的初级中学《北新文选》6册，还有初中《北新化学》，初高中历史教科书等。1933年，根据新课程标准需要，出版了由李小峰、赵景深编写、周作人等校阅的《高小国语读本》4册，此书以青光书局的名义出版，这是北新书局的另一个名字。在北新书局的新课程标准教科书中，国语的主要编撰者是赵景深等，历史的主要编撰者是杨人楩等，唱歌等教科书的主要编撰者是钱君匋等。北新教科书的特点之一是其设计、装帧和印刷都比同时期多数出版机构的教科书精美。

这一阶段，课程标准日益强调了教科书的规范化，教科书越来越类似和接近，模式化成分加重。但各家书局开始不断出版适应课程标准变化的新教科书，种类多、变化多，教科书多样化发展的态势还是比较鲜明的。

四、国定本教科书的推行

抗日战争爆发后，中国的教育事业受到重创。政界和学界对于战争时期的教育何去何从意见纷纭，在大后方发生了一场关于战时教育方针的激烈争论。1937年8月，国民政府决定以"战时须作平时看"为教育工作总方针，颁布了"一切仍以维持正常教育"为主旨的《总动员时督导教育工作办法纲领》，提出"适应抗战需要，固不能不有各种临时措施,但一切仍以维持正常教育为主旨"❶。一方面采取了一些战时的教育应急措施,另一方面强调维持正常教育和管理措施。

1. 战时课程的调整

1938年1月,陈立夫接任教育部长,组织成立了战时教育问题研究会。1938年4月,国民党召开临时全国代表大会,根据陈立夫的提议,大会正式制定了抗战与建国双管齐下的战时教育方针,通过了《中国国民党抗战建国纲领》。关于战时教育,《纲领》强调"(二十九)改订教育制度及教材,推行战时教程,注重于国民道德之修养,提高科学的研究与扩充其设备"❷。陈立夫还主持拟定了《战时各级教育实施方案》,其中包括9大方针和17项实施要点。对于学制、学校迁移与设置、师资训练、课程教程、训育、军训、地方教育行政机构、教育经费、留学政策、最高学术审议机构、边疆与华侨教育、社会教育与家庭教育等,均作了具体规定。如"各级学校各科教材,应彻底加以整理,使之成为一贯之体系,而应抗战与建国之需要,尤其尽先编辑中小学公民、国文、史地等教科书及各地乡土教材,以坚定爱国爱乡之观念"❸。应抗战形势,小学课程在内容方面有所调整,加强了对儿童的民族意识教育及有关国防知识的传授,在中等教育中添设战时特种教材和实施后方服务训练。1940年,教育部修订和公布了高初级中学教学科目和时数表,修订"三三制"中学课程,并将初中分甲乙两组,甲组做就业准备,乙组做升学准备;高中也分甲乙两组,甲组侧重理科,乙组侧重文科。又在高中第三年设简易职业科目,供高中学生有意就业者选修。❹

2. 国立编译馆及国定本教科书

1925年,国立编译馆在北京成立。1927年南京国民政府成立,南

---

❶ 教育部教育年鉴编纂委员会编.第二次中国教育年鉴[M].上海:商务印书馆.1948:101.

❷ 荣孟源主编.中国国民党历次代表大会及中央全会资料(下册)[M].北京:光明日报出版社,1985:424.

❸ 中国第二历史档案馆编.中华民国史档案资料汇编第五辑第二编教育(一)[M].南京:江苏古籍出版社,1997:14.

❹ 陈立夫.回忆抗战期间的教育[M]//季啸风,李文博主编.教育史资料之一(特辑):台港及海外中文报刊资料专辑.北京:书目文献出版社,1987:60-63.

京政府教育部取代了之前的北京政府教育部，北京国立编译馆消亡。1930年11月，南京国民政府教育部提议建立国立编译馆，并于1931年经民国会议第六次大会通过。1932年5月教育部公布了国立编译馆组织规程十三条："本馆为发展文化促进学术暨审定中等以下学校用图书起见，特设编译馆"。其工作主要分为两部分：一是编译学术著作以及"卷帙浩繁非私人短时间内所能完成者"，编订学术译名；二是审查中等以下图书标本仪器以及其他教育学术用品。❶ 1932年6月国立编译馆成立后，辛树帜为第一任馆长。国立编译馆设编审、总务二处，编审处又分人文、自然两组。抗战爆发后不久南京沦陷，国立编译馆于1938年2月迁至重庆，1947年迁回南京。

抗日战争全面爆发以前，教育部在不断加强教科书审查力度的同时，开始着手国定本教科书的编撰工作，这是在1933年朱家骅继任教育部长之后开始的。❷ 可以说，抗战的特定形势名正言顺地拉开了国定教科书的大幕。

抗战时期，由于战局的发展，很多大学西迁，一大批知识分子聚集重庆，其中多数都是当时在各自领域颇有建树之人。他们受聘于国立编译馆，不少人参与了教科书的编撰，如潘公展、吴俊升、朱家骅、孟宪承、梁实秋、艾伟、胡颜立、陈布雷、陈果夫、黎锦熙、叶楚伧、钱穆、陈可忠、任美锷、顾树森、顾毓秀、陈鹤琴、陈伯吹、俞子夷等。

1933年行政院会议议决教育部自编中小学教科书，各种教科用书依据1932年颁布的《小学课程标准》编订以树模范。教育部拟将此项编辑工作分三期进行，第一期编辑目前中小学最需要之教科用书，如国文、算术、公民、历史、地理、自然等。预计1933年底完成1期工作，1934年起在全国颁布使用。1933年，教育部组织教科用书编辑委员会（后并入国立编译馆），特约一批专家执笔（有林文庆、孟宪成、梁实秋、李清悚等），开始编撰中小学教科书。十二月编成初小国语、算术、

---

❶ 中国第二历史档案馆．中华民国史档案资料汇编第五辑第三编教育（二）[Z]．南京：江苏古籍出版社，1996：198－199．

❷ 教育部教育年鉴编纂委员会．第二次中国教育年鉴第四编［Z］．台北：文海出版社，1986：355．

社会、自然四种稿本，交国立编译馆审查。❶ 但教育部自编中小学教科书的工作并没有按原定计划完成。到 1935 年的时候，此套教科书仍没有在全国颁布使用，但草本已经基本编辑完毕，并由国立编译馆进行审定修改。1935 国立编译馆奉教育部令修改部编小学教科书稿。❷ 此套教科书终于在 1936 年陆续完成。后来教育部给蒋介石汇报关于这次部编教科书情形时提到："二十五年间着手编辑小学各科课本，用作书商编印教科书之规范，亦为国定教科书之嚆矢。至二十六年而教本完成，交由各大书局承印。"❸

1937 年全面抗战兴起，情势变更，课程教材需要重加厘定，以适应时代要求。因此部编小学教科书承印书局中止印行，当时所出版的只有高小实验国语教科书四册，初小国语教科书三册，初小高小算术及高小自然教科书各一册。❹ 此外，民间出版机构的消极对抗也影响国定教科书的发行，"教科书编成之后，由于教育部缺乏印刷发行机构，各书局自然不可能舍弃自己编辑的教科书来发行国定本教科书，此次编撰的国定本教科书在抗战以前未能印行"❺。需要澄清的是，这里所谓的国定教科书实际上就是部编教科书，而且并不是完全没有印行，如前所述，还是有一部分教科书得以出版发行。其实，所谓部编教科书大致分三部分：一为自编，由国立编译馆专任编审担负；一为约编，有若干科目，由该馆特约国内有名学者编纂；一为征编，即另有若干科目，由私人编辑，经教育部征选。由于部编教科书由国立编译馆做了大幅度的修改，因此教科书的版权页署名为"国立编译馆编纂"。现在查到最多的是由商务印书馆出版印刷的教科书，出版时间大约集中在 1936 年到 1937 年。

---

❶ 王云五. 岫庐论教育 [M]. 台北：台湾商务印书馆，1965：174-175.
❷ 申报馆. 教部编辑小学教科书之积极. 申报影印本（329 册）[Z]. 上海：上海书店，1985：127.
❸ 中国第二历史档案馆. 中华民国史档案资料汇编第五辑第二编教育 [Z]. 南京：江苏古籍出版社，1997：495.
❹ 魏冰心. 国定教科书之编辑经过 [J]. 教育通讯复刊第一卷第六期. 南京：正中书局，1946（5）：14.
❺ 教育部教育年鉴编纂委员会编. 第二次中国教育年鉴 [M]. 上海：商务印书馆，1948：355.

1938年，国民政府中央颁布《抗战建国纲领》，其中第四部分"教材"中规定，"各级学校各科教材与所用之教科书，为教学时最重要之工具，故对于教材之选择与教科书之编订，实与训练师资同样重要，今后各级学校所用之各科教材与教科图书，国家应另定专款，聘请有名学者及有教学经验之专家及教师从事搜集与整理，继之以编辑，以为教学时之工具"。按照建国纲领对于教科书的具体要求，"小学教科书及中学、师范用之公民、国文、历史、地理教科书，应由国家编辑，颁布应用"❶。在政策上明确了国民政府对部分科目教科书实行国定制度。

通过《抗战建国纲领》，政府日益强化对教科书的统一。1942年1月教育部中小学教科用书编辑委员会并入国立编译馆，改称教科用书组。蒋介石在1942年5月致函教育部长陈立夫，"以后凡中小学教科书应一律限期由部自编，并禁止各书局自由编订"❷。为了编写国定本教科书，国立编译馆成立各科教科书编审委员会，聘定主任委员及编审委员，负责教科书的撰写。

1942年秋天，初小国语常识课本第一至四册完成，交由正中书局出版，成为暂行本。❸ 国立编译馆的小学国语常识教科书由于是全新形式的国语、常识的合编本，编辑的时候非常审慎。前四册编完之后立即在学校进行试验教学，并随时收集反馈消息进行修改。后四册的暂行本要稍微晚一些。1943年上海商务印书馆出版过所谓的初小国语常识课本"标准本"。国定本教科书开始出版发行后，1943年6月16日国民政府教育部发布训令（第二八五零零号），❹ 规定"自三十二年度第一学期起中小学应分别采用国定本教科书"，"为实现全国中小学采用统一教材并谋印刷便利供应普遍起见，业根据新颁布课程标准分别编选中小学各科教科书国定本陆续交正中、商务、中华、世界、大东、开明、文通等七大书局联合组成之'国定中小学教科书联合供应处'。1943年

---

❶ 中国第二历史档案馆.中华民国史档案资料汇编第五辑第二编教育［Z］.南京：江苏古籍出版社，1997：28.

❷ 中国第二历史档案馆.中华民国史档案资料汇编第五辑第二编教育（一）［G］.南京：江苏古籍出版社，1997：458.

❸ 魏冰心.国定教科书之编辑经过［J］.教育通讯复刊第一卷第六期.南京：正中书局，1946（5）：15.

❹ 教育部总务司.教育部公报［J］，1943，15（6）：56.

第一年度起初小国常各册、高小国语、公民、历史、地理、四科各第一册及初级中学公民、国文、历史、地理四科各第一册均应改用国定本。"国定中小学教科书正式被政府公布采用。

1943年教育部训令（第五一七四零号，1943年10月20日），❶"令自国定中小学教科书各科各册出版后各书局编印之版本一律停止发行"。1943年11月8日教育部再次发布训令（第五四一八号），规定"查中小学教科书前经本部交由国定中小学教科书联合供应处统筹印制负责普遍供应，并由加入联合供应处之七家书店分人经售，各学校应一律采用。自三十三年一月份起中小学各科各册教科书已有国定本者各学校应一律改用国定本，所有各书局以前编印之版本不论其尚在审定有效期间或已过审定有效期限或曾经核准发行或尚未经审定者均一律停止发行"❷。

目前统计，国立编译馆国定本教科书共11种，其中初级小学2种，高级小学5种，初级中学4种。当时，由于条件艰苦，国定本教科书的印刷纸张并不统一，所见有上海白报纸本、重庆白报纸本、北平片艳纸本、成都嘉乐纸本等，其中以上海白报纸本为最多。从七联处与教育部的来往文书中可以看出，在七联处发行体制推行一年之后的1944年，七联处的供应范围仅限于全国13省251县市，未能依照合约满足全国各省市的需要。❸ 为使国定本教科书在这些地区能够得到推行，教育部只好特许湖南、浙江等省教育厅有就地翻印的权利。❹ 在教科书实物中，我们还发现有"奉江西省政府教育厅特准仿印"，四川省、甘肃省奉"教育部特许印行"，以及陕西、湖北等地被教育部特许印行的国定教科书。而且，一些地方由于缺乏教科书，国家的管理也没有完全跟上，部分书局还是悄悄地翻印以前自己（甚至他人）编写出版的教科书，以供学校急用。

1945年抗战胜利后，教育部长朱家骅督导重新修订课程标准，

---

❶ 教育部总务司. 教育部公报 [J], 1943, 15 (10): 37.
❷ 教育部训令 [J]. 教育部公报, 1943, 15 (11).
❸ 教育部司函: 1944 - 02 - 17 [B]. 南京: 中国第二历史档案馆（5 - 1300 - 10）.
❹ 教育部指令: 1943 - 09 - 17 [B]. 南京: 中国第二历史档案馆（5 - 1299 - 36）. 教育部电: 1944 - 01 - 15 [B]. 南京: 中国第二历史档案馆（5 - 1300 - 5）.

1948年12月课程标准颁布。❶ 但国统区再也没有机会根据这次修订后的课程标准重新编撰教科书了，只是不断翻印或对原教科书进行微调。

1945年8月，教育部颁布了战后教育复员紧急办法，其中规定"各级学校教科书，应与各大书店印刷所接洽印行国定本，并可采用战前审定本。对于收复区学生予以正确思想之训练，并销毁敌伪教科书及一切宣传品"❷。1946~1947年期间国定教科书普遍经历了一次甚至几次修订，原因是国定本教科书很多都是在抗战时期编订的，其中一些抗战内容已经不能与新的时代背景相吻合，不能适应建设时期的需要，"抗战胜利以还，情势迥异，各教本又加审定，删除抗战教材，而增编建国教材以代之，是为胜利后修订标准本"❸。小学教科书的第一次修订是1946年，初中教科书修订时间稍晚。修订稿的封面几乎一律署名为"国立编译馆编""国立编译馆主编"，且均有"教育部审定"字样。第一次修订幅度比较大，第二次修订主要是在印刷方面的勘误，❹ 内容上并没有太多改动。

教育部与"七联处"订立的合约1947年到期，因此，1947年2月教育部颁布了《印行国定本教科书暂行办法》，规定自1947年7月1日起，各公私印刷机构均可申请印行国定本教科书。国定本教科书放开由各书局申请承印，不再由七家出版社专营，使得教科书的外貌发生了很大变化。开放印行的效果明显，"承印者踵趾相接，均能适时供应，已无复书荒之虞，且以各书局相互竞争，不仅印刷清晰，内容精良，而定价亦可廉于他书，嘉惠学生，诚非浅鲜"❺。这导致抗战结束后国定教科书的修订本有一个最明显的特点，即封面设计丰富多彩，甚至同样的

---

❶ 申报馆. 教部修订课程标准小学部分下月正式公布. 申报影印本（398册）[Z]. 上海：上海书店，1983：621. 申报馆. 教部修订公布中学二课程标准. 申报影印本（399册）[Z]. 上海：上海书店，1983：480.
❷ 收复区教育复员教育部颁发紧急办法[N]. 中央日报，1945-08-26.
❸ 魏冰心. 国定教科书之编辑经过[J]. 教育通讯复刊第一卷第六期. 南京：正中书局，1946（5）：15.
❹ 申报馆. 大量供应三十六年修订本国定本初高级小学教科书. 申报影印本（394册）[Z]. 上海：上海书店，1983：155.
❺ 魏冰心. 国定教科书之编辑经过[J]. 教育通讯复刊第一卷第六期. 南京：正中书局，1946（5）：15.

教科书，有完全不同的封面及不同的图案。这些封面色彩纷繁的教科书构成了国民党政府在大陆发行的教科书的最后一道风景。

在开放国定本教科书版权的同时，国立编译馆重新开始了各书局自编教科书的审定工作，如在1947年内"审查小学用书45册，中学用书84册，师范用书2册，职业用书15册，及补充教材与参考书26册，共计172册。凡内容适合部颁课程标准、编制优良、文字清顺、图书正确者，教科书准予审定，参考书准予发行"❶。这意味着，国定教科书的权威已经悄然减弱，允许民间编撰教科书投入使用。

抗战结束后国民党忙于内战，教育发展乏善可陈，在教科书上面也没有什么建树。学校主要使用的是原国统区的国定本教科书，以及各书局在战前编辑出版、适当修订后出版发行的教科书。

五、战时教科书

1938年8月，蒋介石在中央训练团第一期毕业典礼会上的演讲中说："过去我们一般学校只重在教授外国文和理化、数学等功课，对于史地教学，教师与学生都不知注重。虽有这两门科目，或是偏重世界部分的讲授；或是与世界部分相并列；从来没有以本国为中心而讲授世界的史地；也没有特别充实本国历史、地理的教材内容。至于语文、音乐各科中应采用本国史地为中心材料，更为一般教师所不曾注重。……忘

---

❶ 陆殿扬. 战后两年来的国立编译馆［J］. 中华教育界,（复刊）第2卷第2期: 15.

记了本国的历史，忘记了自己的祖先，忘记祖先所遗传下来的固有的疆土！"❶ 教育部长陈立夫在《抗战二年来之教育》中指出"师资之亟宜造就，教材之必须充实，训育之有待改进，建教之应事统筹"❷。在这一背景下，战时教育、战时教科书都进入了实际操作阶段。当时，关于战时教育的改进注意到以下内容："其一，变更原有学科的教学时数，抽出时间教授战时新教材，诸如军事常识、救护常识、防御常识、消防常识、国际关系、群众指挥法等；其二，加设特殊学科，诸如国民训练、民众教育、中国地理险要、日本侵略史、日本外交史、日本政治大纲、军事化学、生物学与国防、军事工程等；其三，改进每门课程本身的内容，小学要注意激发儿童抗战情绪，培养儿童社会知识，灌输儿童战争常识；中学在国文、地理、历史、美术、劳作等课程上都要作适当改进。"❸

为了适应战时的需要，各地补充许多战时教科书。如特种教育社编的《战时国语读本》，供初级中学及高级小学在抗战时期补充国语科之用，内有抗战名画5幅。1938年陕西蓝田启明书店出版有谢国度编著、缪育南等校订《战时初中本国地理》两册（修正课程标准适用）。1942年，上海启明书店出版谢国度编著《战时高中本国地理》三册。1938年，山东省教育厅小学教材编审委员会出版了一套战时教科书，"共编初高级小学教科书全套56册，以印刷所限，仅排印《初级国语》8册、《党义》8册、《算术》6册，《高级国语》4册、《公民》4册、《历史》4册、《地理》4册、《自然》4册，《算术》4册，共计46册"。各科课本，均就原有教科书，稍加删节，并增加一部分抗战材料编辑而成，以适应战时之特殊需要。"因内地印刷困难，除初小一二年级的用插图外，中高级概行从略。"❹ 该套战时教科书由"山东省政府审定"，"山东省教育厅小学教材编审委员会编审"，其中有些没有特别标志出"战时"二字。这套教科书各科稿本自1938年7月5日开始编辑，26日开始审

---

❶ 蒋介石. 革命的教育[G]. 蒋委员长言论类编·文化教育言论集. 南京：正中书局，1941：209.
❷ 陈立夫. 抗战二年来之教育[M]//秦孝仪主编. 中华民国史料丛编·战时教育方针.
❸ 熊贤君. 论战时教育思潮与战时教育的发展[J]. 民国档案，2007（3）：108.
❹ 山东省小学教材编审委员会编审. 战时国语读本（初级小学第8册）[M]. 山东：荣城文化书店，1938：封3.

查，8月1日审查结束，时间非常短暂。所见最早的"战时教科书"是1938年8月出版，多为1938年9月及以后出版。由于出版后允许翻印，所以发行较广，不少地方都有仿印。在正规学校教科书之外，各地还编写了一些战时读本，兼供民众训练、小学校和民众学校学生和大众阅读。其中影响比较大的有教育部教科用书编辑委员会编《战时补充教材高中国文》（全一册），有生活书店的《战时读本》（初级全四册，1937年初版），有商务印书馆的《战时常识》（小学补充教材，低年级、中年级、高年级用共三册，1937年初版，沈百英等编辑）和《社会科战时补充教材》（中学适用，1938年，平韦卿编）、《自然科战时补充教材》（中学适用，1938年）、《（中学适用）国文教科书战时补充教材》（王寔主编，1938年初版）、《（高级中学）国文科战时补充教材》（汪馥泉主编，1939年）、《体育科战时补充教材》（中学适用，1940年，黄金鳌编著），北新书局的《战时高小文选》（四册，杨晋豪编，1938年初版）和《战时初中文选》（修正课程标准适用，赵景深编，1938年初版），新知书店的《战时国文教材》（上下册，中学生用，秦柳方编，1938年初版）、《战时国民读本》（通俗读物编刊社编，陕西省教育厅审订和发行，六册，1938年初版）、《四川省战时民众学校课本》等。为了强化抗战气氛，达到宣传效果，这些课本的封面设计都极富战争特色，满足了对学生和民众宣传的需要。1938年，应战时之需要，供抗战时期中学教学之用，商务印书馆出版了平韦卿编《（中学适用）社会科战时补充教材》，"特就中学各科性质之相近，尽量补充切要之教材。并为教学便利计，分编为社会科及自然科战时补充教材各一册"。社会科包括公民、历史、地理三编；自然科包括卫生、化学、物理三编。"公民方面，注重精神训练、国际关系、战时经济；地理方面，注重太平洋形势、欧洲形势及日本作战力等；卫生方面，注重战时救护、军事看护、战时医药常识等；化学方面，注重火柴、照明、烟幕、毒气等；物理方面，注重兵器、防空及战地工程等。"❶

1931年"九·一八事变"后，随着日本侵华加剧，民族危机日益

---

❶ 平韦卿编.（中学适用）社会科战时补充教材［M］.再版.长沙：商务印书馆，1938：1.

深重，国民政府加紧实施国防教育。当时，席卷全国的"国难教育思潮"在全国掀起了抗日救亡运动，国防教育取得较大进展。1935年12月，宋庆龄、沈钧儒、邹韬奋、陶行知、李公朴等发起成立上海文化界救国会，拟订了国难教育方案。1936年1月，国难教育社成立，在《国难教育社工作大纲》的16项工作要点中有"出版大众国难读本、各级学校国难补充教材"❶。正中书局1940年出版的俞子夷编写的国防算术课本一套，很能够体现前述国防教材的要求。该套教科书为乡（镇）中心学校以及保国民学校而编。其编写与出版意图非常清晰，"我们编的时候，完全拿极平常的环境作对象。国防是广义的，我们注重两方面：一是军事方面的国防，一是建设和物质方面的国防。"虽然说是以平常环境为对象，但其大量内容指向抗战特殊环境，甚至指向军事方面的抗战与国防。比如，每册有一个中心，第六册的中心是：野战、空战、海战的表演。具体来看，①野战——进位的加法、退位的减法；②分队——乘数一位的进位乘法；③子弹——乘数一位的进位乘法……❷

在中国现代意义教科书的发展进程中，从清末到民初，各家书局的教科书基本上是优胜劣汰。自20世纪20年代后期开始，国民政府为了树立自己在人民心目中的威信，加强对教科书的管理，要求教科书要谨遵三民主义教育宗旨，至此教科书担负起了规训者的角色，反映了国家政治对教科书的介入。这一阶段的教科书发展基本稳定，模式化非常明显，但其编制不断成熟，达到了比较科学化的程度。本阶段教科书的特点是：教科书全面体现三民主义的宗旨，政治色彩浓厚，权力控制加强；教科书关注生活实际问题，强调采用最新材料；教科书设计的认知策略比较合理，编制力求生动活泼；教科书注意提供教学拓展空间，引文注释规范；各大书局吸引了一大批知名学者参与教科书编写；参与教科书编撰的各家书坊基本稳定，各有其市场份额。抗战兴起后，国民党政府通过行政命令强制推行国定教科书，中国政府启动了近现代教育史上第一次严格统一全国中小学教科书的行动。自此以后，学校使用的教

---

❶ 熊贤君. 论战时教育思潮与战时教育的发展［J］. 民国档案，2007（3）：105
❷ 俞子夷编著. 国防算术课本（初级第6册）［M］. 南京：正中书局，1941：封2.

科书逐渐被中央主管部门编写的教科书取代，民间书坊教科书日益退出。（国统区教科书以亲历性和体验性特征，较为完整地保留了战争本身具有的残酷。在教科书的平实文字中，也烙刻着国家政治介入教科书的深深印迹。）

第二节　伪政权下的教科书

在沦陷区，日本侵略者先后扶植建立了"伪满洲国""汪伪国民政府"等傀儡政权，他们先是废止、删改教科书，然后重新编撰出版伪国定教科书。大肆利用教科书捏造事实，篡改历史，运用"忠孝"思想来泯灭民族意识，混淆侵略者身份，宣扬侵略有理，推行奴化教育。

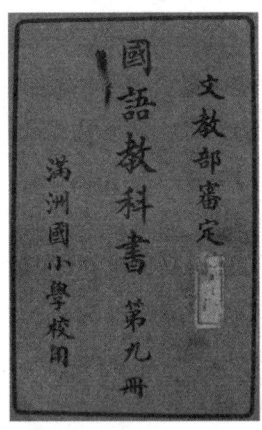 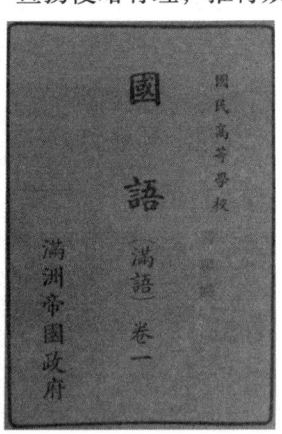

一、伪满洲国教科书

1931年，日本发动"九·一八"事变并占领了中国东北。1932年3月，在长春扶持清朝废帝溥仪建立了伪满洲国傀儡政府，定年号为"大同"。1934年改国号为"满洲帝国"，称皇帝，改年号为"康德"，统治现今的辽宁、吉林、黑龙江三省，直到1945年日本投降。学校是伪政府实行思想奴化的重要阵地，对学校教育尤其是教科书进行渗透、管理和控制，被伪政府视为一个不可或缺的重要手段。伪满洲国时期，中小学教科书的编写和使用完全为其推行奴化教育服务。日伪政府对教科书的管理与控制首先体现在对教科书的编审及出版发行的控制上。

1. 早期严格删改和审定教科书

这一时期伪满洲国教科书的最大特点是，控制来自国统区的教科书，对教科书实行严格的审定，学校使用的多是临时教科书。国统区教科书中大量关于"三民主义"思想和激发人民抗日意识的内容，不利于伪满洲国的奴化统治，要立刻予以禁止。同时，符合其奴化统治需要的教科书也需要一定时间编辑。因此，伪满政府采取了严格的教科书删改与审定制度，这一做法大约持续到1934年。

"九·一八"事变后，关东军命令"南满洲教育会"教科书编辑部立即采取"应急编纂，应急改订"措施，对历史、地理教科书进行"大改订"。日本关东军在《自治指导员服务心得》的秘密文件中发出"排日教材要断然铲除"的密令。❶ 随后，率先成立的伪奉天省政府于1932年2月28日下发有关"小学教授科目及教科书"的暂行办法，删除三民主义和公民两科，新设修身一科。并要求对教科书"与时势不合处"加以删改，强调"一切课程不得稍含排外材料"。该文件附发了教科书删正表，具体列出了各科教科书需要删改的内容，并且规定，"如教员教授时发现字句间仍含有排外意味者得随时酌量改正之；各科书内关于各种制度与名词以及我们、我国等字样有与时势不合者，得由教员随时订正之"，"必须彻底普及王道主义，民族协和的建国精神和日满融合之观念，倾注日本文化，排挤三民主义和共产主义，弹压赤化侵略……"❷。

1932年伪满洲国成立之后，日本关东军的《满蒙建国论》提出：新成立的"满洲共和国政府文教当局必须严格选择教材，利用教材宣传满蒙自成一体的历史和日满关系的密切，以新的国家观念武装国民的头脑，普及日语，加强对日本文化精髓的理解，形成对日本的敬爱之情，应当成为新国家教育的首要任务，新国家要直接控制教科书的发行"❸。这一提议成为日后伪满教科书编撰、发行的指导原则。伪政权从伪国务院令第二号起，接二连三地下发训令，要求清查、废改学校原来使用的中国教科书。1932年4月，满洲国国务院令第二号《各学校课程令用

---

❶ 地形浩平. 自治指导部的回忆 [J]. 满洲行政. 1939. 6.
❷ 武强. 日本侵华时期殖民教育政策 [M]. 沈阳：辽宁教育出版社，1994：11.
❸ 齐红深. 伪满洲国教科书的演变 [J]. 教育史研究，2009 (1)：38-42

四书孝经讲授之件》公布："以后各学校课程应教授四书孝经，以崇礼教。凡有关党义教科书等一律废止"❶。1932年6月，伪民政部又发布《取缔排外教材之件》："为令遵事，查我国肇造已届三月，各地学校主办人员间存尚未洞悉建国精神，仍蹈三民主义覆辙、滥用排外教材，甚至有揭扬青天白日旗帜、侮辱国体情事。应由各省区长官及特别市长转令主管教育官厅，严饬所属各市、县教育局，今后务须贯彻政府建国宣言之精神。对于排外教材，切实取缔，以一民志，勿得任意妄为，淆惑观听，除分行外，合亟令仰遵照。切切此令"❷。伪满政府民政部公布《关于废止三民主义党义等之教科书之件》："为遵令事，案查关于废止三民主义党义及其他与新国家建国精神相反之教科书或教材等项，业经通令遵照在案。兹新国家建设伊始，对于是项禁令，亟应严切实行，以符定制。仰该厅署督饬所属各学校认真实行，勿稍疏忽。并将中等学校用教科书删正表迅即呈部一份，以凭考核。除分行外，合亟令仰该厅署即便遵照办理，并录令呈报省长官公署备查。勿违，切切此令！"❸ 这些训令措辞之严厉前所未有。据日伪当局的不完全统计，仅在1932年3月至7月的五个月中，就焚烧书籍650万余册。❹ 1935年，伪文教部审查明令各校"绝对禁用"的"不认可教科书"多达156种❺，包括修身、教育、国文、英语、历史、地理、数学、自然科学、法制、经济、商业、农业等各类。

这个时期，因为还来不及编写国定教科书，所以伪满采用的多是审定教科书。伪民政部训令指出"关于编纂各种教科书，现已由文教司着手进行，预期将永久适用之教科书从速编成。但在此编纂期间，如采用她处所编纂者，或者各省制定教材编纂临时教科书时，得须是为暂定之

---

❶ 武强主编．东北沦陷十四年教育史料（第1辑）[M]．长春：吉林教育出版社，1989：349.

❷ 辽宁省教育志编纂委员会．辽宁教育史志（第3集）[M]．沈阳：辽宁大学出版社，1990：284.

❸ 辽宁省教育志编纂委员会．辽宁教育史志（第3集）[M]．沈阳：辽宁大学出版社，1990：284.

❹ 王桧林主编．中国现代史（上）[M]．北京：高等教育出版社，1988：224.

❺ 齐红深．伪满洲国教科书的演变[J]．教育史研究，2009（1）：38-42.

性质。唯无论属于何种决定时，均须经本部之审定"❶。从版权页看，审定通过的教科书主要来自两方面，一是署名为"奉天教育厅图书编审委员会编撰"，出版和发行者均为"奉天省教育厅"，出版时间多在"大同"年间，即1932～1934年3月间，部分延续到"康德"年的早期（1934年3月起），封面设计有"文教部审定""满洲国小学校用"等字样；二是署名为"南满洲教育会教科书编辑部"，出版时间有日本纪年，也有伪满洲国纪年，印刷所多为"株式会社"。其中前者是后者的改写。后者是日本在南满洲铁道附属地实施殖民教育时的教材，贯彻了王道思想，符合日伪的要求，因此被大多数学校采用。另外，兴亚印刷局也编辑出版和发行了少量教科书和参考书。

2. 全力编撰国定教科书

在严控国统区教科书、严格审查已有教科书的同时，伪满洲国非常重视编撰自己的国定本教科书。伪满洲国一成立就明确了教科书国定制，"鉴于教科书在教育上的极端重要性，本部已树立起要求各学校在教学上都使用国定教科书的制度，从而使国民明确五族协和和王道乐土的理想，并加以贯彻。故由大同二年（1933年）即着手编纂"❷。1933年4月制定了国定教科书的编纂计划：中学校教科用书作为重点列为第一次编纂科目，第二次是编纂小学校和其他学校的教科用书，第三次计划编纂除以上之外的教科书。

1932年7月上旬，伪国务院公布了《教科书编审委员会官制》。7月25日伪文教部成立并同时组建了教科书编审室，由日本人岩间德也主持。此时教科书的编撰必须以孔门四科（德行、言语、政事、文学）为原则，以"深刻认识日本帝国而确实理解日满不可分之关系，以期复兴礼教，振兴东洋道德"为主要内容，❸ 竭力宣扬"王道乐土"思想。

1932年伪满洲国逐步完成公学堂、普通学堂、中学校共10个学

---

❶ 武强主编. 东北沦陷十四年教育史料（第2辑）[M]. 长春：吉林教育出版社，1993：597.

❷ 辽宁省教育志编纂委员会编. 辽宁教育史志第3集 [M]. 沈阳：辽宁大学出版社，1990：284.

❸ 武强主编. 东北沦陷十四年教育史料（第1辑）[M]. 长春：吉林教育出版社，1989：103.

科、129卷（册）教科书和教学参考书的编纂。为了缓减东北沦陷区学校接受这些教材的情感阻力，日本关东军又令伪奉天省教育厅成立图书编审委员会，对上述教科书进行改头换面的加工，成为署名为奉天省教育厅图书编审委员会编纂的另一套教科书。这两套教科书相比较，后一种只是在某些学科中加了一些经学、孝经等中国传统文化内容，而直接灌输日本殖民思想、意图的历史、地理教材的内容基本一致。1932年6月，伪满洲国民政部发布"训令"，把提前准备的"南满洲教育会"所编的"学堂教科书"（22册）和"奉天省公署教育厅"所编的"暂定教科书"（32册）作为"应急措施"，定为小学教科书，1932年9月起采用。这两套教科书使用至1934年9月。

第一期"国定"教科书于1934年9月发行，第二期"国定"教科书则于1935年12月编纂完竣，共计22种39册。1937年6月，第三期编纂出版了教师使用的小学校教授书7种14册。至此，第一、二、三期"国定"教科书共计44种85册，小学校教科书基本编纂完毕，但中等学校用教科书只完成一部分。因此，伪文教部又提出"要求帝国教育会迅速编纂，经本部审定后，作为审定教科书予以发行，以补充国定教科书的缺漏"。文教部未直接编纂的初级中学、高级中学及师范科目教科书，由伪满洲帝国教育会编纂，文教部审定通过。其中初级中学有算术、代数、几何、生理卫生、矿物、物理、化学、农业、商业、女子家事，高级中学有国文、修身、英语读本、英语文法、代数、几何、三角法。❶ 于1936年3月发行。

小学校的国定教科用书编纂业已完成，加之由帝国教育会编纂的审定教科书的发行，中小学各科教科用书已基本配备完备。于是，伪满文教部于1936年1月发布了《国民学校教科书采用之件》训令，对教科书的选用进行了规定，凡是中小学有国定教科书的学科，"必须采用"国定教科书，无国定教科书的科目，"需采用教科书时请文教部大臣批准"❷。

---

❶ 武强主编. 东北沦陷十四年教育史料（第1辑）[M]. 长春：吉林教育出版社，1989：376-377.
❷ 武强主编. 东北沦陷十四年教育史料（第2辑）[M]. 长春：吉林教育出版社，1993：159.

3. "新学制"教科书

日伪统治者为使教育更大程度地为其统治服务，以"不惟不适合我国之国情，抑亦不合时代的趋势"为由，❶ 对东北原有学制进行改革。1937年5月2日"新学制"公布，1938年1月1日起正式实行。新学制的全部学程由初等到高等教育（六四三制）共为13年，与东北旧制（六六四制）相比整整缩短三年。新学制公布后，民生部公布了《各级学校规程》，对各级各类学校的课程设置和教学内容均做了规定。旧学制下中小学教育中设置的修身、经学等必修课，现已全部改变，小学将其改为国民科，中学则将其改设为国民道德科。不仅如此，还将《语文》改为《满语》，《地理》改为《满洲地理》，《历史》改为《满洲历史》，强调东北之于中国版图的相对独立。女生课程则以《家事》《手艺》等为主；并规定日语为各级学校必修课，不及格者不得升级。还设立大批日文专修班、日文夜校，遣派和保送留日学生。日本史课要"讲授建国的宏远，皇统之无穷，历代天皇之宏业，忠良贤哲之事迹及举国奉公之史实以及以天皇为中心的东亚历史的大要"，满洲史课要"使其知道我国历史的概要，具体地感受国体的本义，以贯彻感谢皇恩之诚意"❷。

"新学制"使伪满教育表现出彻底的殖民地教育特点。它缩短了修业年限和学程，增加精神教育、劳作教育和实业教育课时。❸ 进行以实业教育为主的中等教育，目的是在短时间内为日本侵略者培养大量急需的劳动力，从而满足其进一步扩大侵略战争和进行野蛮的经济掠夺的需要。新学制强调"实务教育"和"实业教育"，实务科的教材数量大大增加。把日语列为"国语"，把中文改称为"满语"。明目张胆地消解中国语言文字的中心地位，妄图逐步用日语完全取代中文。伪满洲国文教部早在1936年1月就通令各地，"小学课程标准统一，日本语得由初级小学校第一学年教授之"。1936年3月，伪满洲国文教部发布训令，在学校强制普及日语，以进一步实行奴化教育。1937年，奉天省统一

---

❶ 阮振铎. 关于新学制之公布 [J]. 满洲教育, 1937, 3（6）.
❷ 顾明义等编. 日本侵占旅大四十年史 [M]. 沈阳：辽宁人民出版社, 1991: 482.
❸ 星野直树. 教育之再认识. 伪满洲国帝国教育会, 1939: 10.

规定：增加高级中学和初级中学的日语时数，其高中部的课时数每周可达10小时。1937年"新学制"公布后，日语教育日趋强化，并正式规定日语为"伪满洲国"的"国语"。日伪当局要求日语教师"在教授日本语时，不仅练习语学，更须使学生体认日本精神及风俗习惯"❶。所以这一阶段编写出版的日语教科书比较多。

按照"新学制"的规定，伪满政府民生部对中小学教科书的编纂重新制订了计划，并对教科书的采用问题作出如下规定：

本部于康德四年新学制之预定公布同时，即着手树立新教科书编纂准备之具体方案，即以对于初等、中等及师范各教育必要之教科用图书。自康德四年至康德八年间由旧制移向新制时，其中学校第一学年用书，逐次于其需用之前一年编成为原则。于新学制实施当初所编纂之教科书，概为下列二种：

一、有民生部大臣著作权之教科书（国定教科书）二、经民生部大臣检定之教科书（检定教科书）亦即前者所属教科书为初等教育之教科书、教授书，以及中等教育、师道教育的国民道德科教科书与满语为国语科教科书；后者则为中等教育及师道教育各学科用教科书。❷

此时期伪满政府开始实施国定制和检定制并行的教科书编审制度。伪满政府所说的检定教科书是指由选定的教师进行编纂，并经过伪满洲国政府审查的教科书。这种所谓的检定制实质上是审定制中的一种，"教科书之检定，虽由各该图书之著作者或发行者于检定申请时而行之，但鉴于我国之诸种情形，难期如若日本之自发的检定申请。故由本部选定直辖学校职员及其他之教科书编纂适任者，怂恿其编纂之。更对于其承诺者予以编纂及发行上之诸种便宜，以期检定申请之诱致"❸。检定教科书主要为中等学校、师道学校使用的自然科学教科书，多由民生部指定专人编纂。检定教科书在内容的控制上与"国定"教科书并无区别。根据伪满"新学制"精神，伪满洲国政府预定编纂国定教科书106

---

❶ 文教部编．文教月报，第21号：20.
❷ 武强主编．东北沦陷十四年教育史料（第1辑）[M]．长春：吉林教育出版社，1989：70.
❸ 武强主编．东北沦陷十四年教育史料（第2辑）[M]．长春：吉林教育出版社，1993：222.

种 361 卷，而应刊行的检定教科书，则预定为 124 种 186 卷。这一时期，根据调整后的各级各类学校课程设置，除国民高等学校工科用的教科书暂时选用日本教科书、朝鲜族中等学校用教科书暂使用日本文部省及朝鲜总督府指定的中等学校教科书以外，其余所有教科书一律改为使用伪满国定、检定教科书。

1938 年 11 月，寺田喜治郎被文教部任命为首席编审官，开始了依照"新学制"精神编审教科书的计划。1937 年"新学制"公布至 1941 年 9 月，预计编纂的国民学校教科书 242 册、教授书 72 册全部完成。❶ 伪满教科书在品种和数量上都达到最高峰。

1941 年 12 月太平洋战争爆发，伪满教育进一步采取了适应"战时体制"的措施，奉行"战时教育"的方针。这一时期日本侵略者虽然忙于战争，但是丝毫也没有放松对中国东北地区的教育以及对教科书的控制。1942 年年底，日伪满洲国政府为适应战时需要，制定了"基本国策大纲"，提出了振兴文教的方针，认为"处此非常局势之下，惟有刷新文教，始能使每一个国民发挥最高之效能"。1943 年 3 月修改了学校规程，把过去的"国民道德"科改为"建国精神"科，在各校建造"神玺"。和战争一样，日伪满政府的教科书编纂和审定工作一直在紧张进行当中。1943 年 4 月，第二次重建的文教部开始工作，在编审部长寺田喜治郎的领导下，分成建国精神班、日语班、满语班、蒙语班、普通班（理数科）、实务班（实业、家政）、艺能班等，分别掌管相应的编辑和审定、审查业务。特别重视"建国精神"科目，抓紧时间制定各学校的"建国精神"教授要目。

这时伪满洲国的国定教科书基本形成了一套完备的体系，"但是工科用教科书，由于种类繁多，现在尚存多数检定者。关于其未完成者，乃选定日本国内发行之教科书暂时使用之"，❷ 因此，"自康德八年度，亦暂时采用指定制度。"指定制度是指伪满洲国将当时日本国内发行的教科书直接翻译后指定为国民高等学校（工科）的教科书，这种指定教科书共有 28 种 344 卷。这样就形成了国定制与指定制教科书并存的

---

❶ 齐红深. 伪满洲国教科书的演变 [J]. 教育史研究，2009（1）：38-42.
❷ 武强主编. 东北沦陷十四年教育史料（第 2 辑）[M]. 长春：吉林教育出版社，1993：396.

局面。但是这种指定的教科书远远不能满足学校对教科书的需求,因为翻译所需花费的大量劳动严重影响了教科书的出版进程。只是自此以后,伪满教科书的编纂和使用便不太正规了,主要是翻刻以前编写的教科书,或仓促地编写了一些临时性读物,正规编写的教科书并不多。部分国定教科书的封面设计基本上与前一阶段类似,只是版权页的编撰者署名由"民生部"改回"文教部",出版时间多在康德十年(1943年)及之后。而且教科书的印刷质地也明显下降,大不如从前。这似乎也预示着伪满洲国的气数已尽。

十四年间,日本殖民当局根据统治需要和形势变化,竭力推行殖民主义教育,多次调整教科书的指导思想、基本政策、主要内容,通过施行国定制为主,审定制、检定制和指定制为辅的教科书制度,编写和发行了大量教科书,使其成为奴化教育的重要载体和工具。日本殖民当局把日语的教授与普及视为灌输"日本精神"、亲日思想的重要手段,极力宣传殖民思想,企图使东北人民丧失民族意识和斗争意志,安心做忠于伪满洲国的"良民"。几乎各册教科书内都有《即位诏书》《回銮训民诏书》《建国宣言》等内容,要求学生娴熟背诵,并默写全文。这种教育对东北人民的心灵,特别是青少年学生的身心发展造成了深重的灾难。但是,无论日本使用什么手段,侵略战争终将失败,而随着侵略战争的失败,伪满洲国的奴化教科书也迅速退出历史舞台。

二、华北伪政权教科书

1937年日本全面侵华战争爆发,华北、华东、华中、华南等广大地区相继沦陷,日本在各地相继扶植建立了傀儡政权,对各伪政权采取"分治合作"的政策,便于对它们进行控制。这些伪政权成为日本侵略者统治沦陷区人民的工具,它们大力推行奴化教育,严格控制学校使用的教科书。

1. 伪冀东防共自治政府教科书

冀东防共自治政府是日本成立的傀儡政权之一,是华北第一个傀儡政权。1935年11月25日,日本帝国主义嗾使国民党河北省政府滦榆、蓟密两区行政督察专员殷汝耕在通县成立"冀东防共自治委员会",12月25日改称"冀东防共自治政府",管辖通县、香河、三河、密云、昌平、怀柔、兴隆、顺义、平谷、宝坻、宁河、蓟县、玉田、遵化、丰润、滦县、乐亭、迁安、卢龙、昌黎、抚宁、临榆22县及唐山市和秦皇岛港等地。

1936年9月,伪冀东防共自治政府颁布《冀东教育宗旨及实施方针》,教育宗旨明确冀东教育"以发扬固有道德,锻炼健全体格,充实国民生计,促进东亚文化为目的,务期本此目的,以养成优良之美德,尚武之精神,社会之富足,自治之进展"。同月,伪冀东防共自治政府又制定了《冀东中小学训育标准》,作为教育依据。据研究,冀东政府曾经对唐山中学、遵化中学、牛栏山中学等直辖学校进行过整顿,由教育厅统一编发教科书,女生添设家事一科,初高中酌量加授日文,学生课外加授生活技能一科。又对直辖的若干师范附小(如通县师范附小、通县女师附小、滦县师范附小等)进行过整顿,命令各校虽用语体文授课,但同时也应留意文言,使其升入初中时能衔接。❶ 并规定"私塾课本采用本厅审定者"❷。

从教科书实物看,1936年冀东政府编纂委员会遵照小学课程标准编纂出版了一套小学教科书,所见初级小学有社会、国语、算术、自然、常识等,高级小学有国语、地理、卫生等。该套小学教科书由冀东防共自治政府教育厅发行,多数署名"冀东政府编纂委员会编",部分

---

❶ 唐山市教育志编委会编. 唐山市教育志(1840 - 1990)[M]. 北京:教育科学出版社,1993:736.

❷ 南开大学历史系,唐山市档案馆编. 冀东日伪政权[M]. 北京:档案出版社,1992:584.

署名"冀东防共自治政府教科书编纂委员会编"。后,又对这套教科书进行了修订,出版为《新订小学教科书》。其封面设计有初小、高小两种,教科书插图丰富,但没有署名出版单位和印刷单位。目前资料暂未发现有中学教科书。

据1937年7月7日延安《解放周报》第九期刊登的鹿鸣(中共京东特委书记李运昌)《日寇汉奸统治下的冀东人民》一文记载,各小学课本都是经"东亚文化协会"由"满洲国"印刷出来的,"把商务印书馆印制的课本删去一切带民族意识的内容后,由冀东防共自治政府专销"。❶ 这可能就是没有署名出版单位和印刷单位的原因(印刷自伪满洲国)。

1938年4月,成立于1935年年底的伪冀东政府与伪中华民国临时政府合流,以后便没有再出现冀东防共自治政府编写的教科书了。

2. 伪中华民国临时政府教科书

1937年12月、1938年3月,日本分别在沦陷区北平和南京组织了伪"中华民国临时政府"和伪"中华民国维新政府"。

伪中华民国临时政府成立后,即在行政委员会下设立了教育部,教育部下设总务、文化、教育三局,其中教育局掌理大中小学教育、师范教育、职业教育、社会教育等事项。1938年3月1日,伪中华民国临时政府教育部成立,以教育总长汤尔和为委员长,汪怡、周作人、鲍鉴清等26人组成"教科书编审委员会",日本文部省图书编纂官藤本万治、督学横山俊平等亦参与其事。"教科书编审委员会"编订的新教科书谨遵日本方面所规定的三项方针:为彻底实行日华亲善合作,必须取缔学生一切排日言论与抗日思想;为使学生明了"王道"之真意;为了彻底日华文化"提携"。即以清除"排日"、三民主义等内容,倡导"日满华亲善""复兴"中国固有道德及儒教,鼓吹实学等为"编纂方针"。❷

1939年1月,"教科书编审委员会"更名为"修正教育部直辖编审

---

❶ 唐山市教育志编委会编.唐山市教育志(1840–1990)[M].北京:教育科学出版社,1993:735.

❷ 王士花.华北沦陷区教育概述[J].抗日战争研究,2004,(3):79–101.

会"，简称"教育部编审会"，执掌教科书编撰和审查。1939年5月4日，伪中华民国临时政府教育部公布《教科图书审定规程》，同年9月又颁布了《修正教科图书审定规程》，其中规定"学校用之教科图书，依本规程须经临时政府教育部之审定，其未经审定者不得发行或采用，但小学教科书应完全采用编审会自行编纂之课本"❶。实际上这意味着小学教科书必须是官方编写版，其他教科书也得是官方审定版。在该《规程》附录的《审查教科图书共同标准》中，"关于教材之精神"一项特别强调，教材要"适合国情""适合时代性"。这里所谓的"适合国情""适合时代性"，就是要求在教科书中凸显伪临时政府政权成立的必要性、合法性，体现"中日亲善""建设东亚新秩序""复兴东方文化"等精神。

1939年，"教育部编审会"已经编写出版了部分教科书，如初小国语八册，由新民印书馆出版发行。以"教育部编审会"署名出版的教科书不多，大量教科书以"教育总署"之名和"教育部编审委员会"署名出版。

1940年3月30日，在日本的操纵下，伪中华民国在南京成立，伪"中华民国维新政府"自动撤销。北平伪中华民国临时政府宣布接受南京伪中华民国的领导，改称"华北政务委员会"，隶属于南京汪伪政府。伪华北政务委员会下设有内务、财务、教育等六总署，原教育部改为教育总署，"基于亲仁善邻之新教育方针，为纠正从前教科书之谬点，并统一教材起见，将事变后北京地方维持会所组织之中小学校教科书改订委员会改组为编审会"❷，为统辖华北沦陷区教育的最高教育行政机构。先后任教育总署督办的有周作人、苏题仁、王㵎、王克敏、文元模等人。

教育总署编审会编著并发行的教科书，所见最早记载是1939年8月，这说明它的实际运作要早于其对外宣布正式成立之时。教育总署编撰审定的教科书集中由日本人在北平建立的华北最大的出版印刷机构——新民印书馆股份有限公司印刷。据统计，新编中小学各科教科书

---

❶ 河北省档案馆藏. 河北省公报［J］. 1938. 15.
❷ 中国第二历史档案馆. 伪华北政务委员会教育总署教育行政报告书［J］. 杨云选辑. 民国档案，2005（3）：50-56.

于1939年秋季开学前开始分发到各校使用,❶ 之后不断修订出版。

教育总署编审会编著的教科书在"复兴中国固有文化"的名义下大肆推行封建复古主义,强迫中小学生读《孝经》《论语》《孟子》《大学》《中庸》等,以封建伦理道德训育青少年。教科书竭力鼓吹"新民主义""中日满亲善""共存共荣""王道乐土"等观点,把中国人民尤其是青少年塑造成服从日本殖民统治的"新民"。这些教科书被日本大阪《每日新闻》称作"黎明支那文化的基石",其特点是倡导"日满华亲善",利用中国原有的封建道德,宣扬亲日奴化思想。教科书充满了"中日共存共荣""中日同文同种""建设东亚新秩序""大和民族的优秀"的奴化思想。

在形式上,教育总署编审会的教科书印刷精美,插图色彩鲜艳,课文概用浅显明白的语体文,流利生动。封面样式各科都不同,力求美化。当然,也有一些比较朴素的封面设计,特别是中学教科书的封面,都比较简洁,几乎没有任何图案。该套教科书有一个特点,即没有任何书籍或教科书广告,而且一般都没有标明初版时间。

三、汪伪政府国定教科书

1940年3月30日,在日本的操纵下,以汪精卫为首的伪中华民国在南京成立。伪政府教育部直属于行政院。教育部附设了13个教育专门委员会,包括编审委员会。伪教育部长先后由赵正平、李圣五等担

---

❶ 教育部二年来行政摘要(1939.11),中国第二历史档案馆藏:全宗号2021,案卷号441.

任。为了配合日本侵略战争的需要，汪伪集团制定并实施了一系列殖民奴化教育政策。太平洋战争爆发前，为维持并巩固日伪在沦陷区内的统治，其教育政策围绕"和平反共建国"方针而制定并组织实施；太平洋战争爆发后，随着日本侵略战争的不断扩大，汪伪的教育政策又变为围绕完成"大东亚战争"而制定。其重要举措是伪教育部编审委员会迅速启动了教科书编审工作，特别是"国定"教科书的编审。

在1940年6月召开的第一次全国教育行政会议上，沦陷区各省市教育当局即呼吁迅速编印"国定"教科书。1940年6月底，编审委员会所编纂的国定初小教科用书全部编辑完成，包括国语、算术、常识等各八册，唱游四册。7月底，高级小学各教科用书全部完成，包括国语、算术、历史、地理、自然、公民等各四册。所有小学部分教科用书经编审委员会编审完毕呈奉部次长核定后，集中交华中印书局印刷完成，由教育部发行，供1940年秋季开学时沦陷区各地使用。初中教科书于1940年10月底前完成初稿，11月进行复审、校订、付印等工作。但因初中教科书科目较多，时间紧促，所以基本上是在11月陆续完成出版。审核、校订过的教科书由中华印书局、三通书局、中央导报发行所等印刷并经售。1942年，汪伪教育部函请国立编译馆协助编审委员会编辑"国定"初中公民、中外史地等各科教科书。至1943年初，编印完成初中公民、中外史地及再次修订付印之初中第四版各科教科书，共计15种32册。❶

"国定"教科书的封面设计以学段为依据，初小各科、高小各科、初中各科的封面各不相同，但同一个学段不同科目的封面图案是一样的。该套初中和小学教科书的最大特点是，封面上有显眼的"国定教科书"字样，且署名均为"教育部编审委员会"。

汪伪政权希望通过蓄意编写的教科书修改历史和现实，淡化学生的民族意识，缓解他们对日本以及本政权的敌对情绪。汪伪的国定教科书附和日伪谬论，灌输所谓"合理"思想，成为了奴化学生的重要工具。

对于汪伪政权所编纂出版的教科书，日本上海总力报国会顾问小川

---

❶ 教育部编审委员会致国立编译馆函，（1943.02），中国第二历史档案馆藏：汪伪国立编译馆档案，全宗号2095，案卷号76。

爱次郎在向日本驻华公使田尻的报告中称:"国民政府重新编纂过程中,删除了原来的所谓的排日的文字、文章,改为希求中日提携的措辞,具体的教材几乎均依据此项原则"❶。这样的教科书教出的学生,必将只知有日本,有天皇,有"最高领袖"汪精卫,而不知有中国,不知有真正的中国历史与真正的中国人。

抗战胜利后,国民政府教育部曾对汪伪教科书进行过评价:

> 鼓如簧之舌,作强诡之辩,欲以上述各种含义融化于中小学教科书内,进行其所谓"唤醒"大"东洋的自觉"工作,消灭我抗战意识,缓和我民众仇日心理,再进而成全敌人东亚联盟的迷梦,使我青年悉受益惑,甘为驱使,乃至亡国而不自知觉,其险恶之甚,较之伪维新政府时代抑又过之。❷

书是编出来了,但却没有足够的财力物力维持,伪教育部不得不建立"国定教科书使用保管制度",即在开学后由教师把课本发给学生使用,向他们征收教科书使用费,待学期结束时学生把课本统一交还,以供下一批学生使用。关于教科书的使用年限,伪教育部规定:"初小学生以至少一年为原则,高小学生以两年为原则,初中以上学生以三年为原则。"因此,教科书的使用费分别为:"每学期初小学生以使用书籍定价额百分之五十为限,高小学生以使用书籍定价总额百分之四十为限,初中以上学生以使用书籍定价总额百分之三十为限。"这项制度从侧面反映出当时沦陷区物资匮乏,教育面临危机。

除了伪国定本,伪中央政府对其余科目教科书仍采用审定制度。汪伪政府确定的教科书审定标准包括以下几方面:①适合国情,适合时代性,适合目前和平需要而没有消极悲观倾向;②内容充实,事理正确,切合实用;③分量适合,深浅有度,条例分明,有相当的问题研究或举例说明,有相当的注释插图索引等等。对于从前各大书局发行之中小学各种教科书分别审查,其有不合时宜或不臻完善之处,用最简明之评

---

❶ 上海市档案馆编.日本帝国主义侵略上海罪行史料汇编[M].上海:上海人民出版社,1997:658.

❷ 教育部教育年鉴编纂委员会编纂.第二次中国教育年鉴[M].上海:商务印书馆,1948:1633.

定，标明"适用、不适用、修改后适用"列表分发。伪教育部删除原有教科书不适用内容的原则是："教育方针既确定在于反共，则凡各级学校的教科书上含有阶级斗争，或有足以引起阶级斗争的一切思想，皆当全部删除""又教育方针既确定在于和平，则凡各级学校的教科书上，含有民族国家间的仇恨，或足以引起将来的民族国家间的仇恨思想，亦当加以适当修正。"❶

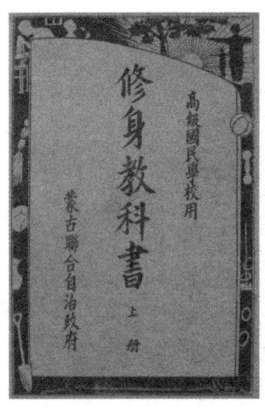

尽管在太平洋战争之前，各沦陷区的大中小学教科书早经日军强令修改，删除了所有"不适当"的内容，而代之以奴化教育的内容。但实际上，由于各地学校对伪政权教科书的抵制，部分依然沿用商务、中华、世界等书局出版的含有抗日爱国内容的教科书，只有少数学校迫于日军淫威，换用了伪教育部颁发的"国定"教科书。

四、伪蒙政府教科书

在全面侵华战争中，日本为了灭亡中国，在政治上采取了"以华治华"、"分而治之"的政策。1931年，日本关东军在东北地区成立满洲国后，又开始侵略我国内蒙古西部地区。1936年5月，在当时的察哈尔盟化德县策划成立"蒙古军政府"，随后日军占领内蒙古西部绥远省的大部分地区。1937年10月，在当时的绥远省省会归绥（今呼和浩特市）将蒙古军政府改组，成立蒙古联盟自治政府，云王任伪自治政府主席，德王

---

❶ 杨鸿烈. 国民政府还都后的"文化政策"[J]. 中华文化月刊，1（2）.

任副主席。由于云王称病，德王总揽了该政权的一切事务。该政府"以蒙古固有之疆土为领域，暂以乌兰察布盟、锡林郭勒盟、察哈尔盟、巴彦塔拉盟、伊克昭盟及厚和市、包头市为统治区域"；"以防止共产、协和民族为基本方针"；以"生、聚、教、兴、养、卫六事"为纲领；以成吉思汗纪元为年号，定都于归绥市。1937年11月，由德王在张家口成立了统辖蒙古联盟自治政府和察南自治政府、晋北自治政府的蒙疆联合委员会。1939年9月，撤销上述三个政权，1940年在蒙疆联合委员会基础上正式成立了蒙古联合自治政府，1941年8月改称蒙古自治邦。

历史上将日本扶植成立的这一政权称之为蒙疆政权，蒙疆政权时期的教育事业是日本在中国占领区内殖民地教育体系的一个组成部分。蒙古联合自治政府成立后，制定了《学制要纲》，规定初等教育分为初级小学、高级小学两种，学制分别为4年、2年。1941年6月，伪蒙古联合自治政府行政机构改革后，蒙、汉、回族教育分别由兴蒙委员会、内政部和回教委员会负责实施。这样，蒙旗小学大多称之为兴蒙学校。

为培养忠于日本的"良民"，蒙疆政权由伪民政部出版发行了系列教科书。有些教科书由伪满洲国编撰，有些由伪满的印刷机构印刷发行，有些编撰和发行都由伪满洲国机构负责。这些教科书的特点之一是，教科书有三种封面设计，一种封面有"蒙古联合自治政府""国民学校用"或"高级国民学校用""中等学校用"字样，第二种封面有"蒙古自治邦""国民学舍用""初级国民学校用"的字样，第三种封面有"满洲图书株式会社发行"字样（多为中等学校教科书）。但版权页信息则用"成纪"年（成吉思汗纪元），说明使用的是伪满洲国教科书。编著者一般都署名"民政部"或"蒙古联合自治政府民政部"，也有"蒙古自治邦政府"，同时多有"民政部检查济"字样，一般是在成纪735~738年间出版发行（成吉思汗元年为1206年，735~738年为1941~1944年）。

在1939年之前（含1939年），蒙古联盟自治政府、察南自治政府、晋北自治政府都编写出版和发行教科书。1939年9月，上述三个政权被撤消，教科书编辑出版的署名变为"蒙古联合自治政府"，1941年8月改称蒙古自治邦，教科书署名又改为"蒙古自治邦政府"。

伪蒙政府教科书整体上与伪满洲国教科书一样，在内容上歪曲事实、篡改真相，目的是为日本侵略者培养"良民"。部分教科书的封二刊有所谓"政府施政纲领"五条，包括：一、昂扬东亚道义以期其实践；二、大同协和各民族以国民之总意为宗旨大行经纶；……五、与友邦同盟相结同志相契以参翼建设东亚新秩序。部分教科书的前面还印有"蒙古联合自治政府成立宣言"。在形式上，它们力求图文并茂，旨在更有效地感染学生。

抗日战争全面爆发后，日伪统治区的中小学教科书完全沦为奴化教育的工具。教科书歪曲历史真相，蒙蔽人民。我们来看书中对"九·一八"的描述："民国十七年冬，东北易帜后。当时东北和日本，待解决的各种悬案甚多，张学良都置之不理，民国二十年夏发生万宝山事件，同时又有日本中村大尉在兴安岭失踪，日本向我交涉，事未解决，而长春线柳河沟地又因炸毁铁路，南满日侨民请关东军派兵保桥，日军遂于九月十八日出兵……"❶ 淡化事件性质，倒打一耙，推卸责任，把蓄谋已久的侵略美化成不得已之作，利用教科书歪曲事实在这里反映得淋漓尽致。教科书将我国东北地图改为伪满洲国，鼓吹中日满提携，宣扬"日本之真正希望不在中国之灭亡，而在中国之兴隆；不在征服中国，而在于中国协力"❷。不断赞扬"日本的崛起"，宣传轴心同盟建设世界新秩序，说什么日本"对此英美势力横行，不容坐视"，"就于1941年12月8日，向英美宣战……英美在太平洋上的势力，因此遂逐渐消灭净尽了"❸。教科书还把日本写成"是亚洲东面海中有史以来巍然雄立的一个岛国，与我成唇齿相依的形势。全国领土，由日本列岛、台湾岛、朝鲜半岛及库页岛，组织而成"❹。在汪伪教科书中，竟然按满洲国把中国东北划为外国地理介绍。❺

---

❶ 教育部编审委员会编. 国定教科书初中本国史（第4册）[M]. 6版. 南京：中国联合出版公司，1943：72.

❷ 南京市档案馆编. 审讯汪伪汉奸笔录（上）[M]. 南京：江苏古籍出版社，1992：664.

❸ 教育部编审委员会编. 国定教科书初中外国史（下）[M]. 4版. 上海：华中印书局，1943：129-130.

❹ 教育部编审委员会编. 国定教科书高小地理（第4册）[M]. 4版. 上海：华中书局，1942：7-9.

❺ 教育部编审委员会编，国定教科书初中外国地理（上册）[M]. 7版. 南京：中国联合出版公司，1944.

# 第四章 共产党革命根据地教科书
1927~1949

中国共产党成立以来，如何获得广大人民群众的认可和支持，是关乎其前途与命运的大事。此时，具有宣讲、规训、启蒙作用的根据地教科书被推到了历史的潮头。这些教科书把共产党的政策与农民的切身利益结合起来，传播现代基础文明，灌输无产阶级的话语系统，用崭新的政治意识和行为规范指导民众；它们既带有强烈的政治意识和民族精神，又具有广泛的亲农倾向，是沟通知识精英和农民大众的天然桥梁。不论是在白色恐怖下，还是在联合抗战时期或解放战争时期，根据地小课本所做的大宣传，在中国革命史上写下了浓墨重彩的一笔，为新中国的教育事业特别是教科书事业，打下了良好的基础。

第一节　中央苏区的教科书

从1927年10月到1934年，中国共产党成立了苏维埃政权，以江西的中央苏区为中心，在鄂、豫、皖、川、陕、甘、宁等地建有一批根据地。革命根据地建立后，因战争形势和发动民众之急需，教育及教科书受到重视并开始发展起来。

一、中央苏区的教育概况

1928年，湘鄂西苏区在监利县创办列宁小学，这是湘鄂西苏区开办最早的一所农村列宁小学。❶ 1927年底到1928年秋，宁冈共办起了12所红色小学，有学生800余人。❷ 1929年10月，湘鄂赣边革命委员会发布《革命政纲》，"提倡平民教育，创办红色学校、成人补习班，允许失业工农兵及贫民子弟免费入学"❸。

1931年，第一次全国苏维埃代表大会通过《中华苏维埃共和国宪法大纲》，其中第12条规定："中国苏维埃政权以保证工农劳苦民众有

---

❶ 皇甫束玉，宋荐戈，龚守静编．中国革命根据地教育纪事1927.8－1949.9［M］．北京：教育科学出版社，1989：14．

❷ 中共宁冈县委党史工作办公室．宁冈苏区志［M］．赣出内字（93）第20号，1993．199

❸ 皇甫束玉，宋荐戈，龚守静编．中国革命根据地教育纪事1927.8－1949.9［M］．北京：教育科学出版社，1989：21．

第四章　共产党革命根据地教科书　　// 143

受教育的权利为目的,在进行国内革命战争所能做到的范围内,应开始施行完全免费的普及教育"❶。工农兵苏维埃政府成立后,提出了开办列宁小学、平民小学等红色小学的要求。各乡普遍设立列宁小学,每乡大约一所,大乡有2~3所以上。规定年满6岁以上的儿童均可入学,一般不缴学费。这些学校在学制上伸缩性很大,根据需要与可能,有长有短,长短结合,总的原则是适应需要,短期速成。❷ 教师一般由本村庄有文化的人担任,其待遇是"由教师家乡耕田队负责帮助其家属耕种"。教材内容由各地自行编写,要结合生产和斗争实际,帮助学生认清革命道理。1934年,第二次全国苏维埃代表大会报告指出,"根据江西、福建、粤赣三省的统计,在2932个乡中,有列宁小学3052所,学生89710人"❸。1931年11月,中华苏维埃共和国教育人民委员部成立,亦称"中央教育人民委员部",瞿秋白担任部长,徐特立任代部长。下设初等教育局、高等教育局协同管理普通教育;社会教育局、艺术局协同管理社会教育;编审局领导编审教材事宜。1935年红军长征到达陕北后,该部与临时中央政府驻西北办事处教育部合署办公,部长徐特立。抗日战争爆发后,中国共产党为实现国共合作,宣布取消中央临时政府,该部亦撤销。

中央苏区学校的课程设置也因地制宜,各区根据学校实际情况删繁就简,有增有减,体现精简集中,切合实用的基本原则。1934年2月,中共中央颁布《中华苏维埃共和国小学制度》,规定小学修业年限以五年为标准,分前后两期。前期三年,后期二年,以八岁至满十二岁为学龄。前三年的科目为国语、算术、游戏(唱歌、运动、手工、图画),后二年增加开设科学和政治两科目。《小学课程教则大纲》进而规定:初级小学(即前期三年)每周上课时间为十八小时,课外教学(劳作及社会工作)至少十二小时。高级小学(即后期二年)第一学年每周上课时间为二十四小时,第二学年为二十六小时。此外,还规定小学科

---

❶ 陈元晖,邹光威等编.老解放区教育资料(1):土地革命战争时期[M].北京:教育科学出版社,1981:28.
❷ 张挚.论中央苏区教育发展的经验与意义[J].江西社会科学,2006(12):104-108.
❸ 中共苏维埃共和团中央执行委员会与人民委员会对第二次全国苏维埃代表大会的报告//苏维埃中国(第二集)[M].中国现代史资料编辑委员会翻印版:283.

目的分配，应使每学期有两周以上的空余时间，以便组织儿童的长途旅行、参观，以及农忙时的休业，纪念节日的放假，或必要时的复习及补习，并实行考试。❶ 同年4月颁布《小学课程教则大纲》，各地学校的课程设置便开始按中央的统一规定执行。

二、中央苏区的小学教科书

小学教育的发展和课程的设置，必然要求相应的教科书供应。革命根据地成立后明令禁止使用基督教的书籍、国民党文化书籍和"四书""五经"等作为学校教科书，要求学校使用苏区政府组织编写的教材。对于学校教材，根据地政府号召结合生产、生活实际，就地取材编写。

1930年5月，湘鄂赣边界工农兵暴动委员会编辑出版的《红孩儿读本》第一册是"现存最早的一种红色初级小学校的儿童读本"❷。《红孩儿读本》由土地革命战争时期湘鄂赣边境工农兵暴动委员会红孩儿编辑委员会出版，第一册封面上注明"红色初级小学校儿童读本之一红孩儿读本第一册"，落款为"湘鄂赣边境浏阳第八区苏维埃政府"。在《红孩儿读本》开篇的"见面话"中写到："在目前我们感觉到一个困难问题，难以解决，这就是小朋友们的读书问题。贫苦的小朋友无钱读书，而又无书可读……我们为要努力打破这一难关，供给小朋友以适当的读物，于是就不量力，出版了红孩儿了……我们的劳动小朋友，是现在斗争红潮中的襁褓，是未来红色世界的主人，为要培养他们学得像西游记中红孩儿那样的本领，革命的本领，使能肩负起未来红色世界主人的责任，必得在他们洁白的心儿之中，时常撒播一些红色的革命种子。这就是红孩儿命名的用意……"书本的发刊词这样写到：我是红孩儿，我是革命的红孩儿，有创造的天才能力，有伟大的牺牲精神，不怕那穷凶极恶的统治者，不怕那糊涂黑暗的旧世界，我

---

❶ 陈元晖，邹光威等编.老解放区教育资料（1）：土地革命战争时期［M］.北京：教育科学出版社，1981：308-319.

❷ 皇甫束玉，宋荐戈，龚守静编.中国革命根据地教育纪事1927.8-1949.9［M］.北京：教育科学出版社，1989：28.

要放出万丈的光芒，把他们的狰狞面目损破，我要大挥犀利的宝剑，斩除那些凶恶的妖魔！把糊涂黑暗的世界，创造得灿烂光明！愿爱我的朋友，与我一齐来，冲锋前进，跑到共产社会的集团，尝尝看自由平等的果子。

1930年9月，赣南瑞金县苏维埃政府文化建设委员会举行第1次会议，制定了《瑞金县苏维埃政府目前文化工作总计划》，其中专门有关于编审小学教材问题，"催促编审委员会于最短时间将闽西、赣西南文委会编印的高级、初级教材翻印过来"❶。1930年11月，闽西苏维埃政府文化部教材编审委员会重新确定了编审委员，分配了各种课本的编写人员，要求在年底以前完成小学各科教材的编写工作。

1930年12月，无产阶级革命教育家徐特立进入江西苏区。此后，共产党对根据地教科书的审查力度加大，并提出统一编撰的要求。1931年7月，鄂豫皖苏区举行第二次工农兵苏维埃代表大会，通过了《关于文化教育政策的决议》，提出"审查各种教材，严格反对三民主义的、孔孟之道的、耶稣教会的以及一切反映地主资产阶级思想的材料，统一教材的内容。严格以马克思列宁主义为根据，编定各种模范读本，供学校使用"。1931年，成仿吾到达鄂豫皖苏区担任中共鄂豫皖分局宣传部长和鄂豫皖省苏维埃政府文化委员会主席，他亲自主持制定了鄂豫皖苏区的一系列文化教育政策，编审了课本。1931年9月，湘赣鄂省工农兵苏维埃第1次代表大会通过《文化问题决议案》，也提出"统一教材和改良教材内容"❷。1931年10月，熊瑾玎到达湘鄂西苏区，担任湘鄂西省苏维埃政府宣传部部长，编写了12册小学课本。

1931年10月，中共湘赣省第一次全体代表大会通过《苏维埃问题决议案》，指出"列宁学校的教材，应由苏维埃政府立即编定"❸。之后，"湘赣省苏文化部立即组织力量编辑出版了列宁初级小学适用的国

---

❶ 皇甫束玉，宋荐戈，龚守静编著. 中国革命根据地教育纪事 1927.8－1949.9 [M]. 北京：教育科学出版社，1989：33.

❷ 皇甫束玉，宋荐戈，龚守静编著. 中国革命根据地教育纪事 1927.8－1949.9 [M]. 北京：教育科学出版社，1989：46, 50, 48.

❸ 皇甫束玉，宋荐戈，龚守静编著. 中国革命根据地教育纪事 1927.8－1949.9 [M]. 北京：教育科学出版社，1989：49.

语读本、常识读本、四则算术简要、儿童游戏等作为全省通用的教材"❶。1932年5月，共青团中央在给少共湘赣省委的信中指出，"学校中必须废除还存在着的三民主义教育和旧教育，开始共产主义的教育。要编辑各种新的教材和课本"❷。

1932年6月，中华苏维埃共和国临时中央政府人民委员会举行第十六次会议，决定在中央教育人民委员部内设立教材编审委员会。以徐特立为主任，❸ 负责苏区教育图书的编撰、审定工作。委员会成立后，即着手制定苏区文化教育图书的出版规划，统一苏区各类学校的教材，废止国民党旧书，使新兴的苏区教育事业得以在短期内用上了新书。由于人手少，编审委员会一方面自己抓紧编纂图书，一方面将部分出版任务分配到各省县，从而更多时间集中于审查，书籍通过审定后予以签发出版。

1934年4月，中央人民教育委员部颁布了《教育行政纲要（修正）》（原名《教育工作纲要》），对中央教育人民委员部建制再次进行调整，除巡视委员会外，在本部内共设了五个局，编审局负责"领导编审教材事宜"，代替原有的编审委员会行使职权，管理苏区教材及文化书籍的编审、检查工作。

1933年以前，苏区的编审出版工作基本上由中央出版局和教育部教材编审委员会等部门管理和负责，省以下地方机构无权审定。这样，就出现了教材及其他政治书籍上报后审批周期长，出版缓慢的情况。1933年4月，中央教育人民委员部从实际出发，向中央政府呈报了《省、县、区、市教育部及各级教育委员会的暂行组织纲要》，加入了地方苏维埃编审出版机构的内容。中央人民委员会于4月15日批准了这个纲要。纲要第五条规定："省教育部设部长一人，副部长一人……设编审出版委员会，主任一人，委员三人至七人。"规定其职责为"编辑普通教育、社会教育的各种材料，审查下一级编辑的材料，并以之出

---

❶ 黄定元，张希仁主编，《江西省教育志》编纂委员会编. 江西省教育志［M］. 北京：方志出版社，1996：72.

❷ 皇甫束玉，宋荐戈，龚守静编著. 中国革命根据地教育纪事1927.8－1949.9［M］. 北京：教育科学出版社，1989：52，60.

❸ 皇甫束玉，宋荐戈，龚守静编著. 中国革命根据地教育纪事1927.8－1949.9［M］. 北京：教育科学出版社，1989：62.

版。但中央苏区以及与中央苏区发生了直接连系的苏区，重要材料的审查权在中央教育人民委员部。"

根据中央这一决定，中央苏区管辖下的江西省、福建省、闽赣省及毗邻的湘赣省、闽浙赣省等省，先后设立了省级编审委员会。除少数重要的材料申报中央批准外，其余本省范围内编写的各类教材书籍，均由本省编审，然后批准出版。❶ 这就加快了教材审查和出版的速度。

1933年5月，中华苏维埃共和国教育人民委员部（即中央教育人民委员部）组织人力编写的6册《共产儿童读本》完成初稿。该书前4册的初稿编好后，曾交徐特立审阅。徐特立审阅后提出"太偏重于政治，日常事项太少，且内容深浅几册都没有什么分别。此项读本为应目前需要，用一、二学期后或再编，或改正，当更加完善。目下可不用中央教育部审定名义"❷。编者按照徐特立的意见，将书稿进行了一次修改，于7月份付印，供各地列宁小学采用。作为根据地初级列宁小学的通用教科书，《共产儿童读本》中的课文紧密结合了革命战争和根据地建设的需要，适当联系了儿童的实际生活。该读本编写有特色，乡土味浓，用形象、浅显的儿童语言解释政治道理。《共产儿童读本》的编撰特别注意与生产劳动和日常生活相结合，在6册教材中，这类与实际相联系的内容有95课，占总课数的46%。❸

苏区教育提倡培养儿童的共产主义精神，以使他们成为苏维埃革命斗争的接班人。这一时期，苏区教科书建设有所发展，编审制度得以确立，编撰出版从零散到相对集中，数量与种类不断增加，但多为综合编写的教科书。随着课程设置的规范化，后期也出现了分科编撰的教科书。这些教科书大力宣传武装革命，如赣西南苏维埃政府所编的《工农读本》第3册第15课《歌谣》中写道："地主住洋房，我们晒太阳，豪绅吃猪肉，我们没衣裳，军阀聚姨娘，我们上战场，如要求解放，杀他个净光。"❹ 闽西苏维埃政府文化教育委员会编辑的《平民课本》第

---

❶ 严帆. 中央革命根据地新闻出版史. 南昌：江西高校出版社，1991：49.
❷ 皇甫束玉，宋荐戈，龚守静编著. 中国革命根据地教育纪事 1927.8 – 1949.9 [M]. 北京：教育科学出版社，1989.89
❸ 张挚. 论中央苏区教育发展的经验与意义 [J]. 江西社会科学，2006，(12) 104 – 108.
❹ 周予同. 中国现代教育史 [M]. 福州：福建教育出版社，2007：184 – 185.

8课中写道:"国民党,反革命,骗士兵,打北京,无饷发,就裁兵,裁下来,怎安身,回家去,无耕田,一条路,投红军。"❶ 同时,苏区教科书对土地革命政策的宣传也从未间断,且这种宣传随着土地政策的变化而变化。如1933年7月中央教育部出版、福建省劳动感化院印刷的《共产儿童读本》第1册就有"分田 分了田 自己才有田"的内容。❷ 第3册第6课《从前我们的家里》和第7课《现在我们的家里》是连续的两课,前后对比,给予儿童强烈的革命教育,极力宣传了共产党领导农民翻身得解放的喜悦。

第二节 抗战时期根据地的教科书

1935年10月,中共中央率领红军经过二万五千里长征,胜利到达陕北。抗日战争全面爆发后,中国共产党领导的八路军、新四军、华南人民抗日游击队和其他抗日军队,建立了陕甘宁、晋绥、晋察冀、冀热辽、晋冀豫、冀鲁豫、山东、苏北、湘鄂赣、鄂豫皖等敌后抗战根据地。在抗日根据地,学校教育迅速发展,特别是在一些战乱较少、社会相对稳定的地区,学校的学制、课程设置以及教科书建设都有明显发展。

一、抗日根据地的中小学教育概况

1937年全面抗战爆发,在共产党领导下的抗日民主根据地,教育如何在紧迫的民族危机面前发挥使教育发挥其重大作用,成为一项急迫的任务。❸ 根据新形势的要求,结合中央苏区时期的教育经验,根据地政府对原有的教育方针进行了调整,形成新的教育方针。

1937年8月,中共中央在洛川召开政治局扩大会议。会议根据毛

---

❶ 四川大学,四川省博物馆,四川省社会科学研究院编辑.川陕革命根据地历史文献选编 [M].成都:四川人民出版社,1979:536.

❷ 赣南师范学院,江西省教育科学研究所编.江西苏区教育资料汇编1927—1937(七)教材 [Z].1985:62.

❸ 石鸥,曾艳华.小课本大宣传——根据地教科书研究之一 [J].湖南师范大学学报教育科学版,2010(5):5-11.

泽东的提议，通过了著名的《抗日救国十大纲领》，其中第 8 条"抗日的教育政策"提出："改变教育的旧制度旧课程""实行以抗日救国为目标的新制度新课程""实施普及的义务的免费的教育方案，提高人民民族觉悟的程度""实行全国学生的武装训练"。1938 年 4 月，陕甘宁边区国防教育会（即原陕公国防教育研究会）在延安召开第一次代表大会。在开幕式上，毛泽东发表了重要讲话。他指出："应该用全力来应付抗战，用教育来支持抗战。目前的抗战是规定一切的东西，我们的教育也要听抗战的命令。这就叫做抗战教育。"❶

根据这个精神，共产党开始在抗日根据地大规模兴办教育，并逐步形成了新的教育方针，这就是教育为抗日战争服务，教育与生产劳动相结合。❷ 在抗日根据地担任教育科长的郝晋瑞回忆道，"根据地当时的中心任务是一切为抗日战争服务。口号是'抗日高于一切，一切为了抗日'，……教育农民及其子女懂得'不抗日，活不成''工农兵学商一齐来救亡'的道理，并在实际行动中做到'有钱出钱，有人出人，有力出力'。这也是当时根据地搞教育、办学校的总指导思想"❸。

与此同时，抗日根据地提出了尽快普及义务教育的要求。1938 年 10 月，毛泽东在党的六届六中全会上提出应该"办理义务的小学教育"❹。1940 年 3 月 18 日中共中央发出《关于开展抗日民主地区的国民教育的指示》，规定各地"用说服解释方法及政府法令的强制力量，大量地动员学龄儿童入学，同时设法克服学龄儿童不能入学的实际困难"❺。陕甘宁边区政府前后公布了《实施普及教育暂行条例》和《实施义务教育暂行办法》，晋冀鲁豫边区政府制定了《强迫儿童入学暂行办法》，晋察冀边区临时行政委员会发出了《普及国民教育的指示》。

抗日根据地的普通学校教育包括高等小学和初等小学，而中等学校实际上以培养干部为主。因为根据地各地区的情况复杂，同一时期各地区、以及不同时期同一地区的情况都很不一样，关于教育的规定和要求

---

❶ 皇甫束玉，宋荐戈，龚守静编著. 中国革命根据地教育纪事 1927.8 – 1949.9 [M]. 北京：教育科学出版社，1989：130，136.
❷ 高华. 试论延安教育的价值和意义 [J]. 江苏社会科学，1999，(6)：120 – 126.
❸ 郝晋瑞. 抗日根据地的小学教育 [J]. 山西教育科研通讯，1982，(4).34 – 35.
❹ 毛泽东. 毛泽东同志论教育工作 [M]. 北京：人民教育出版社，1958：33 – 34.
❺ 中央教育科学研究所编. 老解放区教育资料 [M]. 北京：教育科学出版社，1986：8.

也就相应比较灵活。在小学学制上，有的是五年制，有的是六年制。小学课程由边区教育厅规定。❶ 晋察冀边委会于1940年在学制方面规定"小学修业年限定为6年，初级4年，高级2年。学龄由7周岁至12周岁"❷。但实际上有的可能是6周岁入学，有的是8～15岁入学。❸ 在办学形式上，既有公办小学，也有多种形式的民办小学。

二、陕甘宁边区教科书

1937年9月，根据国共两党的协议，中共中央将陕甘宁革命根据地改建为中华民国的陕甘宁边区政府。1948年3月，毛泽东和中共中央东渡黄河，迁往河北省平山县西柏坡村。1949年6月，边区政府由延安迁至西安。中华人民共和国成立后，陕甘宁边区的建置被撤销。

在全面抗战之前，陕甘宁边区政府已经开始编写出版教科书了，时间应在1935年前后。❹ 1938年8月，陕甘宁边区政府教育厅颁布《陕甘宁边区小学法》和《陕甘宁边区建立模范小学暂行条例》，其中《小学法》规定，"边区小学的修业期限为五年，前三年为初级小学，后三年为高级小结合称完全小学。初级小学得单独设立。小学课程由边区教

---

❶ 皇甫束玉，宋荐戈，龚守静编著．中国革命根据地教育纪事1927.8－1949.9［M］．北京：教育科学出版社，1989：140.
❷ 教育阵地社．抗战时期边区教育建设（上）［M］．新华书店晋察冀分店印行，1946：96.
❸ 蓟县志编修委员会．蓟县志［M］．天津南开大学出版社，1991：771.
❹ 晋绥边区行政公署民教处审定《卫生课本》（小学高级用，上册），晋绥新华书店出版发行。书中《编者的话》提到"本书是参考陕甘宁边区的卫生课本"而修改编写的，编者写这段话的时间落款是"1936年4月"。

育厅规定，教材需一律采用教育厅编辑和审定的课本及补充读物"❶。1938年2月，陕甘宁边区教育厅编审科陆续出版发行了第一套系统的小学课本，包括：初小国语6册，初小算术6册，初小政治常识1册，高小历史2册，高小地理1册，另有图画1册、劳作1册、唱歌1册。❷

1941年2月，陕甘宁边区教育厅修正公布《陕甘宁边区小学教育实施纲要》和《陕甘宁边区小学规程》。在《小学规程》中，规定小学修业年限为5年，设政治、国语、算术、自然、历史、地理、美术、音乐、劳作、体育、卫生等课程（初级小学将政治、自然、历史、地理、卫生等课程合并为常识课）。1941年陕甘宁边区教育厅对1938年出版的小学教科书系列进行了改编，改编人员主要有董纯才、辛安亭、魏东明、温济泽、张养吾、何楠若等。改编的教科书于1942年陆续出版，包括《初级新课本——国语常识合编》（1946年后，取消合编，国语和常识分开编写）《算术》《自然》。1944年，陕甘宁边区政府教育厅再次组织人力，修改了这套小学课本。❸

由辛安亭、董纯才等负责组织编撰修订的小学课本在陕甘宁边区和各根据地受到普遍欢迎，成为根据地最有影响的教科书，相继被晋西北根据地、晋察冀解放区、山东解放区等地区翻印。"1942年，晋西北行署就拨出专款，印刷了大批的课本，初小国语及常识2万余册，又翻印了陕甘宁边区编的初级课本、高级国语、高级算术、初级算术，两种共4万6千余本，发给各县，以解决小学教材的困难。"❹ 辛安亭在回忆这套课本时写道："这套课本于1942年出版后，确也如编者所料，曾博得不少小学教师和关心教育的同志们的赞扬，认为是在新教育方针指导下编出的一套完整教材。"❺

1945年，根据延安整风运动的新精神，重新修订了这套课本，这

---

❶ 皇甫束玉，宋荐戈，龚守静编著．中国革命根据地教育纪事1927.8－1949.9 [M]．北京：教育科学出版社，1989：140．
❷ 皇甫束玉，宋荐戈，龚守静编著．中国革命根据地教育纪事1927.8－1949.9 [M]．北京：教育科学出版社，1989：135．
❸ 几点说明（1944年7月）[M]．初级新课本（国语常识合编第4册），1945．
❹ 刘淑珍．晋西北抗日根据地教育简史 [M]．成都：四川教育出版社，2000：52．
❺ 辛安亭．回顾在延安十一年得教材编写生活 [M]//辛安亭编．辛安亭教育文选．长沙：湖南教育出版社，1985：131．

次修订用了一年半时间。辛安亭回忆最后一次修订此套课本时写道："这次课本编写一方面下乡，对边区小学与农村儿童做了初步调查；另一方面对过去所编课本，也做了一番研究，检讨，做了较深刻的批判。在编写过程中，再次进行认真的研究与讨论，有时还到学校或机关去调查访问。因此，这次编出的各种课本，都较过去所编的提高了一步。"❶除了董纯才、辛安亭以外，陕甘宁边区教科书的主要编写者还有余森、魏东明、温济泽、张养吾、朱光、何楠若、张思俊、刘御等。

1944年前陕甘宁教科书的封面图案带有浓厚的战争色彩，而1944年后的封面图案则突出延安的民生——窑洞、纺车、牛羊、粮食、军民共同放哨等。而到了1948年，课本封面已经看不出陕甘宁的风格了。

配合党的政策是根据地教科书的重要任务。当时陕甘宁教科书及时组织材料，进行宣传，做了大量卓有成效的工作。陕甘宁边区的开荒运动开始后，教科书立即跟进，出现诸如"怎样开荒"的课文；根据边区互助合作的号召，出现"互助""卫生变工队"等课文。特别是，结合地方实际，在陕甘宁根据地教科书中加入了大量有关边区农村生产的内容，教学生掌握基本的生产劳动方面的知识，培养其劳动信念和技能，让学生对本地的社会发展状况有一定了解，知道如何合理利用本地资源条件来科学地发展生产。可以说，教科书对陕甘宁边区的生产和经济发展起了重要的指导作用。如《初级新课本》（国语常识合编，陕甘宁边区政府教育厅审定，董纯才编著，1942）第四册共有58课，除个别课文外，几乎都关涉农村生活。有的课文从抗战大局引导学生从事劳动，如第9课写道："我们不靠天，我们不求神，我们不但是要打日本，并且还要和自然作斗争。"有的课文从发展生产引导学生协助家长做家务。

根据地教科书的重要特征是服从抗战需要，指导民众的抗战生活，强化抗战意识，培养学生的抗战本领。当时党的政策是一切以战争为中心，将时事教育与文化教育结合起来，将教育内容与战争生活相结合，采用战时各种生动的范例作为活的教科书，使其紧密地为正在进行的战

---

❶ 辛安亭. 回顾在延安十一年的教材编写生活［M］//辛安亭编. 辛安亭论教育. 长沙：湖南教育出版社，1983：137-138.

争服务。陕甘宁边区教科书中编有大量与抗战直接或间接相关的课文。有的课文直接介绍抗日过程中的战斗，如"平型关大战""百团大战"，用抗战的胜利来鼓舞民众；有的课文旨在激发学生抗日的决心等。

中学教育在当时属于干部教育，中学教科书主要服务于革命干部培养，其中影响大、颇具代表性的是《中等国文》。《中等国文》是在陕甘宁边区教育厅领导下，由胡乔木同志主持编制的，于1945年5月由新华书店出版发行，全书6册。除了教育部门组织编写的教科书，一些中学自己也组织编写了部分教科书，如延安中学。

 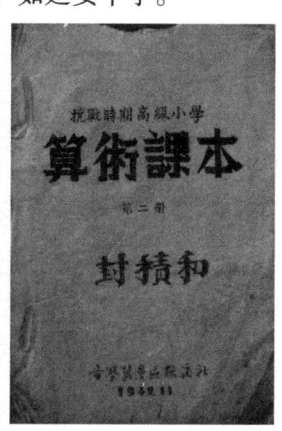

三、晋察冀边区教科书

1937年日军发起七七事变，同年秋天，八路军挺进敌后，创建晋察冀抗日根据地。1938年春，晋察冀边区行政委员会（即边区政府）在河北省阜平成立。晋察冀边区地处同蒲线以东，正太线、石德线以北，张家口、多伦、宁城、锦州一线以南，东临渤海。行政上划分（1942年）为北岳、冀中、冀察、冀热辽四个区。1948年春，晋察冀边区政权与晋冀鲁豫边区政权合并，组成华北联合行政委员会，晋察冀边区建制撤销。

晋察冀边区建立不久，冀西、冀中各地小学教育就逐渐恢复和建立起来。1938年2月晋察冀边区边委会颁布《晋察冀边区小学校教学科目及每周教学时间表》对课程设置和教学时间作出规定。小学开设国语、算术、国难讲话、社会自然（常识）、体育音乐（唱游）、劳作美术（工作）。一、二年级不专授常识科，而是在国语中渗透一些常识；从四年级起，算术科加教珠算；国难讲话科目除了讲授国难知识外，也指导学生进行课外救亡的活动，以养成儿童爱护国家、复兴民族的意志和信念；三民主义教材，一、二年级可于国语科中学习，三、四年级在常识科中学习，五、六年级则在社会常识中学习；唱歌应注意多授救亡歌曲，以激发儿童的爱国热情，培养儿童的民族意识；❶高小的历史、政治常识主要是讲授社会发展简史、新民主义简明教程、反法西斯统一战线等。❷

1938年2月，晋察冀边区《边委会通知本区域内小学开学办法数条》中规定，学校课本，一、二年级由边委会编定令发，三年级以上者，仍用教育部审定课本，由边委会编订补充教材，但在边委会未编定以前，各县选集有关抗战教材暂行教授。三年级以上课本，因交通限制，购买不得时，可尽量搜集旧本分用。❸边区政府教育科规定，发行各种国民教育的教科书，应有专人与机关负责编辑审查出版教材与参考书并力求其完备与统一。❹通常的做法是在编写前，广泛搜集各地教师自己创作的临时课本，油印小报、黑板报上刊登的故事，以及农谚、儿歌等加以分析研究，作为主要的参考资料，同时也参照了邻区的课本和抗战前的旧课本。

晋察冀边区最初的教材编写是按以下大纲来进行的：一、配合政府法令；二、解释申述抗战建国工作；三、注意儿童需要；四、启发群众的国家民族观念；五、认识国际情势；六、侧重政治训练。❺

1939年冬，晋察冀边区教育处与教育研究会编辑了一套"抗战时期"教科书，初小学科各八册，高小学科各四册。这套课本，形式较完

---

❶ 王谦主编. 晋察冀边区教育资料选编教育方针政策分册（上）[M] 石家庄：河北教育出版社，1990：133.

❷ 潘万静. 抗战时期晋察冀边区小学教育研究[D]. 首都师范大学硕士学位论文，2008：28.

❸ 王谦主编. 晋察冀边区教育资料选编初等教育分册（上）[M]. 石家庄：河北教育出版社，1990：3.

❹ 河北省社会科学院历史研究所等编. 晋察冀抗日根据地史料选编（上）[M]. 石家庄：河北人民出版社，1983：248.

❺ 李公朴. 华北敌后——晋察冀[M]. 北京：生活·读书·新知三联书店，1979：139.

整,遵循了由浅入深、由简而繁,循序渐进的原则,知识面较广,但也存在与现实联系不够,以及部分课文政治化的倾向。1940年后,边区政府又重新修订了《初小国语课本》(八册,1940年初版,边区教育研究会编,1942~1943年重新修订,张腾霄等)、《初小常识课本》(四册,1942年底1943年初重新修订版改为八册,陈辛人等,边区点滴社)等。这次编辑的宗旨是:提高儿童的文化、政治水平,培养抗战意识,增强抗战知识和革命道德品质。❶《国语课本》的修订,"内容方面,力求适合儿童生活经验、边区特点,和解放区形势的新发展。文字方面,力求浅明生动、儿童化"❷。教科书编撰机构和编者主要有:晋察冀边区教育研究会、华北联合大学教育研究室、晋察冀边区行政委员会教育处、张腾霄、张岱、陈辛人、赖佩、吴劳、何干之、张云莹等。初版编写者为边区教育研究会和华北联合大学教育研究室,出版与印刷机构主要是边区行政委员会教育处的"点滴社",重修版则由边区教育出版社出版。

该套"抗战时期"教科书除了被边区组织修改出版外,也被其不同辖区略加修改出版。如1945年冀中行署教育科"为适合新形势及冀中地区环境"❸,就修改出版了初小课本;冀东行署也编印了新课本发行使用,当然也是修订性质的课本。当时边区的教科书基本上都写有"欢迎翻印"的字样。各县都翻印,基本解决了教材困境。

在解放战争时期,晋察冀边区分别于1945年底和1948年初对原有小学课本进行了全面改编。1945年8月日本帝国主义投降以后,解放区迅速扩大,中小城市也部分解放,随之而来的是国民党对解放区的疯狂进攻,直到后来国共两党签订"双十协定",一时间和平的气氛又比较浓厚。在这样的情况下,1943年由华北联合大学教育研究室所编的小学课本已经无法满足社会现实的需要。于是,边区政府于1945年12月开始重新为解放区小学编订课本,至1946年6月,这套小学课本相

---

❶ 刘松涛.对七部小学国语课本的检讨[J].人民教育,1950(6):52~57.
❷ 张腾霄,张岱编.初小国语课本(第5册)[M].重修版.冀中行署教育科出版(专署机关社印刷),1945:1.
❸ 张腾霄,张岱编.初小国语课本(第5册)[M].重修版.冀中行署教育科出版(专署机关社印刷),1945:2.

继出版。这套课本由边区行政委员会教育处审定，主要由新华书店晋察冀分店出版发行。1947年春天，整个解放区开始了轰轰烈烈的土地改革运动，解放战争也全面展开，教材再次无法满足边区的实际需要，因此1948年1月，边区政府又开始对教材进行改编。但当时晋察冀边区合并为华北人民政府，故以晋察冀边区名义出版的课本没有再出现，代之以华北人民政府教育部编辑出版。

晋察冀边区教科书与共产党其他边区教科书一样，突出与农村实际结合，突出为抗战服务。我们熟悉的"狼牙山五壮士"的英雄事迹，就出现在晋察冀边区行政委员会教育处审定的高级小学《国语课本》第3册中，而且是连续两课。❶ 课文中随处可见下面这一类题目：

敌人有公路一条长59.1里，有一天晚上，被自卫队破坏了21.5里，妇女自卫队破坏了10.7里，问未破坏的还有几里？

学校作了很多木头手榴弹，甲级学生32人，遇到演习时，恰好平均分完，乙级学生48人，演习时也恰好平均分完，问该学校至少有手榴弹几枚？❷

根据晋察冀边区教科书重要作者刘松涛的回忆，从1938年2月到1948年9月，十一年来，晋察冀边区的初小国语课本（有的是国语常

---

❶ 刘松涛，黄雁星，项若愚编辑. 高级小学国语课本（第3册）[M]. 修正再版. 晋察冀新华书店出版发行，1948.

❷ 高级小学算术课本（第二册）[M]. 晋察冀边区点滴社，1942.

识合编）前后曾经重编与修改了六次。这些课本"绝不同于抗战以前任何旧有的初小国语课本。旧有初小国语课本的最大毛病是思想贫乏，这些新课本却是思想丰富，它从劳动人民出发，体现了新时代的新精神，体现了新民主主义社会在艰苦斗争时代的实践"❶。

四、晋冀鲁豫边区的教科书

晋冀鲁豫边区是中国共产党领导下抗击日本侵略者的重要根据地之一，它包括晋冀豫、冀鲁豫两个战区。（1937年11月，八路军一二九师开始创建以太行山为依托的晋冀豫根据地。1938年4月，建立了晋冀豫根据地。）1940年4月，成立了冀鲁豫军区。1941年1月，成立冀鲁豫边区行政主任公署，1941年3月成立晋冀豫边区临时参议会，同年7月成立晋冀鲁豫边区政府，下辖198个县。❷

边区政府非常重视根据地教育，即便是在那样的战争年代，也不允许随意牺牲教育，比如规定根据地各学校：①今后不准停课开会；②各区村政府如无县教育科命令不得召集小学教员会议；③中心小学会议两周一次，应利用星期日举行；④各种纪念日集会，学历上有规定者可以参加；⑤小学教员参加村上各种会议以不妨碍上课时间及自愿参加为原则。

晋冀鲁豫边区的学制亦为四二制，即初小4年，高小2年。课程设置，初小为国语、算术、体育、音乐、图画；高小为国语、算术、历史、地理、时事、自然、音乐、体育、图画。

晋冀鲁豫边区教科书的主要编写者包括董纯才、辛安亭、段启潜、慕冰、贾林放、温济泽、曾頫、郝定、魏东明、石韬、黄啸曾、张德甫、皇甫束玉、张逸园、彭文、王同民、王力民等。

1943～1944年，晋冀鲁豫边区教育厅编审委员会审定并出版了一套"战时新课本"，初小各八册，高小各四册。《国语常识合编》（八册）由董纯才等编写，该教科书初版"印数无多，专供教员"，为教师

---

❶ 刘松涛. 对七部小学国语课本的检讨［J］. 人民教育, 1950（6）: 52-57.
❷ 傅林祥, 郑宝恒. 中国行政区划通史中华民国卷［M］. 上海: 复旦大学出版社, 2007: 553.

讲授用书，且要求教师"要仔细保存，不得损失，在移交时，必须将原课本交代清楚"❶。1945年晋冀鲁豫边区教育厅编审委员会对这套《战时新课本》进行了修订，修订理由是，"因为过去编印的战时新课本取材不是从本区实际出发，不适合群众的需要，我们决定停止教学，先编临时课本供今年秋季需用"❷。初版和修订版的外在区别是，初版封面图案是战争，修订版封面图案是生产、生活场景。整体上，1944年前的教科书封面多为战争图案，1945年后的就不是了。

抗战胜利后的1946年，晋冀鲁豫边区政府教育厅在很短的时间内编出了一套小学课本，包括初小国语常识合编、初小算术、高小算术、历史、地理、自然课本等。❸

晋冀鲁豫边区教科书的主要出版与印刷机构有华北书店、太岳新华书店等。据不完全统计，到1944年，华北书店出版春季小学教科书8种，初级《战时新课本》4种，初级《算术课本》4种，高级《国语课本》2种，高级《算术课本》2种，高级《历史课本》2种，高级《地理课本》2种，高级《自然课本》2种，高级《公民课本》2种。❹因为战争之迫，形势恶劣，允许各地翻印，所以印刷者众多，版本复杂，封面多样。目前存世较多的是晋冀鲁豫边区的课本，特别是1946年编写出版的初级新课本。

除了边区政府组织编写的晋冀鲁豫边区教科书，一些地方老根据地甚至学校自己也组织编写了部分教科书，比如太岳区、涉县、太岳中学等。涉县教育局专为抗日组织编写了初级小学使用的《混合读本》（共八册），由涉县教材编审委员会编辑，涉县教育行政委员会校阅，涉县教育局发行。

太岳中学是太岳抗日革命根据地的最高学府，是中共太岳区党委、太岳行署亲自创办和领导的培养干部的学校。其宗旨是培养解放

---

❶ 董纯才编辑. 战时新课本国语常识合编（初级小学第5册）[M]. 边区政府印刷局印刷发行，1944：封3.

❷ 董纯才编辑. 战时新课本国语常识合编（初级小学第6册）[M]. 振华印刷厂，1945：1.

❸ 皇甫束玉，宋荐戈，龚守静编著. 中国革命根据地教育纪事1927.8－1949.9 [M]. 北京：教育科学出版社，1989：337.

❹ 温济泽编. 高级自然课本（第1册）[M]. 华北书店，1944：封3.

区所需要的县区初级干部。❶ 但当时没有教材，甚至连语文和数学课本也没有，全靠教师自编教材讲授，学生边听讲边记笔记。后武伯年老师编写了《实用中等数学课本》上、下册，他还多方收集材料，参考报纸杂志，编写了《农业生产基础知识》《天文常识》《药用植物常识》等教材。郭惟凡（维藩）和任平编写了《中学国语课本》上、下册。《中学国语课本》不但注重语文知识，而且在选材上特别注重思想性、政治性，还对教科书建设进行了探索，认为"教材系供学生在校集体学习之用，所以选文一律不附解释及篇章结构等，以免造成先入为主，减低学生钻研的精神"❷。这一点值得我们重视，是有待于研究的观点，对我们今天的教科书编写也有一定启发。据说该书印成后，受到上级的好评，并给予两石小米的物质奖励。这在全校是空前的。

总体上，晋冀鲁豫边区教科书内容突出了"民族的、大众的、科学的，反对封建迷信和奴化教育"的指导思想。国语中讲解抗战基本观点、颂扬民族英烈、揭发日伪凶残等内容所占比例较高；结合算术课，进行公粮、公柴、公草、减租减息前后租米和利息以及日伪烧杀抢掠等方面的数字运算；在历史和地理课中，讲民族英雄，讲祖国的大好河山及本县、本省的地理环境；音乐课多是抗战救亡歌曲；体育课则学习"捉汉奸""捉俘房""打游击"等内容。我们所熟悉的"朱德的扁担"就在《初级新课本》中出现了。❸ 该课讲述井冈山被敌人围困后，战士们去列宁岗挑粮。战士们为了不让朱德司令挑，经常把他的扁担抢去。于是朱德便在他的扁担上写下"朱德的扁担"五个字，意思是不要别人来帮他挑。文中还配有朱德的插图，最后写道：

以后，大家谈起来的时候，常常骄傲地说："我们的朱总司令，和我们一样背过粮呢！你不要看他是个总司令，挑起粮来比我们还挑得多……"

---

❶ 太岳中学校史编委会编. 晋冀鲁豫边区太岳中学校史 [M]. 太原：山西人民出版社，2004：151-152.
❷ 郭惟凡，任平编. 中学国语（上）[M]. 岳北人民报社印行，1946：封2.
❸ 皇甫束玉编. 初级新课本（第7册）[M]. 裕民印刷厂，1947：21.

 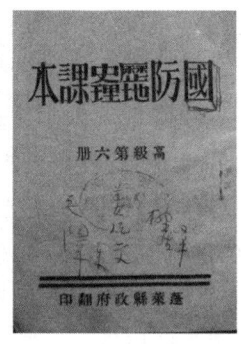

五、山东根据地与国防教科书

山东抗日根据地为抗战时期中国共产党及其领导下的军队创立的重要根据地。1936年5月中共山东省委成立。1938年5月,中共中央将山东省委改为苏鲁豫皖边区省委,领导地区包括黄河以南的山东全境和陇海路北的苏鲁豫和苏皖边区。1938年12月,苏鲁豫皖边区省委又改为中共中央山东分局,领导地区扩大到苏北洪泽湖地区。1939年8月,中共中央成立山东军政委员会。❶ 1940年山东省战时工作推行委员会决定设政治、军事、教育、财政经济、民众动员五个组,从此建立起省级教育行政机构。同年12月,成立山东省文化教育委员会,下设设计组和编审组。设计组负责拟订文教法规,编审组负责编审各类学校教学大纲和教材。

1940年4月,中共山东分局直接领导的山东文化出版社成立,编辑出版小学课本、群众读物、识字课本及各种抗战知识丛书。1943年8月,山东省战时工作推行委员会改为山东省行政委员会,下设教育处。教育处设学校教育科、群众教育科、编审室、督学室,并设《教师之友》编辑室。1943年9月,山东省行政委员会发布《关于教育工作的指示》,指出:"今后教育有四个工作中心:一、普遍深入开展冬学运动;二、扩充并健全中学,为根据地储备干部;三、普遍加强训练小学教师,提高教师质量;四、编审教材读物、修正课本,并发展印刷事业"❷。很显然,教科书编撰与审定是当时根据地重要的教育工作之一。

---

❶ 中共山东省委党史研究室编. 中共山东地方史(第1卷)[M]. 济南:山东人民出版社,1998:319.

❷ 山东省地方史志编纂委员会编. 山东省志68 教育志[M]. 济南:山东人民出版社,2003;1053.

第四章 共产党革命根据地教科书

1945年8月，山东省政委会改为山东省政府，教育处改为教育厅，杨希文任厅长。下设干部教育科、学校教育科、群众教育科、编审室、督学室和山东教育社。❶

山东省抗日战争时期的学校课本基本是由山东省战时工作推行委员会编辑出版，各区主任公署教育处也设有教材编审委员会，编印并供应各地区的课本。负责印刷出版课本的机构主要有山东文化出版社、大众印书馆以及各区印书馆。这时期的课本根据战时国民教育原则编撰，因而课本一般被冠名为"国防"教科书。1941年3月，战时工作委员会改为国防教材编辑委员会，继续负责教材编辑工作，编有小学初级国语、常识，高级国语、常识、自然、民众、妇女课本等。

除了国防教科书外，发展好、影响大的还有胶东根据地编写出版的教科书。胶东地处山东半岛，教育比较发达，从抗日战争到解放战争，其教科书建设都做得比较好，出版发行了大量中小学教科书，普及面广，多数由"山东省胶东区行政公署教育处编"，胶东新华书店和胶东印刷社出版，也有一些由"西海印刷局""海阳印刷社"等不同机构印刷发行。胶东教科书的特点之一是大多没有留下编写者的名字，之二是教科书分初级（小学一二年级）、中级（三四年级）和高级（五六年级）三类。此外，教科书封面设计多样，且不少课本没有版权页。

山东抗战时期的教科书种类繁多，有中小学校教科书、民众识字班教科书、妇女学校教科书等，还有一种比较罕见的抗属子弟学校的教科书。❷ 如莱阳县第四区立抗属子弟学校适应教学需要编写了包括公民讲义、历史讲义、博物讲义等在内的各科教材，于1943年出版。

---

❶ 董纯才主编. 中国革命根据地教育史（第2卷）[M]. 北京：教育科学出版社，1991：461-462.

❷ 抗属子弟学校在山东比较多，其他根据地也有。所谓抗属子弟学校，其学生来源于军、政、群众抗日团体干部的子女，当时开办学校的宗旨是：保存革命后代，培养革命人才。为的是将部分烈、军、干属子女和已参加革命工作的年纪小的人员培养成文武双全的革命接班人。凡是参加这个学校学习的学员大都是抗属子女，其中一部分孩子的父母已经在土地革命、抗日战争中牺牲了，这些孩子就成为革命遗孤。学生的生活学习全部在学校里，实际就是一所革命军人子女保育院。从军政干部中选调部分人员任教师。学校教职员工及学生待遇和党政干部一样全部实行供给制，享受全公费待遇。主要学习文化，学习政治，学习党在抗日战争时期的路线、方针和政策，并宣传发动群众。学制未作明确规定，学员来去均由组织决定。校址不固定，游击中坚持学习。课程有语文、算术、常识、政治。根据工作需要，征收公粮时节，年龄较大的学生分配到各县、区参加征收工作；八路军打仗时，到后勤抬担架做看护；反扫荡时分散带领群众反扫荡（掩埋公粮，坚壁清野，演戏唱歌搞宣传）。高年级年龄大的学生，平时配有枪支，常参与打游击战等活动。因处在战争年代，大多数学员经短期培训后即被派到部队、机要部门、文工团、军工厂和医院等单位工作。部分抗属学校编写有教材。

六、其他根据地的教科书

除了以上抗日革命根据地的教科书之外，其他一些比较小的革命根据地也非常重视教育，重视编撰出版中小学教科书，出版了各具特色的教科书，为根据地的抗战和生产、为宣传共产党的先进性、广泛发动民众做出了重要贡献。

晋绥边区的教科书便是其中之一。1937 年冬，八路军 120 师进入晋西北，创立了晋西北根据地。同年 8 月开辟了大青山抗日根据地。1940 年 1 月 15 日正式建立晋西北民主政权，1941 年 8 月 1 日改为晋西北行政公署，1943 年 11 月改为晋绥边区行政公署。晋绥边区较早的教科书是在其他根据地教科书的基础上修订出版的，由晋西北行政公署教育处印行，接着由"晋绥边区行政公署民教处审定"，集中在抗战期间到 1946 年出版。比较多见的晋绥教科书有两套，其中一套小学课本于 1945～1946 年出版（另一套出版于 1948 年），该套课本的初小国语是根据晋绥边区的实际情况，参考陕甘宁边区和晋察冀边区的国语编写而成的，共八册，前四册是国语与常识合编，后四册国语与常识分编。❶到后期（解放战争期间），晋绥边区的教科书由"晋绥边区行政公署教育处审定"。

1939 年 11 月，中共鄂豫边区党委宣传部下设国民教育科，编写抗日小学的课本。新编的课本以开明书店、商务印书馆、中华书局、世界书局出版的小学课本为蓝本，并加进了一定分量的以抗日民主教育为主的思想政治内容。1942 年，鄂豫边区正式成立教科书编审委员会，先后编辑出版了小学国语课本 4 册，算术课本 2 册，初中自然课本 2 册。❷

豫皖苏根据地是比较宽泛的说法，包括苏西北抗日根据地、皖北根据地、豫东抗日根据地等，这些地方的文化和经济基础比较好，都不同

---

❶ 晋绥边区行政公署民教处审定. 国语课本（小学校初级用，第四册）. 新华书店晋绥分店发行，1946：版权页.
❷ 皇甫束玉，宋荐戈，龚守静编著. 中国革命根据地教育纪事 1927.8 – 1949.9 [M]. 北京：教育科学出版社，1989：161.

程度地编写印刷了学校教科书。1944～1945年间，根据地在浙东、江苏如皋等地成立了多家韬奋书店。韬奋书店出版发行了一定数量的教科书，因为地处江浙，经济基础比较好，教科书印刷质量相对西北等根据地要高。淮南行署教育处等机构也编印出版了小学教材，有国文、算术、常识以及自然等。

随着抗日民族统一战线的建立，中国共产党在教育领域也进行了新的探索。从八年来抗战根据地教科书的发展可以看到，教科书既是启蒙教育的基础文本，又是中国共产党在根据地进行的一场全面深入的政治动员的宣传载体，而后一个作用在错综复杂的岁月和异常贫瘠的区域显得更突出、更重要。熟读熟记根据地教科书的过程，实际上是对根据地乡村社会意识形态的改造和重塑过程。在这个过程中，共产党的意识形态和道德标准逐渐为民众所接受，变为民众的行为准则和规范，民众在思想意识方面与共产党保持了高度的一致。根据地教科书架起了共产党和千百万民众之间的桥梁，成为党最有效的宣传工具和动员媒介之一。❶ 与此同时，世界和国内其它地区的先进教育理念也被吸收和采纳，一批包括辛安亭在内的高级知识分子以强烈的使命感和责任心积极地投入教科书编写中，教科书的科学化水平在不断探索中有所提高。

第三节 解放战争时期根据地的教科书

抗日战争胜利后，在原有各根据地的基础上，中国共产党领导的人民武装又从日寇手里收复了大片国土，建立起华北、山东、东北、西北、华东等解放区。概括来说，整个解放区的教育工作是在党的领导下，政治挂帅，以思想为灵魂，密切结合实际、联系群众，为解放战争服务、为边区工农兵的生产生活服务。同时，中小学教育开始朝着正规化蓬勃发展。解放战争时期各解放区的教育发展基本上是原有抗日根据地教育的延续，但由于有利的客观形势，党在政策方针上的统一，解放区教育事业发展所取得的成就比根据地历史上任何时期都更加突出。

---

❶ 石鸥，吴驰. 根据地教科书的宣传效应 [J]. 教育学报，2011 (3)：105 - 111.

一、解放区中小学教育

解放战争时期,各根据地在小学教育与课程设置上不尽相同。此时,由于从日伪手中接管了许多土地,解放区的面积扩大了。在老解放区,仍然将干部教育放在首要地位,积极为各地培养干部和领导人才。在普及国民文化方面,老解放区的教育仍按群众需要与自愿原则,采取"民办公助"的形式,大力发展小学、村学、冬学等形式各样的学校,用革命思想来教育儿童和成人,提高广大群众的政治觉悟和文化知识水平。在新解放区,教育工作的主要任务则是迅速恢复和整顿学校教育,改造和发展新民主主义教育,用革命的思想教育儿童和人民群众。在偏远的农村地区,群众自己办学校,主要目的是让学生学会认字、写字、算账等在边区实际生产生活中有切实作用的基本知识与技能。因此在边区小学课程设计中以识字和算术为主要科目,配有常识、自然、历史、地理等方面的课程,重在对儿童进行读写算的教育和提高其政治觉悟思想教育。1948年后,华北许多大中城市解放,新解放区教育蓬勃发展。为了推动小学教育的深入发展,1949年6月,华北人民政府在北平召开了小学教育会议,着重研究小学教育的改革问题,通过总结经验,提出发展目标,解放区的小学教育开始走上正规发展的道路。

随着解放区教育的快速发展,教科书建设也取得了长足的进步。1949年春季,东北地区发行了小学教科书770万余册,华北地区发行了500万余册,平津地区发行了58万册,华东地区发行了500万册(估计),西北地区发行了8万余册。❶

新华书店在解放区教科书的出版发行中起了重要作用,有些教科书直接由新华书店出版发行,打破了地区界限,在全国推广使用,特别是中学教科书,因为具备干部教育的性质,更是力求全国通用。比如高中历史推出吕振羽编著的《简明中国通史》(1949,新华书店),高中政治推出薛暮桥的《政治经济学》(1949,新华书店),初中政治推出程

---

❶ 袁亮. 中华人民共和国出版史料[M]. 北京:中国书籍出版社,1995:117-118.

今吾的《青年修养》(1949，新华书店)，初中历史推出华北大学历史研究室的《中国近代史》(1949，新华书店)等。

二、各解放区的主要教科书

解放战争时期，除了原有的部分抗日根据地（如山东）延续教育发展和教科书的建设外，教育与教科书建设重点在以下几大解放区铺开。

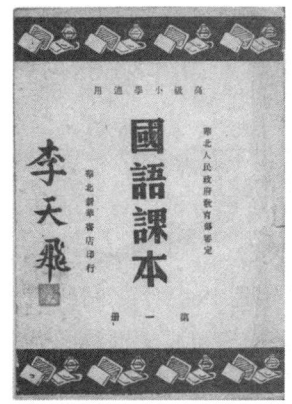

华北解放区的教科书

华北解放区是以抗日战争结束后的晋察冀边区与晋冀鲁豫边区、晋绥边区为基础发展而来的。1948年5月，中共中央决定将晋察冀、晋冀鲁豫两个解放区及其领导机构合并，分别成立中共中央华北局、华北联合行政委员会和华北军区，由董必武任华北联合行政委员会主任，负责筹建华北人民政府。9月26日，华北人民政府正式宣告成立，董必武任主席。

晋冀鲁豫边区与晋察冀边区合并为华北解放区后，在中小学教育方面需要统一的课本，于是以原晋察冀边区的课本为基础，重新编写了一套课本，由华北新华书店出版发行。

1949年4月，华北人民政府教育部成立了专门的教科书编审机构——华北人民政府教育部教材编审委员会。聘请叶圣陶、周建人、胡绳、傅彬然、宋云彬、孙起孟、叶蠖生、王子野、孟超、金灿然为委员，以叶圣陶为主任委员，周建人、胡绳为副主任委员。❶ 该委员会代理中央政府教育部的教科书编审机构而行使职权，"是作为中央政府的教科书编审机构的基础而成立的"❷，其委员大都是各学科的专家，同时又都具有丰富的教材编写经验。可以说，这里汇集了一批当时学术界、编辑界的精英，其教科书编写力量在六大区中无疑是首屈一指的。

教材编审委员会成立后，立即着手编制全国范围内使用的教材。他们在华北、东北、华东等解放区中挑选出一批质量好、使用范围广的课本，主要是文科类课本；又从原国民党统治区选出一批影响较大、质量过硬的课本，主要是自然科学课本。然后修订、改编了一套中小学教科书，由新华书店统一出版，及时解决了全国很多地区的中小学1949年秋季开学教科书的问题。

1949年5月，华北人民政府在北平召开小学教育会议。会议规定小学教科书由华北教育部集中编审，各地分散印行。国语、自然、常识（含地理）等科，都须用政府审定或指定的课本，各地可编补充教材。华北地区的小学教科书先后于1948年到1949年之间初版。该套课本几乎均由憙頻、刘松涛、黄雁星、项若愚编撰，秦征绘图，多由太行新华书店、华北新华书店、冀南新华书店、华北联合出版社等出版发行。该套课本是"依据革命形势新发展，及华北解放区具体情况，编写的全区统一的新课本"，春季始业，初小国语八册，国语常识合编，供初小四年级之用。该套课本逐步由中华民国纪年改为公元纪年，但仍然比较混乱，甚至出现不少民国三十九年一月出版的课本。

1949年8月至1950年，该套教科书由华北人民政府教育部教科书编审委员会修订后再版，以"新编"表示修订本。新编本封面更简洁，且多为横排印刷（内文仍然是竖排为主）；版权页信息有所变化，有原编者信息（多是前述四人），修订者为"华北人民政府教育部教科书编审委员会"，出版者多为华北新华书店或新华书店。

华北区解放得比较早，又是即将成立的新中国的首都所在地，因

---

❶ 皇甫束玉，宋荐戈，龚守静编著. 中国革命根据地教育纪事1927.8 – 1949.9 [M]. 北京：教育科学出版社，1989：391.
❷ 中国出版科学研究院，中央档案馆编. 中华人民共和国出版史料（1949）[M]. 北京：中国书籍出版社，1995：170.

此，它的政治、经济、文化、教育的发展备受关注，教科书的编写自然而然也就成了全国的领头羊或风向标。新中国成立后，华北区的这套小学教科书被规定为全国小学通用教科书，供各地区学校采用。所以这套书再次被修订，封面设计再次变化，变成学生集合在操场升国旗的场景。随后，人民教育出版社也是在此套教科书的基础上编撰了新中国第一套自编教科书。

东北解放区的教科书

1946年6月，中共中央指示东北局和东北民主联军调整和充实了领导班子，林彪任东北局书记、东北民主联军司令兼政委。8月7日，东北各省代表联席会议在哈尔滨开幕，选举产生了东北解放区最高行政领导机构——东北各省行政联合会办事处行政委员会，简称东北行政委员会。1948年12月，东北全境解放，该委员会迁至沈阳。1949年8月，东北人民代表会议在沈阳召开，27日，宣布东北人民政府成立，东北行政委员会的历史使命告终。

日本帝国主义侵占东北期间，在教育领域推行奴化教育。针对这种状况，1946年9月，东北行政委员会第五次会议规定东北解放区教育工作的总方针为："进一步肃清敌伪奴化教育和蒋介石封建法西斯教育的余毒和影响，建立民族的民主的大众的科学的新民主主义教育，使教育服务于新民主主义的政治斗争，服务于东北人民和平民主建设事业。"并规定国语、政治常识、算术、历史、地理、自然常识、体育、音乐、工艺与农艺为初等教育暂时课程。❶ 会议决定在东北行政委员会教育委员会中成立教材编审委员会，以董纯才为主任委员。教材编审委员会决定中学教材由东北大学编写，小学教材由董纯才组织人力编写。在一年多的时间里，共编写出小学教材14种14册，编写出中学教材9种9册，社会教育教材2种2册。这些教材是东北解放区编写的第一批反映新民主主义革命内容的教科书。❷

1947年前后，东北解放区陆续出版的这套教科书与当时的学制相对应，科目比较齐全，包括初高小国语、算术，初小常识、高小历史、地理、政治常识等。初小常识只编写了四册，供三四年级使用，一二年级常识与国语课合并教学。高小是政治与常识合编，共四册。这套教科书中，小学课本由该委员会直接编写，而中学教科书则以编写和审定选用老课本以及个人著作相结合的办法解决教学用书，如中学《国文》《政治常识》（五册）是由编委会直接编写，而历史课本则由东北政委会编审委员会审定，选用叶蠖生编写的教材。此套教科书多由东北书店出版发行。

由于形势发展很快，1948年后，东北行政委员会又组织编写了一套教科书。这套教科书之小学课本的封面发生了较大变化，但留白少、图案丰富饱满、色彩鲜艳，仍然显示出一片热气腾腾的工业景象，显示了东北解放区的快速发展和工业化前景。此套教科书主要由东北新华书店出版发行，春季始业。该套教科书之中学课本中，理科课本多采用原国统区使用的教材，比如贾祖璋编写的初中《植物学》（上下册），戴运轨编写的初中《物理》，韦息予编写的初中《外国地理》等，但均在课本封面上注明"初中临时教材"（相应的，高中则注明"高中临时教材"等字样）。

东北解放区的教科书，特别是中学阶段的自然科学教科书，其指导思想与基本特点是学习苏联教科书。❸ 1949年4月，东北人民政府教育

---

❶ 杜君，王金艳. 浅谈东北解放区各级教育的发展历程及基本经验 [J]. 史学集刊，2009，（6）：105-110.

❷ 皇甫束玉，宋荐戈，龚守静编著. 中国革命根据地教育纪事1927.8-1949.9 [M]. 北京：教育科学出版社1989：332.

❸ 方成智. 艰难的规整——新中国十七年（1949-1966）中小学教科书研究（D），长沙：湖南师范大学博士学位论文，2010：173-174.

部组织编译人员，根据苏联十年制学校中的数学和自然科学教材，翻译改编了初高中自然科学新课本14种及10科习题集，包括算术、代数、平面几何、物理、化学、动物、植物、人体解剖生理学等。这套简称"东北本"，被誉为"中学教学上的革命"的自然科学教科书很快风靡全国，多次入选新中国初期教育部和出版总署公布的《中小学教科用书表》，为各地所采用。后来人民教育出版社出版了第一套全国通用教材，其中的中学数理化教科书基本上是以东北人民政府教育部编译的这套教科书为蓝本。

当时，主流的教科书是东北行政委员会编审委员会和教育部编写的课本，但是，由于交通不便、教材不能很好地适应开学需要和地方实际，东北解放区还出现了各省自编的一些教科书，它们基本是在旧有教材或东北统一编写教材的基础上，加以适当改动。合江省在1946年秋季开学就用上了省教育厅编的初小教科书。❶ 此外还有：旅大行政公署教育厅编审的小学教科书以及其审定的中学教科书，松江省政府教育厅编印的教科书，辽吉区行政公署教育处审定的教科书等。

华东解放区的教科书

华东解放区是以山东省民主政府为基础，随着解放战争的胜利发展建立起来的。华东区的上海属于经济发达、文化教育领先、图书出版力量雄厚的城市。据统计，新中国初期，上海的私营出版社就有252家。

---

❶ 苏甫主编. 东北解放区教育史[M]. 长春：吉林教育出版社，1989：100.

另外，华东区的山东省是全国解放最早的省份，文化教育事业也走在前列。整个华东区的教科书建设成绩，主要体现在由山东和上海编写的教科书上。

解放战争时期，由山东省编辑出版了两套重要的教科书，即1946年出版的"初、中、高级小学课本"和1948年的"小学课本"。1946年出版的课本由"山东省政府教育厅审定"，在胶东行政公署的课本基础上编撰而成。1948年，山东省政府编辑审定了一套新的"小学课本"，这套课本突出强调了抗战后加强学科基础知识的需求，将抗战时期国防教育课本中的抗战常识删除，以相对系统的科学知识取而代之。这套课本一直修订沿用到新中国成立后，直到1950年还在出版使用。

西北区、西南区、中南区以及其他小一点的解放区，由于解放得比较晚，也由于地处山区，经济贫困，文化、教育落后，受自身条件限制，这些地区在中小学教科书方面建树不多，影响小。这些地区的教科书大都是采用华北、东北等地区的教科书，要么是直接翻印，要么是在其基础上修订、改编，当然也有自己组织力量编写的。

相对而言，西北区的教科书建设稍好一些，因为西北解放区是在陕甘宁边区的基础上发展起来的，所以西北解放区的教科书主要根据陕甘宁根据地教科书修订出版。在西北的小学教科书的作者群体中，刘御是一个重要代表人物。国语、常识等都由刘御等编写，刘御还是新中国早期教科书建设的重要成员之一。

中原解放区的教科书有两种版式，一种教科书的封面署名为"中原临时人民政府教育部规定"，一种是"中原人民政府教育部规定"，出版时间都在1949年7～8月间，前者为多。中原区的教科书多是参考其他解放区的教科书改编而成，小学一些科目是参考山东解放区的教科书修改出版的（连封面设计都类似于山东教科书，适应秋季入学）。所以，中原临时人民政府教育部建议，"使用课本时，各校可根据具体情况，灵活运用。如觉内容不合适，分量太重，或讲解不够明确时各校仍可酌量增删，勿为课本所拘束"❶。

华北、东北等解放区的教科书从内容到形式都比较成熟，是中国革命根据地后期出版的教科书之典范，在教科书的编撰和选材上已体现出了固定模式。这种模式对新中国成立初期的教科书起到了模范作用。

三、解放区教科书的意义

除了满足解放区的教育需求外，解放区教科书的最大意义就是为新中国教科书奠定了基础。新中国成立前夕，全国划分为东北、华北、华东、中南、西北、西南六大行政区，各地基本都是自编自印教科书。"在老区，教科书一向是由各个地区自行编印的。因为是分区编印，所以不仅教材不一致，课程标准也不一致。现在，各个解放区早已由分割状态连成一大片，革命已经基本取得了胜利，因此对统一的课程标准，特别是统一的教科书的需要，就更加迫切起来。"❷ 当时，华北区是新中国解放较早的地区，又是即将诞生的新中国政府首脑机关所在地。为解决1949年秋季教科用书问题，特别是为解决教科书的统一问题，1949年4月，华北人民政府教育部成立教科书编审委员会，根据人民政府的方针政策着手审订老解放区的课本和国民党统治区的旧课本，修订了一套中小学教科书。这套教科书供1949年秋季全国大部分中小学校使用，它和东北解放区、山东解放区的教科书共同成为新中国统一教科书的基础。

总体上看，共产党（及其领袖与军队）、战争、生产，既是根据地

---

❶ 华岗编著. 高级中学适用课本中国近代史（上册）[M]. 新华书店出版, 1949: 1.
❷ 黄洛峰. 出版委员会工作报告 [M] //宋原放主编. 中国出版史料第三卷现代部分（上册）. 济南：山东教育出版社, 2001.12

教科书的三大主题，也代表了根据地教科书的基本取向。❶ 农村取向、服务战争、宣传共产党成了边区教科书的标志性特征。从内容到形式，我们在根据地教科书中看到了一幅幅边远乡村图景。根据地教科书的绝大部分内容都与农村生活相关。语文教科书中的故事、人物，数学教科书中的应用题，尤其是常识教科书中的内容，都是根据农村生活而编写。事实上，为了更好地服务于农村生活、生产，当时陕甘宁边区和晋冀鲁豫边区甚至把国语和常识合编为一种教科书。

教科书是根据地的精神遗产，也是根据地文明的记录。它是根据地中小学教育的核心文本和启蒙工具，将科学文化知识撒播到广大人民群众之中，它更是不可替代的、影响最广泛的宣传工具。在兵戎相见的岁月中，根据地教科书由星火而燎原，在艰难的发展过程中，不仅有力地配合了抗战救国，而且全面宣传了共产党的政策和执政绩效，为确立共产党的领导、促进根据地各项事业的发展，为革命的胜利做出了卓越的贡献。为了保障根据地红色政权的稳定与扩大，中国共产党利用教科书进行了强大的政治动员，用教科书大力灌输无产阶级的话语系统，注重塑造领袖人物形象，尤其自1943年10月中共中央宣传委员会第一次提出"毛泽东和共产党是中国的救星"后，根据地教科书迅速突出毛泽东的个人形象，日益淡化其他领导人。根据地教科书从思想意识、政治体制等各个层面，都逐步宣扬、树立起以"毛泽东思想"命名的中国式的马克思主义，使之成为具有强大整合力的意识形态；根据地教科书用崭新的政治意识和行为规范，为凝结大众、规范思想、统一行为发挥了不可替代的作用，为中国革命的最终胜利奠定了坚实的基础。通过根据地小小教科书的动员，根据地的民众，从儿童到青年，从男子到女子，都受到了一次前所未有的政治洗礼，成为中国共产党各项政策的忠实拥护者和践行者。从这一意义上来说，在中国共产党发展历程中，教科书的功绩是其他任何文本所不能取代的。

初显泛政治性的教科书发展模式已经为新中国教科书奠定了基石、提供了范型。新的教科书时代即将来临，大幕正徐徐拉开。

---

❶ 石鸥，曾艳华. 小课本大宣传——根据地教科书研究之一［J］. 湖南师范大学学报教育科学版，2010（5）：5-11.

第五章 新中国成立初期17年教科书的统一与探索
1949~1966

1949年9月，《中华人民共和国政治协商会议共同纲领》第41条规定："中华人民共和国的文化教育为新民主主义的，即民族的、科学的、大众的文化教育。人民政府的文化教育工作，应以提高人民文化水平，培养国家建设人才，肃清封建的、买办的、法西斯主义的思想，发展为人民服务的思想为主要任务。"❶ 这一规定为新中国教育最初的发展指明了方向，中小学教科书建设在开拓进取中不断发展起来。

第一节　新中国教科书的迅速统一

中华人民共和国的成立，标志着中国进入了一个与以往社会性质根本不同的新时代。新的国家必然带来政治体制、经济体制、文化教育体制等方面的巨大改变。对于新中国的文化教育工作，《中国人民政治协商会议共同纲领》明确规定："中华人民共和国的文化教育为新民主主义的，即民主的、科学的、大众的文化教育。人民政府的文化教育工作，应以提高人民的文化水平，培养国家建设人才，肃清封建的、买办的、法西斯主义的思想，发展为人民服务的思想为主要任务。"人民政府根据这个主要任务，从办学方针、课程设置、教学内容和教学方法等方面对旧教育进行了一系列改造。

1949年12月召开的第一次全国教育工作会议，提出当时的教育改革方针是：新中国的教育应以"老解放区新教育经验为基础，吸收旧教育有用经验，借助苏联经验，建设新民主主义教育。"❷ 就中小学教科书而言，人民政府采取了改革旧教材、继承和吸收有用成分的教材发展政策。总目标是，为了确保学校教育的社会主义发展方向，迅速整顿和统一中小学教科书。

---

❶ 中央教育科学研究所编. 中华人民共和国教育大事记[M]. 北京：教育科学出版社，1984：3-4.

❷ 中华人民共和国教育部办公厅编. 教育文献法令汇编（1949-1952）[M] 北京：人民教育出版社，1958：8.

一、新中国早期的过渡教科书

必须承认，1949 年的新中国脱胎于半殖民地半封建的旧中国，虽说政权性质已彻底改变，但从旧中国承继下来的经济、文化、教育并没有多大的改变。共和国之初，我国的学校教育形式多样，既有源于西方的资产阶级学校教育形式，又有解放区的无产阶级新民主主义学校教育形式，还有从苏联学来的教育形式。具体在学校课程和教科书建设上，主要存在着三种基本经验：一种是原共产党解放区的经验（以延安为代表）；另一种是原国民党统治区的经验；还有一种是刚从苏联引进的经验，集中体现在东北解放区。

所以，大约自 1949 年到 1952 年前后，新中国的中小学教科书可以称之为过渡时期的教科书，其基本特点有三：第一，没有全国通用的教科书；第二，各地以大行政区为基本单位使用教科书；第三，中央主管部门规定各地使用的教科书的大概范围。

新中国成立时，为维持教育的稳定性，新生的人民政府对各地学校教育提出的要求是"维持现状、立即开学"。各地教育基本上是大行政区管理与实施。这种制度是在当时特殊的国情下产生的，是一种过渡性的制度，随着经济、政治的发展变化，中央于 1954 年撤销了这种做法。

在中小学教科书的编写、出版和发行等方面，各大行政区的实力差距比较悬殊。六大行政区当中，东北区、华北区、华东区这三大区，一则都是老解放区，二来原有工业基础较好，经济比较发达，文化、教育的底蕴相对比较厚实。因此，在新中国成立初期，中小学教科书主要由这三大区提供。

这里，又以华北区最为关键。华北区是新中国解放较早的地区，其政治、经济、文化教育的发展在共和国前夕和共和国成立初期有举足轻重的作用。就中小学教科书建设而言，华北区当时也是走在前列的，代表国家行为。

共和国成立伊始，学校教育工作千头万绪，其中一项十分重要的任务，就是要编写一套以马克思列宁主义为指导思想的、反映中国共产党意旨的新教科书来代替国民党统治时期的旧教科书。但在共和国初期，国家政治与经济百端待举，一时来不及建立全国性的教材编审机构，编写统一的教材，而教育的发展又刻不容缓。教科书的出版发行量大而时间紧迫，工作十分繁重。为解决1949年秋季中小学开学时的教学用书问题，华北人民政府教育部早在1949年4月就成立了教科书编审委员会。当时的"华北教科书编审委员会是作为中央政府的教科书编审机构的基础而成立的"❶，由叶圣陶任主任委员，周建人、胡绳任副主任委员，成员中大都是各学科的专家，同时又都具有比较丰富的教科书编写经验，其中许多人还是社会活动家、革命者、领导人。

华北人民政府教育部教科书编审委员会成立后，根据人民政府的方针政策立即着手审定、修订老解放区和国民党统治区的中小学课本，他们在华北、东北、华东等解放区中挑选一批质量好、使用范围广的课本，主要是人文社会科学类课本；又从原国民党统治区选拔出一批影响较大、质量过硬的课本，主要是自然科学类课本，修订、改编了一套中小学教科书。这些教科书既供应华北区，也供应全国其他一些地区，❷基本满足了新中国成立之初全国大部分中小学校教学用书的需要，成为新中国成立后第一套在全国较大范围内使用的课本，为新中国逐步统一中小学教科书打下了良好的基础。

---

❶ 中国出版科学研究所，中央档案馆. 中华人民共和国出版史料（1949年）[M]. 北京：中国书籍出版社，1995：170.

❷ 中共中央宣传部关于中小学教科书问题给武汉市委宣传部的指示（1949年7月10日）[M]//中国出版科学研究所，中央档案馆. 中华人民共和国出版史料（1949）. 北京：中国书籍出版社，1995：170.

二、中小学教科书的统一举措

新中国早期，各地中小学使用的教科书多种多样，版本不一。大致有三种情况：一是继承、改编老解放区的教科书（主要指陕甘宁边区、东北解放区、晋察冀边区、山东解放区等自编的教科书）；二是沿用、改造民国时期的教科书（主要是指由商务印书馆、中华书局、开明书店、世界书局、大东书局等传统出版社出版的教科书）；三是引进、编译前苏联的教科书（以东北区为代表）。中小学教科书的多样性导致了一定程度的混乱，具体表现在：课本不能及时供应，有些课本供应比较混乱，影响学校教学质量；出版、发行没有统一计划，局部浪费比较严重；1950年代初期，由于各地没有精确的统计数字，发印大多数是凭经验估计，工作比较被动，导致有的课本供不应求，有的课本又供过于求；❶教科书整体质量不均衡等。更主要的是教科书内容的控制问题，教科书的多种多样使早期新政权在意识形态方面的宣传陷入被动。

有鉴于此，1949年10月，中共中央宣传部长陆定一在全国新华书店第一届出版工作会议的闭幕词中提到："教科书要由国家办，因为必须如此，教科书的内容才能符合国家政策，而且技术上可能印得好些，价格也便宜些，发行也免得浪费。""教科书对国计民生，影响特别巨大，所以非国营不可。"❷ 这样，教科书的统一工作就紧锣密鼓地展开了。

1949年11月1日，华北教科书委员会、中共中央领导下的出版委员会与新华书店编辑部共同组成了中央人民政府出版总署。❸出版总署立即设立编审局，调集部分老解放区、开明书店、中华书局等单位的编辑人员编审文史地教材。当时采取了分两步走的办法，第一，在统一编辑的教科书尚未编成之前，先由教育部和出版总署会同拟订中小学教科用书目录，发到各大行政区的文教部（教育部），规定中小学教科书必

---

❶ 华北联合出版社一年来的工作概况（第一届全国出版会议上的报告），1950：1.
❷ 中央教育科学研究所编. 中华人民共和国教育大事记［M］. 北京：教育科学出版社，1984：3 - 4.
❸ 刘杲，石峰主编. 新中国出版五十年纪事［M］. 北京：新华出版社，1999：2.

须统一采用目录中所列各书；第二，成立国家统一编辑出版中小学教材的专门机构——人民教育出版社，由其组织力量，新编中小学各类课程的教科书，新教科书编成后，一律使用新编的课本。

1950年7月5日，教育部和出版总署首次联合作出了《1950年秋季中小学教科用书的决定》，发布全国统一的教科用书，各地中小学只能在目录中选用其中的教科书。以后，教育部在每年3月、9月分别下达全国中小学春秋两季用书表，这个做法一直延续到1958年。

1950年9月，出版总署召开全国出版会议，会上确定了全国统一供应中小学教材的方针，由出版总署和中央教育部共同组建负责编辑出版中小学教材的专业出版社——人民教育出版社。1950年12月1日，人民教育出版社成立，社长叶圣陶（出版总署副署长兼），副社长柳湜（教育部社会教育司司长兼），社务委员会由叶圣陶、柳湜、刘皑风、宋云彬、朱文叔、金灿然、吉少甫、曾世英、魏建功九人组成，秘书长金灿然，总编辑叶圣陶，副总编辑柳湜、宋云彬、刘薰宇、朱智贤、金灿然。原"华北联合出版社"和"上海联合出版社"并入人民教育出版社，原两社的发行业务则划归新华书店。在特殊的历史背景和形势下成立的人民教育出版社，迅速形成集教科书研究、编写、出版、发行为一体的独特运作方式。从此，中小学教科书的编审、出版工作归于统一，新中国统一编撰出版中小学教科书的制度正式形成。

三、全国最早的准通用教科书的产生

人民教育出版社成立后立刻启动了全国统一或通用教科书的编撰出

版工作。而当务之急是要承担华北、华东地区1951年春季中小学教材的供应工作，并统一向其他地区新华书店供应纸型，分区造货供应。此时，对于成立于1950年12月的人教社来说，完全编撰新的教科书几乎不可能，于是，修订、改编以解放区为主的旧教科书就成为当时的主要对策。

1950年12月25日，中央人民政府教育部、出版总署公布了关于1951年春季中小学教科用书的决定。1951年春季全国中小学教科书用书表所列中小学用书共35种93册，其中30种85册由人民教育出版社出版。❶ 1951年4月16日，教育部和出版总署联合发布《关于1951年秋季教科用书的决定》，在这些中小学教科书中，除高中部的5种8册教科书由其它出版社出版外，其余35种共83册全部由人民教育出版社供应。很显然，人民教育出版社初步实现了全国教科书的统一，只是这些教科书基本上都是修订与改编的，不是人教社的原创。所以此阶段的教科书一般都在版权页上标明是人民教育出版社"修订出版"，或"修订原版"并"校订出版"等字样。这些教科书既不是人民教育出版社的原创，也没有完全在全国通用，所以我们称之为人民教育出版社出版的新中国最早的准通用教科书，但人教社自己称之为第一套通用教科书。

这套教科书并没有覆盖所有学科。由于人手不够，对于外语、音乐、体育、美术等这些中小学必开的课程，人教社没有来得及改编教材。在教育部公布的中小学教科用书表中，规定中学外国语课本暂由各地自行决定采用，而音乐、体育、美术等课程采用何种课本却根本未提。

无论从政治思想、科学知识、语言文字、图片绘制、编辑技术等哪一方面看，这次改编的教科书都比以前的教科书有所提高。然而，由于教育部没有完全订出各科教学大纲，编辑者无所遵循，审稿者也只能凭直觉提意见。人民教育出版社社长叶圣陶于1952年5月28日召集编审部成员总结这次编撰教科书的经验和教训时指出："编辑同志编辑思想上的缺点，最主要是一部分同志对学习苏联的经验还缺乏足够的认识。

---

❶ 中华人民共和国教育部办公厅编. 教育文献法令汇编（1949-1952）[M]. 北京：人民教育出版社，1958：238-240.

认识不足,热情不高,自然不能认真地钻研苏联课本,学习它的优点。如编写初、高中化学的同志,看到教育部的课程标准草案就照着去编,没有找苏联课本认真研究,盲目施工,造成人力物力的浪费……目前我们应该肯定:教科书编写的方针首先是肃清资产阶级观点,学习苏联的经验,先把观点与体系变过来,再求结合中国实际。学苏联同时能做到中国化,当然最好;暂时做不到这一层,中国化不够些,有些教条,也不算大缺点。"(《人民教育出版社新编课本编辑工作总结》,1952年7月16日出版总署编《出版通讯》第4期)。

四、新中国第一套统编通用的教科书

1. 人民教育出版社第一套但夭折了的通用教科书

1952年开始使用的所谓人教社第一套准通用教科书是适应十二年制而编写的,小学六年且分初级和高级两阶段学制。

1951年8月,教育部第一次全国初等教育会议提出,从1952年起,五年内小学改为五年一贯制,要求1954年完成五年制小学全套新课本的编印工作。同年10月政务院命令公布实行《关于改革学制的决定》。《决定》规定小学修业年限为5年,实行一贯制。1952年3月,教育部颁发了《小学暂行规程(草案)》(执行小学五年的学制)和《中学暂行规程(草案)》。

根据教育部要求,人教社迅速行动起来,开始编写适应小学五年一贯制的教科书。首先启动的是小学语文和算术课本的编写。语文由朱文

叔、刘御主持编写，算术由俞子夷、霍德元等人编写。第一册语文、算术很快便完成并于 1952 年 5 月出版发行，秋季投入学校使用。陆续地，第二册于 1952 年 11 月出版发行，1953 年春季投入使用；第三册于 1953 年 3 月出版发行，秋季投入使用。

这是人教社完全自主编写的、拥有自主知识产权的第一套教科书，是中国最早用"语文"取代"国语"的小学教科书。

但是，两年后的 1953 年 12 月，政务院突然发布《关于整顿和改进小学教育的指示》，取消五年一贯制，"小学学制仍沿用四二制，分初、高两级。"学制改革戛然而止。当然，人教社这套适应五年制需要的教科书也就夭折了。1954 年春季学期后，五年制教科书即停止使用。尽管这套课本出师不利，寿命不长，但影响不小。

首先，它可以说是人教社自编教科书的开始，是人教社完全自主编写教科书的尝试与起步。其次，这是我国教育史上最早使用"语文"的一套小学教科书。

2. 人民教育出版社第一套自主知识产权的通用教科书

人民教育出版社自主知识产权的教科书虽然夭折了，但它并没有停止整顿教科书市场、统一教科书使用的步伐。

自 1953 年开始，国家开始制订并实施发展国民经济的第一个五年计划，同时开始大规模地进行以三大改造为中心的社会主义革命。这一时期的教育性质已由新民主主义教育进入社会主义教育。1953 年以后，向苏联学习趋向高潮，苏联的普通教育理论和方法也深刻地影响了我国中小学教育的发展。为使基础教育更好地为国民经济建设服务，1953

年5月，中共中央政治局召开会议讨论教育工作时，毛泽东主席十分重视教材问题，指示教育部宁可把别的摊子缩小点，也必须抽调大批干部编出社会主义教材。❶ 当时，已调任教育部副部长的叶圣陶仍兼任人民教育出版社社长和总编辑，新调来的戴伯韬、辛安亭、吴伯箫等人任副社长、副总编辑，为统编中小学教科书做准备。

此时统编教科书的最大特色是学习苏联经验。1954年6月教育部明确了人民教育出版社的任务：第一步，根据教育部确定的中小学教学计划修改或编订各科教学大纲，由政府正式颁布。第二步，根据已确定的教学大纲改编或新编中小学教科书。第三步，根据教学大纲和教科书编写教学法或教学参考书。同时明确，数学及自然科学教科书应吸收苏联先进成果，以苏联最新出版的教科书为蓝本，结合中国实际情况，予以适当改编。人民教育出版社据此制定了《关于本社当前任务、编辑方针、组织机构及组织领导的决定》，明确了编辑思想："数学和自然科学教科书应吸收苏联成果，以苏联最新出版的教科书为蓝本。对苏联教材的整个思想体系与基本学科内不作大的变动，只对其中不适合中国实际情况的具体材料加以适当的更改或补充。语文、历史、地理等教科书必须自编，苏联在这方面的编辑原则、方法和经验，应尽量吸收。世界自然地理、世界经济地理及世界史等也可以苏联课本为蓝本，加以适当改编。"❷ 当时的编辑方针是："第一，贯彻社会主义思想，采用系统的基本科学知识，注意吸收先进的科学成果。第二，以马克思列宁主义的立场、观点、方法来解释各种问题，即以辨证唯物论和历史唯物论的观点来阐明自然现象和社会生活规律。第三，贯彻理论与实际结合的原则，教育与生产劳动结合的原则，把科学原理、法则、定律与我国工农业建设、革命斗争结合起来。第四，符合教学原则，适合各科教学目的与学生年龄特征。第五，吸收苏联的先进经验。"❸ 同年7月，教育部党组批准了上述编辑方针，并指出："今后编辑教材，应按照中央所指

---

❶ 中央教育科学研究所编. 中华人民共和国教育大事记（1949–1982）[M]. 北京：教育科学出版社，1984：77, 72. 刘杲, 石峰主编. 新中国出版五十年纪事[M]. 北京：新华出版社，1999：28.

❷ 课程教材研究所编. 教材制度沿革篇（上）[M]. 北京：人民教育出版社，2004：11.

❸ 《中国教育年鉴》编辑部编. 中国教育年鉴（1949–1981）[M]. 北京：中国大百科全书出版社，1984：484.

示的'我们学校应以社会主义思想,以马克思列宁主义思想教育学生'的方针和政务院'关于改进和发展中学教育的指示'所规定的关于编辑教材的原则,来从事工作;并应注意吸取苏联的先进经验和成果,同时还要检查现有的教材,总结我国自己的编辑经验(包括老解放区和旧中国的经验),用以改进我们的编辑工作。"❶

为了贯彻 1954 年的教材编辑方针,编辑好第一套真正属于自己的教科书,人民教育出版社对编辑人员提出了要求并确立编审制度:①根据中央最近的指示和总的编辑方针修订教学大纲,并有重点地检查现行教科书,指出主要错误观点,提出今后改进意见和改编计划,以提高编辑人员的思想水平和写作能力;②加强编辑人员的政治、教育、所任学科及语言逻辑方面的学习,特别是学习苏联先进经验,借以不断提高业务水平;③加强编辑制度,树立科学的工作方法,教科书的内容要避免重复,要相互衔接。初稿完成后,必要时一定要在一定学校内试用;④执行严格的审查制度,每一本教科书在出版之前均须在政治上、科学上、教学原则上以及文字上进行严格审查。❷

为了确保该套通用教科书的质量,一方面,人民教育出版社集结了相关各方优秀人士,形成了一个庞大的编撰队伍;另一方面,从 1954 年开始人民教育出版社代教育部拟订十二年制中小学教学大纲,为教科书的编写提供基础。1955 年,毛泽东主席《关于农村合作化问题》发表以后,为适应社会主义革命形势发展的需要,人民教育出版社于 1955 年开始陆续出版统编的新教科书,并于 1956 年秋季在全国逐步使用。这套教科书包括课本 41 种 97 册,教学参考书 23 种 69 册,是新中国第一套配有教学用书的统编通用教科书。

这套教科书种类繁多,成为新中国成立之后、新课改实施之前种类最为庞杂的一套教科书。当时我国的课程体系设置完全是模仿前苏联的课程体系,如苏联的历史科目包括古代史、中古史、近代史、苏联史、附属国和殖民地国家的近代史,于是我国的历史科目设置了世界古代史、中国古代史、世界近代史和中国近代史。苏联的地理科目包

---

❶ 魏国栋,吕达编.教材制度沿革篇(上册)[M].北京:人民教育出版社,2004:11.
❷ 魏国栋,吕达编.教材制度沿革篇(上册)[M].北京:人民教育出版社,2004:14-17.

括自然地理、外国自然地理、苏联自然地理、外国经济地理、苏联经济地理，我国的地理科目就设置了自然地理、世界地理、中国地理、中国经济地理、外国经济地理。同样，初中语文则是汉语、文学分编，中学生物则是植物学、动物学、人体解剖生理学和达尔文主义基础分编。

这套教科书成为人民教育出版社第一套拥有自主知识产权的、真正统编通用的中小学教科书（该社称之为第二套通用教科书，它把由各解放区特别是华北区编写的教科书进行了一定的修改后出版，并称之为第一套通用教科书），它开启了新中国"一纲一本"的教科书时代，它的推出也确立了人民教育出版社作为唯一的国家教科书编撰出版机构的地位，新中国教科书编审统一的国定教科书制度正式形成。

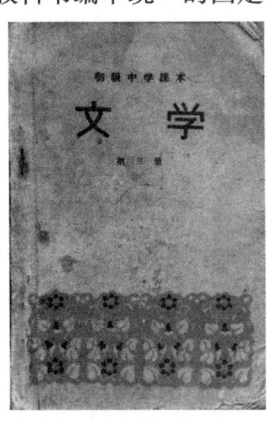 

3. 统编教科书的科学化探索

这套统编教科书探索了教科书"科学化"的发展规律，与之前的教科书相比有了相当大的进步。比如实施先试验后推广的渐进式模式。特别值得提出的是，实施了汉语与文学教材分开编撰、分别教学的探索。尽管对此评价不一，但对语文中的语言和文学的区别对待，确是语文课程的重要改革。

1951年3月，时任政务院文教委员会秘书长的胡乔木在教育部召开的第一次中等教育会议上指出：语文教学"内容包括语言和文学两个部分，二者所负担的任务不同，所以不能互相代替……。语文教学目前存在着特别混乱的现象，其原因就是没有把语言教育和文学教育分开,……语文教育同文学教育可联系起来,但不能混淆。"❶同年5月6日,《人民日报》发表社论《正确地使用祖国的语言,为语言的纯洁和健康而斗争》。在这一形势下,语文教育界开始对语言学和文学的性质及其不同的知识体系进行探索,汉语、文学分科教学开始酝酿。1953年4月,教育部向中央政治局报告工作,提出改进中小学语文教学的问题。毛泽东同志指示,语言、文学可以分科,并指定成立中央语文教学问题委员会,由胡乔木任主任。

语言与文学分科很大程度上是受苏联模式影响的结果。教育部副部长叶圣陶当时在《关于语言文学分科的问题》(1955)中说道:"几年以来学习苏联的热情越来越高涨,介绍到我国来的苏联的先进教育理论非常多,苏联的语言文学分科教学的经验足够我们参考,这是我们语文教学改革的一个极有利的条件。"❷可以说,对苏联语言和文学分科的经验的学习借鉴,直接促成了1950年代我国汉语、文学的分科教学。

1953年12月,新成立不久的中央语文教学问题委员会向党中央提交了《关于改进中小学语文教学的报告》,细致地分析了语言、文学混教的弊病,提出了汉语、文学分科的具体实施意见。1954年2月1日,毛泽东参加的中共中央政治局扩大会议批准了这个报告。在中央通过了分科教学的决定后,各教育部门就开始了分科的准备工作。教育部责成人民教育出版社根据《报告》的精神,编写中学文学、汉语两科的教学大纲、课本及教学参考书。❸

人民教育出版社做了大量工作。人教社将原来的中学语文编辑室改组为文学、汉语两个编辑室。时任人教社副总编辑的吕叔湘指导汉语编辑室的业务、学术工作,张志公任汉语编辑室主任,主持初中《汉语》教学大纲及课本的编写工作。参与《汉语》课本编写的有张中行、郭翼舟、周振甫、洪心衡、吕冀平、徐萧斧、孙功炎、陈治文等(有的只参与部分内容编写),由叶圣陶、吕叔湘、吴伯萧、朱文叔校订。❹当

---

❶ 顾黄初.中国现代语文教育百年事典[M].上海:上海教育出版社,2001:320.
❷ 叶圣陶.关于语言文学分科的问题[J].人民教育,1955(8):27-33.
❸ 刘英杰.中国教育大事典(1949-1990)(上册)[M].杭州:浙江教育出版社,1993:424.
❹ 新中国中学语文教育大典编写组.新中国中学语文教育大典阅[M].北京:语文出版社,2001:522.

时主编初高中《文学》课本的是张毕来、王微、蔡超尘,参与《文学》课本编撰的有冯钟芸、李光家、张传宗、梁伯行、姚韵漪、董秋芳、余文、刘国正、韩书田、周同德等,参与校订是叶圣陶、吴伯萧、朱文叔。❶ 为了保证文学课本的质量,人民教育出版社由吴伯萧主持召开过几次作家座谈会,茅盾、臧克家、老舍、萧三等文学大师都曾到会,对文学课本提出过意见。

1955年开始,汉语、文学课本相继出版,包括初级中学汉语课本及教学参考书(1~6册)、初中文学课本及教学参考书(1~6册)、高中文学课本及教学参考书(1~4册)(计划是6册,实际上只编了4册)。

1956年4月,在尝试使用分科教科书试验使用的基础上,教育部发出了《关于中学、中等师范学校的语文科分汉语、文学两科教学并使用新课本的通知》,❷从这年秋季开始,全国全面推行汉语、文学分科教学,各地中学正式使用汉语、文学教科书。

由此可见,从中央、教育部到人民教育出版社对汉语、文学分科教学都相当重视,计划详细,逐步落实。然而遗憾地是,这次分科教学试验从准备到实践前后历时7年,而真正在全国范围内的推广仅仅持续了三个学期。

1958年3月,中央宣传部突然宣布停止分科教学,中学语文的汉语、文学仍合并为语文,恢复原来的语文课综合设置。中学汉语、文学分科教学从大张旗鼓的造势,到草草收场,确实令人费解。这场耗费了无数人心血,而且至今仍得到好评的分科教学中止的真正原因,一直扑朔迷离。但不管怎样,这次语文课程的改革和语文教科书的分科编撰,是新中国花时间最多,规模最大,力度最大,集中优秀力量最多,中央领导最为重视的一次语文单科教学改革,是我国教科书发展史上一次非常有价值的探索,作为分科实验的产物——汉语、文学教科书,具有体系完整、内容丰富、选材经典、插图精美等特点,对当时及后来我国中

---

❶ 新中国中学语文教育大典编写组. 新中国中学语文教育大典阅[M]. 北京:语文出版社,2001:522.

❷ 中华人民共和国教育部. 关于中学、中等师范学校的语文科分汉语文学两科教学并使用新课本的通知[J]. 人民教育,1956(5):64-66.

学语文教学与教科书建设产生了深远的影响。

4. 对第一套统编通用教科书的简要评述

这套教科书意义重大，但也存在一些问题，如过于仿效苏联的做法，比较突出的问题是要求高、内容深，教学困难，部分内容重复。比如历史课文的内容增加后，导致初中和高中中国历史课本中有很多重复的内容，而且教学时间也紧张。汉语、文学分编，文学中的基础知识被削弱，许多教师感觉难度太大。高中取消了生物学，代以人体解剖生理学和达尔文主义基础，教科书大大削弱了关于细胞、新陈代谢、生殖发育等普通生物学基础知识，特别是删去了细胞遗传学方面的内容，造成了学生对前沿知识的掌握不足。尽管如此，这次改革在教材建设史上是很有意义的，恰如蒋仲仁先生所说，"改革是取得成绩的。从当时某些学校的教学报告，某些地区和全国性的调查报告和总结都可以得到证明。直到今天这次改革还给人留下深刻的印象"❶。

这套教科书要求较高、内容较深，造成了教与学的过分紧张，在发现这一问题之后，在教科书使用一年后的1957年8月，教育部先后发出《关于精简小学语文、历史、地理教材的通知》和《关于中学历史、地理、物理、生物等科教材的精简办法》，对中学历史、地理、物理、生物和小学语文、历史、地理七门学科教科书提出了精简要求。精简的目的在于减轻学生学习负担，克服教师"赶进度"、学生"囫囵吞枣"的现象，从而提高教学质量。

对于这套教科书，人民教育出版社有它自己的评价。1960年，人民教育出版社在《十年工作总结》中指出，从内容看，这套教科书"为社会主义政治服务的思想比较以前明确了。大部分教材能初步运用马克思列宁主义的立场、观点，阐述自然现象和社会现象；大部分教材注意吸收最新的科学成就。各科教材都注意到给予学生系统的基本知识"。1961年10月，教育部报中共中央文教小组的《编写中小学教材的概况和对今后工作的意见》中，对这套教科书的看法是："一般反映，新编的课本比1953年以前的课本好，有进步。无论在科学性、系统性、或思想性方面都加强了。同时编出了教学大纲和教学参考书，对

---

❶ 蒋仲仁. 语文教学三十年［M］//中学语文教学论集. 天津：新蕾出版社，1985：459.

教师的教学有一定的帮助。"教育部的报告中也指出这套教科书有缺点，主要是学习苏联，结合我国实际不够。

第二节　教科书的放权探索

1956年12月，我国基本完成三大改造，实现了由生产资料私有制向社会主义公有制的转变，社会主义制度建立。1957年1月新中国开始进入社会主义初级阶段，进行全面建设社会主义的最初实践。在教育上贯彻执行了"两条腿走路"的方针，进行了一系列旨在适应社会主义建设需要的教育教学改革。1958年开始的"大跃进"更是把教育带入了快速而盲目的跃进轨道，从全民办教育到全民编教材，我国教科书建设进入到一个新的重要阶段。一方面，教科书建设开始了本土化探索，其主要特征是教科书编写权力的下放。另一方面，教育大跃进的失败也必然导致教科书放权探索的目标偏离，放权探索走向盲目探索。从1961年开始，伴随着国民经济的调整，教科书的质量建设也提到了议事日程上。

教科书放权与当时的整个教育形势相关。1958年8月，中共中央和国务院发布《关于教育事业管理权下放问题的规定》，一方面指令教育部"组织编写通用的基本教材、教科书"❶，另一方面又提出，"各地方根据因地制宜、因校制宜的原则，可以对教育部和中央主管部门颁发的各级各类学校指导性教学计划、教学大纲和通用的教材、教科书，领导学校进行修订和补充，也可以自编教材和教科书"❷。1958年9月19日，中共中央、国务院发布《关于教育工作的指示》，提出："党的教育工作方针，是教育为无产阶级的政治服务，教育与生产劳动相结合。"《指示》号召要动员一切积极因素，充分依靠群众，走群众路线，多快好省地发展教育事业。使全国在3~5年内，基本完成扫除文盲、普及小学教育、农业合作社设置中学和使大多数学龄前儿童都能入托儿所和

---

❶ 中央教育科学研究所编. 中华人民共和国教育大事记[M]. 北京：教育科学出版社，1984：228.

❷ 中央教育科学研究所编. 中华人民共和国教育大事记[M]. 北京：教育科学出版社，1984：228.

幼儿园的任务；争取3～5年内，基本做到使全国凡是有条件和自愿的青年和成年都可以受高等教育，普及高等教育。在办学方面，《指示》提出，为了多快好省地发展教育事业，必须采取统一性和多样性相结合的原则，全日制学校、半工半读学校和各种形式的业余学校并举。也就是说必须动员一切积极因素，既要有中央的积极性，又要有地方的积极性和厂矿、企业、农业合作社、学校以及广大群众的积极性。《人民日报》1958年10月的一篇社论指出："对教学计划、教学大纲、教材进行一次大改革，是目前教育工作中的迫切任务。"

由此，在这一大背景下，新中国成立以来的第一次中小学教科书改革——以放权为特征的探索开始了。

一、教科书多样化的首次尝试

1958年8月，中共中央和国务院发布了《关于教育事业管理权下放问题的规定》，指出今后"各地方根据因地制宜、因校制宜的原则，可以对教育部和中央主管部门颁发的各级各类学校指导性教学计划、教学大纲和通用的教材、教科书，领导学校进行修订和补充，也可以自编教材和教科书"❶。9月，教育部发出通知：今后各地可以自编教材，教育部不再颁发教学用书表。自1950年开始的、旨在规范教科书选用而颁布教科书选用目录表的做法就此结束。这是新中国放松或调整教科书管制的一次有影响的尝试和重要举措。

1958年10月4日，《人民日报》发表社论《根据党的教育方针来改革教材》，宣传和推荐河南省农业林业教育工作者编写教材的经验，说他们在短短五个多月的时间里，就制订和编写出高等、中等、初等三级农林学校整套的教学计划、教学大纲和教材。他们的根本经验就是编辑教材必须从本国和本省的实际出发，与生产实际相结合，坚决克服教条主义。并指出：教育是人民的事业，办教育要走群众路线，编教材也要走群众路线。编教材也要两条腿走路，中央编、地方编，专家编、教

---

❶ 中央教育科学研究所编. 中华人民共和国教育大事记［M］. 北京：教育科学出版社，1984：228.

师和群众也可以编。❶

在这种形势下,全国各地教育部门和学校结合各自的实际情况,采用增、删、补、改等方式,对原来由人民教育出版社编写出版的通用教科书进行修订、改编,甚至完全自编,掀起了新中国第一次地方自编教科书的热潮。据不完全统计,其中有 18 个省市和师范院校编写了整套或部分九年制、十年制中小学新教科书以及其他不同学制、不同学校的教科书。

二、学制改革探索与教科书建设

为了实现教育战线的大跃进,遵循毛泽东同志提出的"学制要缩短,教育要革命"的思想。1958 年 9 月,中共中央《关于教育工作的指示》提出:"现行学制是需要积极地和妥当地加以改革的,各省、市、自治区的党委和政府有权对新的学制积极进行典型试验,并报告中央教育部。经过典型试验取得充分的经验之后,应当规定全国通行的新学制。"❷ 于是,从 1958 年秋季起,各地纷纷进行缩短中小学学制的改革试验。

当时试验的学制类型有:小学五年一贯制,中学五年一贯制,中小学三四二制、五三二制、九二制,中小学九年一贯制、七年一贯制、十

---

❶ 中央教育科学研究所编. 中华人民共和国教育大事记[M]. 北京:教育科学出版社,1984:230.

❷ 人民日报,1958-9-20.

年一贯制，初中二年制，中学四年制，中学四二制、三二制、二二制等。❶ 这是新中国发展历程里学制种类较多的一段时间。当时，试验小学五年一贯制的有河北、山西、辽宁、吉林、黑龙江、陕西、甘肃、青海、上海、江苏、安徽、江西、湖北、河南、贵州等十五个省市。各地认为，由于许多地方已经普及小学，从前分开的初小和高小已经联在一起，加之小学教材重复太多，容易精简。所以，实行小学五年一贯制并不困难。与1952年全国实行小学五年一贯制时的重重困难相比，这次推行起来容易多了。试验中学五年一贯制或中学三二制的有吉林、陕西、甘肃、江西、河南、青海等六个省。试验中小学十年一贯制的有北京、河南。试验中小学九年一贯制的有黑龙江等。河南是十年制分段。甘肃省甚至有两种方案的十年制分段，所谓"小提高"和"大提高"。"小提高"是相对于中学六年制而言，"小提高"十年制的毕业生的数理化水平要高于"三三制"（六年制中学）；"大提高"则要求毕业生数理化水平达到工科大学一年级的水平。❷

为保证学制改革的顺利进行，不少地区和学校编写了适应学制试验所需要的教科书。以上海为例，根据中共中央、国务院《关于教育工作的指示》，上海市教育局制定了《关于制定小学五年一贯制中学四年一贯制的意见（草案）》。从1958年9月开始，全市有300多所小学在一年级试行五年一贯制，参加学生6.3万人，占全部一年级学生的1/4。中学则同时试验三种学制：华东师大附中等28所中学试行中学四年一贯制；虹口中学等20所学校在高一年级试行高中二年级文理分科制；市十一女中、上海中学等10所学校试行半工半读。此外，还有四所学校试行中小学九年一贯制。❸ 在课程调整方面，上海市有31所中学分别增设了农业基础知识、制图、农业簿记会计、珠算、技工等21个学科，有30所中学分别取消了音乐、美术、历史、生理卫生、体育等13个学科，16所学校的数学、物理、化学等11个科目分别增加了课时，另有

---

❶ 高奇.新中国教育历程［M］.石家庄：河北教育出版社，1996：106-107.
❷ 姬维多主编.百年风雨树人路：纪念西北师范大学附属中学西迁办学七十周年暨建校106周年［M］.兰州：甘肃教育出版社，2007：13.
❸ 吕型伟主编.上海普通教育史［M］.上海：上海教育出版社，1994：199.

28所学校的语文、历史、地理、外语等14个科目减少了课时。❶ 调整目的是加强教学与生产的联系，突出与生产直接联系的科目。与此同时，还通过增、删、补等办法，对中小学通用教科书进行修改。1958年6月以后，市教育局集中部分中小学教师脱产到工厂、农村调查，编写中小学和农业中学各科教科书。1958年共编小学教科书8种33册，中学教科书13种24册。❷ 在教学方法上，出现现场上课、请工农兵上课、课堂讨论、课外专题研讨等形式，甚至出现让学生授课、单科独进等做法。1960年，上海成立了上海市中小学课程革新委员会，开展中学五年制改革试点，试图对学制、课程设置、教学内容进行彻底更新，把现代化的科学成就反映到教科书中去，克服教科书的陈旧、落后、繁琐。上海市教育局以华东师范大学为基地，编出了几十种新教科书，在28所中学试用。❸

当时，各地探索编写的有全套或部分九年制、十年制教科书，有五五制的教科书，还有五三二制的教科书等。如北京师范大学编写了中学四年一贯制教科书，吉林师范大学也为吉林省编写了九年一贯制教科书。北京市还编写了五三二制的教科书和中学四年一贯制的教科书，北京的五三二教科书影响较大，被山西等其他地方使用。上海也编写了五五制的教科书和中学四年一贯制的教科书，山东、湖南编写了五五制的教科书，江西、福建、云南编写了三二制中学教科书，四川省编写了十年一贯制课本，甘肃省、湖北省编写了十年制学校试用课本，辽宁省还编写了八年制学校试用课本，等等。这其中，北京师范大学的九年一贯制教科书值得一提。

为了实现教育战线的大跃进，遵循毛泽东同志提出的"学制要缩短，教育要革命"的思想，20世纪50年代末，北京师范大学着手缩短学制的实验。研究人员提出中小学实行九年一贯制，即以基本一贯、适当分段为原则，将一至五年级作为一段，六至九年级作为一段。研究者制定了全日制中小学九年一贯制的教学改革方案和各科教

---

❶ 吕型伟主编．上海普通教育史［M］．上海：上海教育出版社，1994：200．
❷ 胡松柏主编．中华人民共和国教育发展全史［M］．南宁：广西教育出版社，2009：113．
❸ 张健．中国教育年鉴（地方教育）（1949－1984）［M］．长沙：湖南教育出版社，1986：406－410．

学大纲，编写了全套试用教材，共 15 种，包括 21 门课 104 册，在北京师范大学的附属中小学进行实验。这套九年制教科书虽然是北师大编写的，但由人教社出版。其特点之一是按九年来统一编册，比如出现过《语文》第十八册这一教科书发展史上很少见的现象。这套书的另一个特点是封面设计多有彩图，较之 50 年代初期的教科书，显得更美观大方。"九年一贯制"在当时影响颇大，但使用不久便被十年制学制教科书取代。

当时为了适应农村发展水平，一些地方设置了耕读小学。根据耕读小学的教学需要，当时广东、安徽、云南、内蒙古等地方教育主管部门组织编写了一些专门供耕读学校使用的教科书。在此前后，针对中国广大农村实际，还出现过民办中学、农村中学等性质的学校，自然也就有专门为这类学校编写的民办中学教科书、农村中学教科书。

三、适应课程调整的教科书建设

1958 年 5 月 10 日，教育部在《关于 1958～1959 学年度中学教学计划的补充通知》中规定：从今年秋季初中一年级开始，自然地理不单设一科，地理课集中在初中一、二年级开设（内容包括地球、世界地理、中国地理、乡土地理），初中三年级不开设。名称统叫作地理。1959 年 4 月 23 日，教育部又颁发了《关于停设高中和师范学校经济地理的通知》，通知指出："现行中学和师范学校教学计划中的高中经济地理，有许多内容与初中地理和政治课重复，不再作一门课程单独开设。"❶伴随着课程的调整与合并，新的课程出现，人们开始探索编纂新的教科书。

1. 政治类课程教科书

1957年8月17日，教育部《关于中学、师范学校设置政治课的通知》指出：课程总称为"政治课"。初中一、二年级开设《青年修养》；初中三年级开设《政治常识》；高中一、二年级开设《社会科学常识》；高中三年级开设《社会主义建设》。该通知没有来得及落实，后被8月27日教育部和团中央发出的《关于对中学和师范学校学生进行社会主义思想教育的联合通知》所终止，将1957年下半年中学和师范学校原定各年级的政治课内容改为以反右派斗争为中心的社会主义思想教育。同年11月教育部发出了《关于中学和师范学校社会主义教育课教材目录》的通知，对于在中学和师范学校各个年级开设社会主义教育课的目的、内容、原则和方法做了详细的说明。社会主义教育课根据毛主席在"关于正确处理人民内部矛盾的问题"中所指出的六项政治标准，批判"右派分子反党反人民反社会主义的言行"，着重解决当前学生在政治思想上的主要问题。这是新中国成立后少见的有中国共产主义青年团中央委员会直接参与领导的中小学校政治课程。

根据教育部的规定，中学《社会主义教育课》教材分初中一、二年级，初中三年级，高中一、二年级，高中三年级四种，供一学年教学之用。随后，各省市教育行政主管部门据此编撰了"社会主义教育课"教科书。以山西省为例，由山西省教育厅编的《社会主义教育课》以毛泽东的"关于正确处理人民内部矛盾的问题"的报告为中心，选辑有关文件和人民日报社论等编成。其他各地该教材的内容大致相同。

社会主义教育课教科书仅存在了短短一年左右时间。1959年7月16日，教育部颁发了《中等学校政治课教学大纲》，社会主义教育课被取消。《大纲》规定各年级的课程设置是：初中设政治常识课，包括共产主义道德、社会发展简史、社会主义革命和建设、思想方法等方面的

---

❶ 中华人民共和国教育部办公厅编. 教育文献法令汇编（1959）[M]. 北京：人民教育出版社，1960：68.

常识；中等专业学校、师范学校、高中设政治常识、经济常识、辩证唯物主义常识课。此外，中专、师范、高中和初三另设时事政策课，初中一、二年级定时进行时事教育。❶ 此后，我国的中学政治课设置大体上沿用了这一框架。随后，人民教育出版社采用选辑文件的方式，编辑了供初中一二年级、初中三年级、高中用的三种《政治常识》代用教材，于1959年8月出版。同时，北京、河北、吉林、甘肃、湖北、江苏等省市也自行编写了部分中学政治教科书。据统计，到1960年9月教育部召开"中等学校政治课教材研究会"时，各地共编出《共产主义道德》《社会发展史》《政治常识》《政治经济学常识》《辩证唯物主义常识》《中共党史》等32种政治课本。❷

2. 生产劳动课程教科书

1958年3月8日，教育部颁发了1958~1959学年度中学教学计划，此次中学教学计划的调整内容有：第一，加强劳动教育，规定学生参加体力劳动的时间（每学年为14~28天），初高中各年级增设生产劳动科，初、高中三年级增加农业基础知识课。城市中学可根据条件开设或不开设，并可酌量增加些工业常识的内容。在农村小学（包括大、中城市的郊区和小城市的小学）第五、六学年增加农业常识课。城市小学不开农业常识课，用手工劳动课代替。第二，改进外国语科的教学。着重整顿和加强高中外国语科的教学，同时在大中城市有条件的初中开设外国语科。第三，对语文、历史、地理、生物、物理、化学等科的安排和教学时数做了调整。规定初中算术课中，应增加珠算和簿记的教学；语文、中国历史、中国地理应分别增加乡土教材。

生产劳动被列为正式课程，必然会引发对相应教科书的需求，于是便出现了多样化的手工劳动课教科书。人民教育出版社以及安徽、江苏等地的教科书以手工劳动教学参考资料的形式出现，其他一些地方则直接采用了教科书的形式，如辽宁省编写出版的手工劳动教科书、黑龙江省的手工劳动教科书。此外，还出现过木工、织工、泥工等教科书，甚

---

❶ 中华人民共和国教育部编. 中等学校政治课教学大纲（实行草案）[M]. 北京：人民教育出版社，1957：25.

❷ 刘英杰主编. 中国教育大事典（1949-1990）（上）[M]. 杭州：浙江教育出版社，1992：394.

至出现有电路安装之类的教科书，如广州的木工课本等。由于各地区农业生产情况不同，要编写全国适用的教科书是很困难的。但是为了规范小学的农业常识教科书，教育部于1957年颁布了"小学农业常识教学要点"，供全国各地编写这一教材时参考。至于中学的农业基础知识教材则由各地参照初级中学实验园地实习教学大纲的精神，结合当地的实际情况自行编写。❶ 所以这一时期产生了大量的农业知识课本。

3. 乡土教材与补充教科书

1958年1月23日，教育部发出《关于编写中小学、师范学校乡土教材的通知》，要求各地编写乡土教材。《通知》指出：根据党中央和毛主席的指示，中小学和师范学校地理、历史、文学等科教学中都要讲授乡土教材。对于乡土教材，"多数的地方教育行政部门还没有注意到这项工作。这种情况必须改变。各省、自治区、直辖市教育厅、局应当负责编写、审查乡土教材的工作"❷。这说明当时的乡土教材建设还不均衡。

《通知》还提出了乡土教材的编写原则：一是必须符合党的教育方针，必须符合各科教学的目的和要求；二是必须适合学生的年龄特征和接受能力；三是着重以初中的农业基础知识、小学的农业常识、中小学的历史、地理、音乐，中学的文学和小学的语文等科为主；四是选材范围，中学要以省、市为重点，小学要以县市或专区为重点。中学乡土教材由省、市教育厅、局负责编写，小学乡土教材由县、市教育科、局或专署教育科负责编写，或由县市提供材料，由省市审订。

根据教育部的要求，当时全国各地都非常重视乡土教材的编写，几乎都编写了乡土教材。如吉林省教育厅根据教育部的要求，1958年4月21日通知各市、县组织力量编写有关学科的乡土教材，12月20日又成立了吉林省中小学教材编审委员会，由省委宣传部长任主任委员，强化乡土教材、补充教材的建设。这些教材对保证当时的正常教学秩序，培养学生热爱家乡的情感，建设家乡的信念发挥了一定作用。有些地方

---

❶ 中华人民共和国教育部办公厅编. 教育文献法令汇编（1957年）[M]. 北京：人民教育出版社，1958：47.

❷ 中华人民共和国国务院公报，1958（5）.

的乡土教材由省级教育部门编辑、出版,如湖南省教育厅编、湖南人民出版社出版的《湖南省地理》《湖南近代现代革命史简编》,广东省教育厅编、广东人民出版社出版的《广东省中学历史乡土教材试用本》,甘肃省教育厅编、甘肃人民出版社出版的甘肃省中学乡土教材《语文》,贵州省教师进修学校编、贵州人民出版社出版的《贵州地理》,江西省教育厅组织编写、江西人民出版社出版的《可爱的江西》等;也有的由地、县级教育部门主编的。

这一时期有一个比较特殊的现象,即普遍编写了许多学科的补充教材。所谓补充教材,是指对正式教材进行补充而编写的教学材料。一般根据学生的个体差异、教学的实际需要和科学技术发展的新成就而编写,主要用于因材施教,因时因地制宜,以弥补正式教材的缺陷。如农科依照南北气候差异、物种不同、耕作习惯不同而编写的补充材料。

这一时期的补充教材有其特殊背景。从某种意义上而言,它是对教科书放权措施的进一步修补与完善,同时也是贯彻中共中央、国务院"关于教育工作的指示"精神的需要,是"教材内容、教学形式、教学方法,必须在充分发动群众的基础上进行一系列的革命"的举措之一。不少补充教材是补充该学科缺少的部分和补充本省乡土教材,也是保证和提高教学质量的需要。大跃进期间,中小学掀起了以精简教材为中心的教学革新高潮,一般采取砍、换、补、并四种方法来达到上述目的。但是,从实际情况来看,砍换并做得多,补做得少。如果砍而不补或砍而少补就会使得教材革新缺少积极的因素,会造成破而不立。在效果上最多只能做到把原来的教材加以压精,不可能在精简的基础上进一步完善教学内容,从而提高教学质量。适当地补一些能促进教学为现实服务的教材是必要的。❶

有些补充教材由人民教育出版社编写,有些则有地方编写。比如高中化学,由于课本中所讲的化学元素不多,在生产实际中不够用,反映现代化学最新成就不够,内容不够丰富,为此人教社编写了高中《化学》补充教材。补充教材包括"铜、锌、铅、锡""稀有金属""放射性元素""有机化合物的命名法""合成有机高分子化合物等五个部分,

---

❶ 李孝友.关于清代史的几点补充教材[J].历史教学问题,1958(6):12-13.

在讲完高中化学后讲授，也可插入教材的有关部分讲授。各地在使用这本教材时，在讲授的深度和广度上，可以根据教学的具体情况和当地工农业生产的实际情况，因地制宜，灵活掌握，有所增删。

四、统编教科书的整顿提高

由于教育权限的下放，全国各地流行自编教学大纲和教科书，这是新中国第一次将教科书编写权力下放，是第一次教科书的多样化尝试。但这样一来，1956年教育部颁发的教学大纲实际上就失去了意义，教科书的质量更是参差不齐。1959年1月，中共中央书记处会议做出了有关教育的几项决议，其中之一就是，体制下放后，中央该管的事，如学制、课程设置和课本等，必须管起来。1959年3月20日，《教育部党组关于编写普通中小学和师范学校教材的意见》指出："为了贯彻统一性与灵活性、多样性相结合，教育部负责编写通用教材供各地采用，地方可以因地制宜地加以适当变动，并且编写补充教材和乡土教材。""由教育部负责制订中小学和师范学校的指导性教学大纲，编写通用教材供各地采用，地方可作适当变动，编写补充教材和乡土教材。"随着1960年"调整、巩固、充实、提高"方针的实施，逐渐加快了教科书的统一步伐。1962年4月7日，教育部颁发了《关于1962～1963学年度中小学教学用书的通知》，随通知附发了《1962～1963学年度普通中小学教学用书目录》。这些教学用书都是由人民教育出版社编辑、出版，供全国各省、市、自治区教育厅、局采用。同时还附发了《中小学数学课本的使用意见》《中学生物课本的使用意见》《中学俄语和英语课本的使用意见》。❶ 这是1958年停止公布教学书目后再度恢复教科用书的书目表。其中规定：数学、生物、外语课本的使用问题，各地可以根据本地区的具体情况，参考本通知附发的使用意见，自行研究决定。高中生物、历史课本如何使用，暂由各地自行决定。至此，基本结束了"大跃进"带动的"教育大革命"以来各地自编大纲和教科书的分散局面。

---

❶ 中华人民共和国教育部办公厅编. 教育文献法令汇编（1962年）[M]. 北京：人民教育出版社，1963：77－81.

1959年6月,教育部布置人民教育出版社开始重新编写通用中小学教科书。1960年9月7日,中宣部部长、中央文教小组组长陆定一提出:编写甲乙丙三种中小学教材,分别向新学制过渡。甲种教材,将现行的十二年制教材加以修改,供十二年制学校用;乙种教材,将十二年学习内容,按十年安排,供十年制学校用;丙种教材,把程度提高到大学一年级水平,供试验新学制学校试用。❶ 这实际上指出了教科书建设的下一个方向。

1. 十年制中小学教科书

1959年5月24日,中共中央、国务院发出《关于试验改革学制的规定》,规范了学制改革。《规定》指出,未经批准的学校不得进行试验;在规定新的学制之前,各级各类全日制学校一般应当执行现行学制和修业年限。1960年1月,教育部党组给中共中央文教小组的《关于适应教学改革,改编教材的报告》中提出:"为了适应教学改革的需要,我们研究了十二年制中小学教材中存在的问题,着手组织力量编辑一套十年制新教材(包括课本和教学参考书)。"

1960年3月,教育部向中央文教小组汇报:中小学学习年限由12年缩短为10年,小学五年一贯制。部分课程逐步下放;合并次要科目,减少循环;提高主要学科知识水平。1960年10月,教育部党组决定成立中小学教材编审领导小组,成员有戴伯韬、辛安亭、肖敬若、彭文、

---

❶ 中央教育科学研究所编. 中华人民共和国教育大事记(1949–1982)[M]. 北京:教育科学出版社,1984:282.

刘松涛等，戴伯韬任组长。这个小组在中宣部副部长张磐石和教育部副部长董纯才指导下进行工作。❶

1960年10月，中共中央宣传部副部长张磐石就十年制中小学教科书编写的方针、原则等问题在中小学教材编审干部会议上作报告，他提出：这次编写十年制教科书，要去掉重复、烦琐、少慢差费；要改正错误。所谓错误，一是脱离政治；二是脱离实际，与我国当前生产建设相脱离，脱离教师和学生的水平；三是教材中有陈腐落后、不科学的部分。编写十年制教科书，就是把原来用十二年学完的东西压缩到十年里，用十年时间学完。把这套十年制教科书的某些课程的体系加以改变，程度加以提高，拉长时间，就是十二年制教科书。他还就编写教科书过程中如何贯彻政治挂帅，百家争鸣，结合生产，提高程度，以及文风等问题作了说明。❷

这以后，人民教育出版社立即行动起来，根据中央文教小组的指示，集中力量编写十年制中小学统编教科书，并对现行十二年制教科书作适当修改。

1960年下半年陆续赶编出来的十年制中小学教科书（未编历史、地理、生物）包括课本26种77册，教学参考书22种72册，1961年秋季开始在全国试行十年制学校的小学一年级和初中一年级试用。

该套教科书即人民教育出版社自称的第三套通用教科书，但它没有在全国大规模统一使用，并未真正"通用"。这从教育部1961年4月24日发布的通知中可以得到印证，该通知指出："这套课本是试用课本，仅供各地试行十年制的学校选择试用。各省、市、自治区试行十年制的学校，可以选择试用这套课本，也可以使用本省、市、自治区自编的课本或其它省、市或北京师范大学编的课本。"❸

这里提到的北京师范大学的十年制教科书也是当时很有影响的一套教科书。该套教科书在九年一贯制试用课本的基础上，吸取各方面的经

---

❶ 中央教育科学研究所编．中华人民共和国教育大事记［M］．北京：教育科学出版社，1984：284-285．

❷ 中央教育科学研究所编．中华人民共和国教育大事记（1949-1982）［M］．北京：教育科学出版社，1984：284．

❸ 中华人民共和国教育部办公厅编．教育文献法令汇编（1961）［M］．北京：中华人民共和国教育部办公厅编印（内部发行），1962：41．

验和意见改编而来，经教育部批准供各地选择试用。教育部认为，"这套课本与人民教育出版社编的十年制中小学课本的水平大致相同。但是学科体系有了较大的改革。各省、市、自治区去年有一些学校试用北京师范大学编的九年一贯制中小学新课本，这些学校改为十年制后，用什么课本，由各地自行决定，但是应该有一两所学校或一两个班级，继续试用这套十年制新课本。选用这套课本的试点学校，要求学校的领导力量较强、教师的政治和业务水平较高"❶。该套课本于1961年4月底定稿，仍由人民教育出版社出版，供1961年秋季使用。

1961年10月，教育部报中共中央文教小组的《编写中小学教材的概况和对今后工作的意见》陈述了人教版十年制教科书的特点："力求避免贴政治标签的缺点，注意了用马克思主义立场观点方法阐述自然现象和社会现象；力求避免片面强调联系实际，削弱基本知识的缺点，注意了基本知识和基本训练的加强；力求去掉少慢差费，适当反映了科学技术的新成就；力求避免程度过深、难教难学的毛病，注意了深浅安排适当，切合当前的教学实际。"但是，由于时间比较仓促，这套教材总的来说比较粗糙，不少问题未能很好地解决。后来根据使用意见作了必要的修改，主要是充实个别内容，补充一些练习题，1963年根据新大纲精神对此又作了修改。这套课本一直用到1966年"文革"开始。

当时，除了人民教育出版社、北京师范大学编写的十年制中小学教科书有比较广泛的影响外，北京市、湖北省、河南省、福建省、江西省、云南省、山东省、甘肃省、上海市等地在1960年代初也编写了相应的十年制教科书。河南省比较突出，它的该套教科书系列称之为"十年分段制中小学试用课本"，包括语文、数学、物理、化学、生物、音乐等各科。其教科书编写动员了河南各高校的力量，比如化学、数学、生物等由新乡师范学院组织编写，语文等由开封师范学院组织编写，音乐等由郑州艺术学院组织编写。为了编好这套教科书，河南省自己还编写了各科教学大纲。其音乐教科书甚至按大16开本排版，这在上世纪60年代早期的教科书中是非常罕见的。这些十年制教科书的整体设计

---

❶ 中华人民共和国教育部办公厅编. 教育文献法令汇编（1961）[M]. 北京：中华人民共和国教育部办公厅编印（内部发行），1962：41.

上了一个新台阶，封面设计多为彩色图案，美观大方。

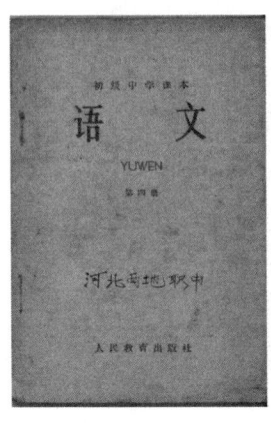
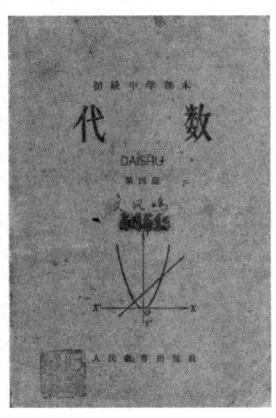

2. 十二年制中小学教科书

1961年1月，国家开始国民经济的大调整。同年4月11日，中央文教小组开会讨论中小学教材问题。会议决定，将已编好的十年制教材供各地试用；待一定时期后，将其学习时间拉长为十二年，作为十二年制教材。会议对语文、数学、外语、物理、化学等主要学科的教材内容提出了要求，强调"双基"，并要适当反映当时的科技新成就。

1961年夏，在部分十年制学校新课本编写后不久，人民教育出版社立即着手重新编写十二年制教科书。他们在大量调查研究的基础上，吸收了以往编写教科书的经验，特别是十年制教科书的编写经验，力求编写一套高质量的十二年制教科书。为此，人民教育出版社聘请了各学科内的一批著名专家对新编教材进行审阅把关，他们是：魏建功、吕叔湘、王力、何其芳、华罗庚、关肇直、丁尔陞、许国璋、刘世沐、赵绍熊、初大告、李秉汉、周珊凤、刘泽荣、赵洵、曹靖华、赵辉、李庭芗、周培源、王竹溪、朱正元、张江树、戴安邦、张青莲、严志弦、徐光宪、胡先骕、陈邦杰、秉志、陈义、郑作新、张宗炳、陈阅增、蔡翘、周建人、高士其、彭庆昭、竺可桢、黄秉维、任美锷、周廷儒、郭敬辉、侯学煜等。❶

---

❶ 人民教育出版社官网．http://www.pep.com.cn/zt/60zn/dsj/201006/t20100602_647674.htm.

自1962年起，各科的试教本陆续编出，从秋季开始在少数学校试教。1963年秋季，经过试验并修改后的十二年制教科书开始在全国供应。这是人教社自称的第四套全国通用教科书。

这套教科书当时只出版了一部分，包括教学大纲14种14册，课本和教学指导书各19种46册。

可是，正式使用后不久，一些地区就反映这套教科书"内容深、分量重，教学困难"。1964年5月，教育部基于这一情况，加上毛主席在1964年春节座谈会上提出的"课程可以砍掉一半"的意见，发出《关于精简中小学各科教材的通知》。通知中说教材只做必要的修改，一般不降低程度，只精简理论要求过高的、烦琐的内容。为此，人民教育出版社很快就开始修改这套十二年制中小学教科书，至1965年完成。各地普遍认为，修改本精简的方向对头，思想性加强了，在联系工农业生产实际方面有了较大的改进，贯彻了"少而精"的原则，减轻了学生负担。但是，不同的地区、不同的学校对精简教科书的反映很不一致：农村中一些条件很差的学校，认为精简得不够；中等水平的学校，认为精简的幅度适当；一部分水平较高的城市重点学校，则认为不必精简或精简过多，有的学校不但没有精简，还补充了部分习题。这实际上是对人教社只编写一套所谓的通用教科书的挑战。无论多"好"的教科书，当面对差异很大的学生时，总显得那么无奈。1965年8月，人民教育出版社奉中宣部的指示再次修改，至1966年上半年完成。但修订后的教科书还没有来得及出版，"文化大革命"就开始了，"文革"一开始，这套教科书便用不到了。这套一再精简修改的十二年制中小学教科书并没有全面正式使用。

1949~1966年，新中国教科书的发展经历了迅速统一的全国通用、尝试多样化的自主探索、调整提高的再次统一通用的发展过程。在教科书管理层面，人民教育出版社成立及其教科书的出版意味着"编审合一，一纲一本"、统编通用的国定制教科书制度得以确立。1958年"修订补充指导性教学计划、教学大纲"的做法打破了"一纲"，而"通用加自编"的做法则打破了"一本"，从而使一纲一本统编通用的国定制教科书制度发生了变动。但因各地所编教科书存在政治知识形式化、内容增减过度、系统性差、脱离实际等问题，以及教科书在全国的使用出现混乱、失控的局面，教科书多样性的探索并未发挥它真正的作用。这一时期，教科书的编撰出版引进、学习、借鉴苏联的经验，教科书的编写强调思想教育，教科书的泛政治化取向初步展露，如最初非常强调阶级立场及社会主义阵营的意识，课文中大量出现诸如"共产党、毛主席、革命战争、接班人、劳动者、翻身、革命传统、战斗英雄和劳动人民"等关键词，而"大跃进"时期的课文则又出现"假大空"的语言风格。但值得关注的是，这一时期的教科书在不断探索中模仿前苏联，在学科教学上强调知识的系统性、基础性，在新中国教科书的改革实验方面迈出了有价值的一步。

第六章 "文革"教科书的变异
1966~1976

文化大革命十年，中国教育陷入阶级斗争的旋涡，教科书成为了极端政治运动的工具，教科书发展出现了严重的异化。无产阶级斗争思维引领的教科书不仅全面否定了新中国成立初十七年的探索经验，而且创造出了一种独特的红彤彤的教科书文本，这一变异的教科书可以说是历史上绝无仅有的一次尝试。一条条语录、一幅幅伟人照片、一篇篇最高指示……狂热的形式和内容表达了中小学教育的革命激情。教科书中的基本知识和基本技能遭到根本性的破坏。

第一节 "复课闹革命"中教科书的彻底革命

整个"文革"十年可以看成性质一样但表现形式有所区别的两个阶段，"文革"前期的教育革命和"文革"后期的教育恢复。而文革前期的教育革命，又可分成两个小阶段，先是短暂的"停课闹革命"，"砸烂旧课本"，然后是"复课闹革命"，全面编写以毛泽东思想为统帅的红色课本。

一、"停课闹革命"阶段的替代性课本

根据国内和国际社会主义建设形势的变化，毛泽东形成了自己独立的判断，认为当时的许多教育政策、方法、内容等都是修正主义的路线，社会主义教育仍然存在阶级斗争，存在修正主义复辟资本主义的现实危险。因此，毛泽东提出了自己的教育思想。

1. 毛泽东指导教育革命的基本思想

对于如何建设一个社会主义国家的教育问题，毛泽东最终形成了自己的理论论述和话语系统，并集中体现在一个指示和两个纲领性的文件上，即"五·七指示"《五·一六通知》"十六条"。在这三个重要文本中，毛泽东的教育观念和蓝图得到了集中体现和系统论述，它们也成了十年文革期间指导教育革命和课本革命的权威思想与话语。

1966年5月7日，毛泽东在给林彪的信（后称"五·七指示"）中指出："学生也是这样，以学为主，兼学别样，即不但学文，也要学工、学农、学军，也要批判资产阶级。学制要缩短，教育要革命，资产阶级

第六章 "文革"教科书的变异 // 207

知识分子统治我们学校的现象再也不能继续下去了。"这一说法彻底否定了中华人民共和国初期十七年的新教育,将知识分子定性为"资产阶级",否定原有中小学课本的价值,也为文革时期的教育革命指出了根本方向:学工学农学军,用毛泽东思想批判资产阶级。

1966年5月,中共中央召开扩大会议,5月16日会议通过了毛泽东起草的《中国共产党中央委员会通知》,即《五·一六通知》,这是一个"砸烂旧世界"的纲领,指出要摧毁现有被资产阶级统治的社会秩序,当然包括被定性为"资产阶级路线"的旧的教育体系和教科书体系。《五·一六通知》标志着文化大革命在全国范围内的全面展开,是资产阶级与无产阶级之间敌我矛盾的定性,也预示着文革时期的教育将要以一种急风暴雨的方式向过去的"传统教育"作别。

1966年8月8日,中共中央八届十一中全会通过了《中国共产党中央委员会关于无产阶级文化大革命的决定》,即"十六条"。《决定》认为"改革旧的教育制度,改革旧的教学方针和方法,是这场无产阶级文化大革命的一个极其重要的任务"。其中第十条"教学改革"中提出:"学制要缩短。课程设置要精简。教材要彻底改革,有的要首先删繁就简。学生以学为主,兼学别样。也就是不但要学文,也要学工,学农,学军,也要随时参加批判资产阶级的文化革命的斗争。"显然,"十六条"是以政策性文件的形式对"五·七指示"进一步系统化、合法化,不仅提出了教育革命的纲领性要求,同时也涉及教育的重要载体——教材要彻底改革,否定了"旧"课本,提出中小学课本的改革方向。

2. 以"毛著"和"语录"全面替代传统教科书

"五·七指示"发表后,中共中央、国务院对教育和教材的改革问题,已经有了比较统一的指导思想和行动:全面否定传统的中小学教科书,要编以毛泽东思想为指导、突出无产阶级政治的中小学教科书,并以学习毛主席著作为主。

根据"五·七指示",1966年6月13日,中共中央、国务院在批转教育部党组《关于1966~1967学年度中学政治、语文、历史教材处理意见的请示报告》时批示:所有中学教材,没有以毛泽东思想挂帅,没有突出无产阶级政治,违背了毛主席关于阶级斗争的学说,违背了教育方针，不能再用。其中未印的教材均应停止印刷，已印过的也要停止发行。中学历史课暂停开设；政治和语文合并，以毛主席著作为基本教材，选读文化大革命的文章和革命作品。教育部应积极组织力量，重新编写中学各科教材，包括小学教材。同时指示，不论高小或初小都要学习毛主席著作，初小各年级学习毛主席语录，高小可以学"老三篇"（《为人民服务》《愚公移山》《纪念白求恩》），以及其他适合小学生思想政治水平和语文程度的一些文章。

1966年6月18日《人民日报》社论《彻底搞好文化大革命，彻底改革教育制度》进一步指出："要把那些违背毛泽东思想，严重脱离阶级斗争、生产斗争和科学实验三大革命运动、宣扬剥削阶级世界观的一切旧教材统统埋葬。新的教材必须以毛泽东思想为指导，突出无产阶级政治。初小可以学毛主席语录，高小可以学更多的毛主席语录和'老三篇'等文章。中学可以学《毛泽东著作选读》和有关文章。大学可以学《毛泽东选集》。不论是初级学校、中级学校还是高级学校，都要把毛主席著作列为必修课。"❶

正是这些批示和号召，揭开了全面否定原有课程结构和教科书，重设和重编新的"以毛泽东思想挂帅"的课程和课本的序幕。只是教育部并没有编撰出这类教材。

1966年下半年新学期之始，原有教材被批判、废弃，在新教材编写出来之前，中小学校的一些教学活动主要是以毛泽东著作作为教材，小学生学习"老三篇"（为人民服务、愚公移山、纪念白求恩）和《毛主席语录》。为便于教学，一些地方将《毛主席语录》印成通常使用的教材标准32开，作为学校的正式教材（当时的《毛主席语录》多为64开，所谓"红宝书"）。

中共中央、国务院于1966年9月5日发出《关于组织外地高等学校革命学生、中等学校革命学生代表和革命教职工代表来北京参观文化大革命运动的通知》后，学生的串连活动在全国掀起高潮，全国的中小学校基本处于"停课闹革命"的混乱状态，学校停课、停学，原来的教科书当作"四旧"被砸、被烧。仅存的一些教育教学活动都以《毛

---

❶ 彻底搞好文化革命，彻底改革教育制度[N]. 人民日报，1966-6-18.

主席语录》等为唯一教材。

二、"复课闹革命"阶段的红色课本

"停课闹革命"后,红卫兵运动疯狂发展,学生走出校门涌向社会,对社会造成巨大冲击。当动乱超过一定限度和范围后,党中央决心加以限制,约束红卫兵的活动,于是三令五申提出要"复课闹革命"。

1967年3月7日,《人民日报》发表社论《中小学复课闹革命》,明确号召中小学革命师生,响应党中央的号召要复课闹革命。社论提出:复课闹革命,复的是毛泽东思想的课,上的是无产阶级文化大革命的课。上课,主要是结合无产阶级文化大革命,认真学习毛主席著作和语录,学习有关无产阶级文化大革命的文件,批判资产阶级的教材和教学制度。同时,应该用必要的时间,中学学习一些数学、物理、外语和必要的常识,小学学一些算术,科学常识。

发出"复课闹革命"号召后一段时间,由于小学生大多没有外出串联,所以,1967年上半年小学率先逐渐复课,到1967年下半年基本复课完毕,早于中学复课近一年时间。1967年9月,全国性的大中学生为主体的红卫兵派别内斗和造反的运动还在继续和升级,毛泽东对红卫兵开始不满意,认为他们打乱和破坏了其关于"斗、批、改"的战略步骤。在他看来红卫兵的造反任务完成了,现在应当回到学校复课闹革命了。中共中央又在9月连续发出两个通知,要求复课闹革命。10月,《人民日报》连续发表社论《大、中、小学校都要复课闹革命》,提出由师生自订方案、自定课程、自选教学内容、自编教材,集中力量进行本校的斗、批、改。"各学校必须认真执行毛主席的斗私、批修的伟大指示,教育学生狠斗自己头脑中的'私'字,以高度的无产阶级革命责任感,彻底批判以中国赫鲁晓夫为代表的修正主义教育路线,大立毛主席的无产阶级教育路线。"❶

直到1968年的春季,全国性的中小学复课闹革命渐渐成为社会运动的主流,各地很多中小学校陆陆续续复课。❷ 但是当学生和教师回到学校复课后,却发现根本没有课本可供使用,究其原因:一方面,"旧"课本因走资产阶级路线已被否决不能再用;另一方面,文革开始后,人民教育出版社编写教科书的专营业务全面遭禁,编写权力下放由各地自行编写。而编写新的"以毛泽东思想为统帅"的课本对各地来说还是新生事物,根本不知道如何下手,短时期内也编不出来。所以,各地中小学校只能根据复课闹革命的要求,从政治正确的角度临时选用一些选自党刊党报的政论性文章或中共中央的文件,甚至直接选了毛泽东的文章作为教学资料。

显然,这些以斗私、批修为主的政治材料,并没有完全实现以毛泽东思想来指导课本的目标,亦即无法实现中小学校的功能——培养又红又专的接班人。各地急切需要编写出完整的红彤彤的中小学课本。

1. "暂用性课本"——红色课本的探索

为了编写高举毛泽东思想的新课本,1967~1968年,大部分省市教育部门相继成立的中小学教材编写组织开始编写中小学课本,主要供当时复课闹革命使用。由于小学和中学的复课时间不一致,小学在1967年下半年就陆续复课,中学在1968年下半年后才陆续复课,所以各地编写和出版小学课本一般是在1967~1968年间,而编写和出版中学课本一般在1968年年底至1969年间。

对于编写区别于传统课本的全新的革命课本,各地都缺乏经验,所以大多数课本都冠以"暂用课本"之名作为过渡(部分地区如北京、江苏等地用"试用课本",也是一种过渡性课本),这是复课闹革命课

---

❶ 大、中、小学校都要复课闹革命[N]. 人民日报, 1967-10-25 (1).
❷ 从1968年7月开始,以工人毛泽东思想宣传队进入中小学校为标志,红卫兵运动开始走向衰落,学校才真正完全复课。

第六章 "文革"教科书的变异 // 211

本的一个重要识别特征。暂用性课本主要包括小学《语文》《算术》《科学常识》三种，中学《语文》《数学》《工农基础知识》三种，有极少地区编有中学《革命文艺》课本。在全国各地编写的暂用课本中，又以上海中小学暂用课本最有影响力，天津延安中学所编课本最有示范性。

(1) 上海中小学暂用课本

上海是中国经济、文化、政治的重镇，发生在这个城市的文化、政治的革命运动经常成为全国文化大革命学习的榜样。在复课闹革命期间，由上海编写的中小学课本影响非常大，成为各地竞相效仿的对象，甚至被其他一些地区直接用作中小学暂用课本。

从中小学课本的编写和出版时间来看，可以基本认定上海市于1967年在全国率先成立中小学教材编写组——上海市中小学教材编写组，编写了最早的过渡性的中小学临时课本，供本市中小学复课闹革命暂用。

上海市中小学教材编写组所编的小学暂用课本，主要集中在1967年9月左右出版，供1967年下半年复课闹革命暂用，包括《语文》6册（供一至六年级用）；《算术》6册（供一至六年级用）；《科学常识》1册（供小学高年级使用）。1968年1月，上海又编写了供1968年上半年使用的小学《语文》和《算术》暂用课本各一套。

1968年7~12月，上海市中小学教材编写组陆续编写了中学暂用课本《语文》《数学》《工农业基础知识》三种。《语文》2册；《数学》分划线、度量、图样、图表、三角、生产队会计等6分册，另单编《数学用表》1册；《工农业基础知识》首次作为取代《物理》《化学》《生物》等理科课本的教材出现，分工业部分和农业部分二种，其中工业部分又分第一、二、三分册。另外，还编写了一本供"毛泽东思想课"使用的上海市中学学习毛泽东思想的辅助读物《毛泽东思想哺英雄》(1968)。

上海的暂用课本成为全国暂用课本的模板，也成为文革课本的代表。如果仅从外形上来区别传统教科书与以上海版为代表的文革期间的暂用课本，无疑颜色和图案是最明显的标志，两者在此方面显示出天差地别。

作为复课闹革命后新编的课本，上海暂用课本是以突出毛泽东思想和走无产阶级革命道路为宗旨的课本，区别于新中国17年教育的教科书，首先，这种区别体现在封面"脸谱"的颜色上，暂用课本突出色彩鲜艳的红色，用蕴含革命色彩的红色作为封面颜色，使得新旧课本从颜色区别升格为一种观念区别，即红色课本是一种革命的、无产阶级的课本（我们称之为革命课本），区别于17年教育的所谓"白专道路"的教科书。这种新课本的色彩完全是写意性的、政治性的色彩，这一特点很快被其他地区采纳，成为文革前期全国中小学课本的典型色彩。

封面图案也是一种观念的形象表达，红太阳、毛泽东肖像、天安门、红旗等物象变成了一种政治具象的诠释：这是一本高举毛泽东思想旗帜的革命课本。这些图案元素构成了全国文革前期课本的基本封面元素。

除了在封面上突现红色，表明走的是一条不同于资产阶级道路的无产阶级教育路线外，上海市中小学暂用课本（很快就成为全国中小学课本的范本）在内容上也表现出无产阶级革命课本的政治特性和实用特性。

在政治特性方面，暂用课本以学习毛泽东思想为主要任务，从选文、体例、叙述方式、修辞等四个方面入手，实现培养政治人（革命接班人）的目的。

就选文来看，暂用课本大量编选毛泽东著作和活学活用毛泽东思想的文章。上海市中小学《语文》暂用课本主要承担传播毛泽东思想的任务，重视语文教育的政治目的，而非文学审美目的，"无产阶级的语文是属于无产阶级，属于无产阶级政治路线的，它应该是学习、宣传、执行、捍卫毛泽东思想的工具，是进行阶级斗争、生产斗争和科学实验三大革命运动的工具"❶。所以，《语文》课本大量选用了毛主席文论、诗词、语录等内容。其中小学《语文》课本以毛主席语录、"最高指示"、政治口号、老三篇、歌颂文章为主。

中学的《工农业基础知识》、小学的《科学常识》课本同样承担了

---

❶ 上海市中小学教材编写组. 上海市中学暂用课本·语文（二年级用）[M]. 上海：上海市中小学教材编写组，1968：封3.

传播毛泽东思想的任务，在内容上编选与工农业有关的毛泽东思想文论。如《工农业基础知识》工业部分分成三册，每一册分两编，各册第一编都相同，同是一系列政论文，主题是"毛泽东思想照亮了社会主义工业化的道路"，内容占了课本内容的一半左右。

《科学常识》不按《自然》课本的版块划分和组织课本内容，而是根据毛主席《五·七指示》中"学工、学农、学军"的要求选编课文，分编成学工、学农、学军三块内容。很显然，这是一种完全区别于传统教科书内容及其编排的革命式课本。

在修辞上，课本大量使用政治性修辞语言，如：毛主席是我们心中最红最红的红太阳、红书、革命宝书、资产阶级、反动派、白专路线、寄生虫、黑货、争气瓶、革新吊等。

在课本的实用特性方面，传统教科书被视为"封、资、修的黑货"，"理论脱离实际，内容空洞，不合需要"，培养出大批"四肢不勤，五谷不分"的寄生虫和修正主义的苗子。因此，上海新编的中小学暂用课本，从满足三大革命的需要出发，活学活用毛泽东思想，重视理论联系实际，最后形成课本的重要特色——生产致用性，但却走向了另一个极端，完全脱离理论，只根据生产实践选编课本，抛弃了系统性、基础性。生产致用性在数理课本中表现得尤其明显，单从课本名就很容易看出编者是从生产实践出发编课本的。例如，基于对"旧"数学课本的批判，上海推翻了原有中学数学的学科体系，于1968年下半年推出六本以满足生产实践的需要为编写出发点的中学数学课本：《度量》《划线》《图样》《三角》《图表》《生产队会计》。课本中的基础知识被大量删节，编选的一些数学基础知识主要是为了理解生产实践，并且这些知识大多是从生产实践中的现象引出。

传统的《物理》《化学》《生物》课本被指责为"封资修大杂烩"，因此上海市取消了物理、化学、生物课，并于1968年11月由上海市中学教材编写组编写了《工农业基础知识》取代《物理》《化学》《生物》课本。上海版的《工农业基础知识》课本包括工业部分和农业知识部分，工业部分分三册，分别以机械、电工、无机化学为主题，内容编选是基于当时上海市工农业生产实践的需要，服务于工农业生产实践的实用目的。课本内容的编排一般是先介绍工业中的典型产品和设备，再引出一些基本原理。因此,基础知识的编排就只能根据或局限在按典型产品和设备来进行,学科本身的基础知识体系被打破和大量删减。农业部分则按毛主席的农业"八字宪法"编排,再讲三大作物(稻、棉、油菜)和养猪,生物知识没了踪影。

上海中小学"暂用课本"是出版最早的"暂用课本",并且影响广泛。一般早于其他省市3个月以上,因此其他省份受上海市中小学暂用课本的影响较大,如山东编写的《科学常识》的说明中,就明确表示吸取了上海改革教材的经验。实际上,许多省份诸如江西、辽宁、河北等,由于时间仓促都曾经直接采用上海市中小学编写组编的这套暂用课本。

(2)天津延安中学的革命课本

天津延安中学是一所在复课闹革命中树立起来的典型学校。1967年10月28日《人民日报》关于天津延安中学是怎样复课闹革命的编者按中认为:天津延安中学的师生依靠敏感的"政治嗅觉","遵照毛主席的'五·七'指示,高举着无产阶级教育路线的旗帜和革命批判的旗帜,对以中国赫鲁晓夫为代表的修正主义教育路线进行了系统、深入的批判,从而在改革教学思想、改革教学体制、改善师生关系、改革教学方法、改革教材等方面,取得了初步的成就"[1]。因此,天津延安中学率先成了复课闹革命的典型。

天津延安中学(现名天津109中学)文革前只是一所普通中学,然而,1967年初,正当红卫兵们还在持续走出校园,走向全国各地,大搞"革命大串联""斗私批修""破四旧"的时候,天津延安中学却解散了"战斗队",开始复课闹革命——这在"文化大革命"发动不足一年的当时,真是一件逆潮流的大事件。可是,这件事得到了毛泽东和中共中央的认可,毛泽东于1967年3月7日作出重要批示(后称为"三·七"指示),即要学习天津延安中学的经验。

毛泽东的"三·七"指示和《人民日报》以及各地党报党刊的大力宣传,使得天津延安中学的教育革命发挥了示范作用。所以天津延安

---

[1] 人民日报编辑部. 关于天津延安中学是怎样复课闹革命的编者按[N]. 人民日报,1967－10－28(1).

第六章 "文革"教科书的变异 // 215

中学后续的一些改革也特别引人注意,并产生广泛的影响,其中重要的行动就是设置毛泽东思想课程,编制"学毛泽东思想课本"。

1968年2月20日,天津市革命委员会文教组发布"致天津市中学革命师生"的公开信,宣告"在伟大导师毛主席教育革命思想的指引下,天津延安中学和天津东风大学❶的革命师生,探索性地编写了一套四年制普通中学的教学改革方案和毛泽东思想课、语文、数学、英语、物理、化学等科的教学大纲(试用稿)。现在把它印出来,和大家见面了"❷。

依据教学改革方案和教学大纲,天津延安中学与天津东风大学于1968年合作编写了《干革命靠毛泽东思想》(1册)、《语文》(4册)、《数学》(4册,含代数3册、生产会计1册)、《英语》(4册)、《农业基础知识》(2册)、《工业基础知识》(2册,《物理》《化学》合并而成)、《学军》(1册)等课本。这些课本都可统称为"学毛泽东思想"的课本。

《干革命靠毛泽东思想》是天津延安中学为适应斗、批、改的政治斗争需要,依据教学改革方案和教学大纲编写的一本新的政治课本。"它要紧跟伟大导师毛主席的伟大战略部署;应该成为学习最新指示、执行最新指示、宣传最新指示、捍卫最新指示的阵地。应以毛泽东思想为指针,以两个阶级、两条道路、两条路线的斗争为纲,以斗私、批修为纲,以毛主席著作为基本教材。"❸

《干革命靠毛泽东思想》主要以毛泽东著作为基本教材。教材内容共有七个方面:毛主席最新指示;毛主席的伟大革命实践活动;阶级和阶级斗争;继承和发扬革命传统;中国革命和中国共产党;无产阶级文化大革命;毛主席的哲学思想。此外,林彪指示"要把'老三篇'作为

---

❶ 天津东风大学即今天的天津师范大学。1966年9月7日,《天津日报》刊登无署名公告,说天津师范学院自即日起更名为"东风大学",这个未经组织批准,也未被全校师生认可的大学名称出现了长达一年多,是"文化大革命"极"左"思潮泛滥的一个突出表现。参见杨弃、宋国华主编天津师范大学五十年(1958-2008),天津古籍出版社,2008年,第59页。
❷ 天津延安中学革命委员会,天津东风大学教育革命办公室.四年制普通中学教学改革方案(试用稿)[M].天津:天津人民出版社,1968:1-2.
❸ 天津延安中学革命委员会,天津东风大学教育革命办公室.四年制普通中学毛泽东思想教学大纲[M].天津:天津人民出版社,1968:2.

座右铭来学,哪一级都要学。学了就要用,搞好思想革命化"。因此,"老三篇"是《干革命靠毛泽东思想》最基本的课本内容。这成了后来类似课本的基础,几乎所有其他地区所编的《毛泽东思想课》都包括"老三篇"。

《干革命靠毛泽东思想》编排上简单、粗糙,基本是文件的大汇集,显然纯粹是从政治视角编写课本,并没有考虑教育教学的规律和特性,没有生词、复习、练习等教与学的课本要素,且没有按不同年级学生的不同接受水平来编排课本。课本是迎合当时的政治需要,仓促而成的应景之作。当时编写课本的第一原则是政治正确,所以,教育教学的可行性和规律性对于课本编写来说是次要的,甚至是可以忽略的。

《学军》是一本以学习毛泽东军事思想为主的新课本。从出版时间看,延安中学的《学军》(1969)可能是全国第一本《学军》课本。这是一本不分年级,没有区别使用对象,要求每个学生都要同时学的课本。《学军》是天津延安中学根据毛主席的教导"学生也要学军""向解放军学政治,学军事,学四个第一,学三八作风,学三大纪律八项注意,加强组织纪律"而编写的中学军事课本,其主要内容分成两个部分:思想政治内容和军事知识。

这本《学军》课本,虽然含有部分军事知识,但还是以政治教育为主,"学习解放军高举毛泽东思想伟大红旗,活学活用毛主席著作,无限忠于毛泽东思想的崇高品质,学习军事,学习'四个第一'、'三八作风''三大纪律八项注意',加强革命性、科学性、组织纪律性,培养学生的无产阶级爱国主义和国际主义精神"❶。这本课本后来纷纷被其他省市所效仿,有的名称更改为《军体》,多数作为教师用教材,其内容的编排都类同于《学军》课本。

虽然有了专门的政治课本《干革命靠毛泽东思想》,但《英语》《语文》等语言类课本仍然肩负着学习毛泽东思想的政治任务。

复课闹革命初期,天津延安中学最早恢复了英语课,并与天津东风大学探索性地编写了一套四年制普通中学使用的英语教材(4册),于

---

❶ 天津延安中学革命委员会,天津东风大学教育革命办公室.四年制普通中学教学改革方案(试用稿)[M].天津:天津人民出版社,1968:8.

1968年2月出版（其他省市编写英语课本都在1969年后）。无论是在编写指导思想还是内容编选、编排形式上，这套全国文革期间首编的《英语》课本对全国大部分省市的《英语》课本编写都起到了示范作用。

首先，在指导思想上用毛泽东思想统帅《英语》课本。总的教学要求是通过四年的英语教学，对学生进行政治思想教育，提高学生的政治思想觉悟。

其次，以毛泽东思想和工农兵形象为主体选编课文，内容包括以下几方面：

一是毛泽东思想的一些基本观点。如，阶级和阶级斗争；全心全意为人民服务；帝国主义和一切反动派都是纸老虎等。

二是全世界革命人民无限热爱毛主席的文章。包括中国人民歌颂党和毛主席的短文和短诗，如《东方红》《大海航行靠舵手》等；世界人民歌颂毛主席的短文和短诗；世界人民反帝反修斗争中学习和运用毛泽东思想的短文。

三是表现工农兵英雄形象的短文。包括工农兵在三大革命运动中活学活用毛主席著作的心得、体会；表现工农兵在三大革命运动中的革命干劲的短文；歌颂工农兵的短文和诗歌。

四是一般军事用语、科技用语和日常用语，等等。

第三，课本强调英语"武器论"和"工具论"，即要使学生掌握英语最基本的语音、词汇、语法知识；学会查字典；借助工具书，能看懂一般的浅显读物和科技材料；打下良好的学习英语的基础，以便使学生掌握外语这个阶级斗争的有力武器，更好地为工农兵服务，为世界革命服务。

《语文》课本也类同于《干革命靠毛泽东思想》课本。天津延安中学所编的《语文教学大纲》提出：语文教学"学习、执行、宣传、捍卫毛泽东思想，是语文课最最迫切、最最重要的任务"。依据语文教学的目的和任务编选的《语文》课本分为基本教材和辅助教材。其中，毛主席著作和毛主席诗词为《语文》课本的基本教材，与毛主席著作内容相关的各种文体的文章作为辅助教材。这种基本教材加辅助教材的编排结构应是首创，后来各地所编语文课本纷纷仿效。这种《语文》

课本无论是内容上还是编排上,并没有与毛泽东思想课课本完全区别开来,实际上是另一本《毛泽东思想课》课本。

天津延安中学的《数学教学大纲》指出,课本的编写"是以伟大的毛泽东思想为指针,突出无产阶级政治,坚决贯彻毛主席指出的'教育必须为无产阶级政治服务,必须同生产劳动相结合'的教育方针,以理论联系实际为原则,密切联系阶级斗争和工农业生产斗争的实际,使中学数学这门课成为阶级斗争、生产斗争和科学实验三大革命运动的工具"❶。表达了三个观点:阶级斗争的观点,辩证唯物主义的观点,革命批判的观点。正如《代数》课本的"说明"中所述:"代数课必须是活学活用毛泽东思想的一门课。"

《物理》《化学》课本并没有按教学计划编出来,而是顺应全国形势,改编成《农业基础知识》和《工业基础知识》。

《农业基础知识》的主要内容是毛主席1958年提出来的农业八项增产技术措施,即"农业八字宪法"。这完全是一本典型的活学活用毛泽东思想(农业思想)的农业课本。

《工业基础知识》以工农业生产实际为主要内容,以《实践论》《矛盾论》为指导,培养学生运用唯物辩证法去分析问题和解决实际问题的能力。

总体上,天津延安中学所编课本依据的是文革时期指导文艺、教育

---

❶ 天津延安中学革命委员会,天津东风大学教育革命办公室.四年制普通中学数学教学大纲[M].天津:天津人民出版社,1968:2.

工作的"政治第一"的标准,其编排表现出了与上海暂用课本相同的"红色"特点:在形式上突出以毛泽东思想为统帅;在内容上以活学活用毛泽东思想为主。这一范式与上海暂时课本的范式高度一致,共同构成了后续课本效仿的对象。

(3)全国各地"红色课本"竞相出现

复课闹革命后,传统教科书已经不能再用,编写新的课本对各地来说是一个新生事物。在全社会对"旧课本是推行修正主义教育路线的重要工具"的批判声中,以及在上海和天津延安中学所编红色课本的示范下,各省市教材编写组逐渐了解到编写课程的初步做法,掀起了一轮大规模编写本地区使用的暂用课本或红色课本的高潮。

其中既有以各省中小学教材编写组为主编写的课本,也有省一级委托地方组织人员编写的课本,例如,河南、山东等地。还有地区、县编写的课本,如广东佛山、云南红河哈尼族彝族自治州等,甚至一些人民公社、生产大队、中小学校都开始编印课本,如江苏无锡生产大队编写的课本。

各地自编的小学课本多称"暂用"课本,一般包括《语文》《算术》《科学常识》(或《常识》《工农兵常识》)。省编暂用课本在1967~1968年期间出版,地、县编暂用课本出版稍晚,有些到1969年上半年间出版。中学暂用课本包括《语文》(有的省市取消《语文》,改为《毛泽东思想教育课》,有的省市改称《政文》《政治语文》等,如河南)《数学》《工农业基础知识》(有些地方改为《工农兵知识》)等,大多省市都在1969年上半年出版,供1969年上学期使用,少数地区(如福建)在下半年才编出暂用课本,供下学期使用。

整个文革期间,全国出现了各省、市、县、人民公社、生产大队、校各级竞编无产阶级新课本的局面,以至于今天无法确切地统计出文革期间全国到底出版了多少课本。但基本上可以判定,暂用课本是文革早期复课闹革命期间使用的课本,这以后就很少叫暂用课本了。全国暂用课本的基本特征与上海暂用课本和天津延安中学课本的特征类同。

三、从"暂用课本"到"试用课本"

1969年下半年始,随着中小学教学秩序的逐渐稳定,各省、市的过渡性质的"暂用课本"基本结束使命。当各地大体掌握了编写课本的方向、方法后，当复课闹革命结束后，相对正式的"试用课本"出现，取代了暂用课本。1969年下半年至1971年间出现的"试用课本"在功能上开始分化，种类上略显齐全，内容上更为丰富。

1. 小学"试用课本"的功能分化

小学"暂用课本"使用仅短短的一年时间，大多数地区从1969年开始编写试用课本。与暂用课本相比，试用课本从名称到内容都开始丰富起来。一则是为了更加突出毛泽东思想的统帅，增加了专门的政治课本；二则是为三大革命实践服务的知识，远不足以用《语文》《算术》《常识》三种课本所覆盖，增编了新的课本。因此，增加课本类型、课本功能分化是小学试用课本的主要变化。

小学"暂用课本"主要用于复课后的一学期或一年（主要是1968年）。1969年后各地出版的小学课本都标志出"试用课本"的字样，它们基本上就是被长期试用（使用）。除编写《语文》《算术》和《常识》外，大多地区同时编写了一本新型的政治课本《毛泽东思想课》，一本《革命文艺》课本，发达城市还编了《英语》课本。

"试用课本"的内容有所扩展：一是有了专门的政治。不同于暂用课本由《语文》课本主要承担传播毛泽东思想的任务，这本专门传播毛泽东思想的政治课本叫《毛泽东思想教育课》（有些地方也叫《毛泽东思想课》）；二是学科内容有了专攻。《语文》增加了语文知识，恢复了一些语言教学的功能，《算术》强化了算术知识，《常识》扩展了服务于三大革命实践的知识范围，《革命文艺》是主要为工农兵服务的音乐美术。

上海在这方面仍然走在全国前面。上海中小学教材编写组编成的《毛泽东思想教育课》课本（1969），是一套分级最多、分册最细的《毛泽东思想教育课》，不仅供中小学用，甚至编写出供幼儿园大班、中班和小班用的课本。小学分成五分册：《干革命靠毛泽东思想》（供一年级用）；《翻身不忘共产党 幸福全靠毛主席》（供二年级用）；《革命人民最爱毛主席》（供三年级用）；《"老三篇"万岁》（供四年级用）；《立志做无产阶级革命事业接班人》（供五、六年级用）。

各省市也编写了少量小学《革命文艺》课本，课本主要是由原来的《美术》和《音乐》课本合并而成，取名为"革命文艺"，突出革命性，突出文艺是为工农兵大众服务的阶级性。

对于小学《英语》试用课本的编写，当时只有在部分经济或文教相对发达的省市、城市和地方才有能力和需求，如上海、天津、广州、南京等地。其目的是"为革命"学习英语：为了更好地向世界革命人民宣传毛泽东思想，为了更好地和帝、修、反进行针锋相对的斗争，我们要学习外国语。……为了向外国朋友介绍我们的伟大成就和丰富经验，为了吸收外国好的东西，我们也要学好外国语。❶ 正是基于以上目的，课本的内容主要以歌颂和忠于毛主席、宣传毛泽东思想为主（参见本章附录）。

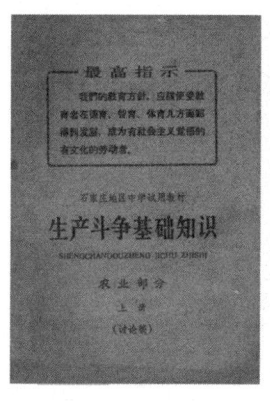

2. 中学试用课本的类型化

复课闹革命后，一些地方和学校开始探索新的无产阶级政治的新教育，试图建立一个红彤彤的教育新世界。其中兰州第五中学、吉林梨树县的教改等被党报党刊宣传后，引起了较大的反响和影响，被作为示范典型在全中国推广。

1969年《红旗》杂志第二期发表文章"厂办校，两挂钩"，介绍兰州第五中学实行半工半读的经验：师生每周2天学习，其余4天则半天学习、半天劳动，并把原来中学的17门课合并为5门课，即毛泽东思想、工业基础、农业基础、革命文艺、军事体育。后经全国推广，全国

---

❶ 广州市中小学教材编写组. 广州市小学课本·英语 [M]. 广州：广州市中小学教材编写组，1969：1.

不少城市中学也实行了类似改革，采用相似的课程。

1969年5月12日，《人民日报》发表吉林梨树县的《农村中、小学教育大纲》，并作编者按。《大纲》指出：农村中小学必须高举毛泽东思想伟大红旗，突出无产阶级政治，全面落实伟大领袖毛主席的"五·七"指示。遵照毛主席关于"课程设置要精简。教材要彻底改革，有的首先删繁就简"和"以学为主、兼学别样"的教导，指出在课程设置上要坚持突出无产阶级政治、理论联系实际和少而精的原则。因此，小学设五门课：政治语文课、算术课、革命文艺课、军事体育课、劳动课。中学设毛泽东思想教育（包括中国近代史、现代史、党内两条路线斗争史）、工农业基础（包括数学、物理、化学、经济地理）、革命文艺课（包括语文）、军事体育（包括学习毛主席的人民战争思想，加强战备观念和开展军事体育活动）、劳动课。《人民日报》的编者按高度评价了这个《大纲》，认为"它为今后农村教育革命讨论指出了方向"❶。在之后的一段时间里，吉林省梨树县革命委员会的《农村中、小学教育大纲》在全国各地引起了强烈的反响，《人民日报》陆续发表了支持、拥护这个《大纲》的文章和来信。梨树县的教改，对各地教育革命是一个很大的推动，它不仅成为农村中小学改革的典型，也被城市中小学作为教学改革的参考依据。

城市中学与农村中学的差异不大，都设有毛泽东思想教育课、语文课、数学课、工农业基础知识课、革命文艺课、军事体育课，只是城市中学多了一门外语课，但也不作为重点课程。

总体来看，在复课闹革命的后期，中学课程从最初的3~4门，增加到7~8门，归类为两类课程：阶级斗争类课程和生产斗争类课程。毛泽东思想课、语文等文科课本属于阶级斗争类，数学、工业基础知识、农业基础知识等理科课本属于生产斗争类。

（1）阶级斗争类课本

阶级斗争类课本，是指宣扬毛泽东思想，以阶级斗争为内容或为阶级斗争服务的课本。主要包括《毛泽东思想课》《历史》《语文》《英

---

❶ 人民日报编辑部. 必须实现贫下中农对学校的政治领导［N］. 人民日报，1969–5–19（3）.

语》(《俄语》)《革命文艺》《地理》等。

中学"毛泽东思想教育课,是在无产阶级文化大革命中批判了叛徒、内奸、工贼刘少奇修正主义教育路线之后,开创的一门崭新的重要课程"❶。大部分《毛泽东思想课》课本扉页都有学习"毛泽东思想"运动的发起人林彪的题词"大海航行靠舵手,干革命靠毛泽东思想","读毛主席的书,听毛主席的话,照毛主席的指示办事,做毛主席的好战士",号召学习毛泽东思想等。

文革刚开始"旧"的中学《历史》课本就被废弃。自毛泽东于1968年11月25日在《人民日报》发表指示"历史的经验值得注意。一个路线,一种观点,要经常讲,反复讲。只给少数人讲不行,要使广大群众都知道"后,中学加快了恢复历史课的步伐。新《历史》课本的编写和出版一般在1970年后。重编的历史课本是根据毛泽东的阶级斗争史观编写而成,形成了以阶级斗争为线索的编写特色。一般分成两部分:古代近代史和现代史。现代史只介绍中国共产党史。中国共产党史基本是两条路线的斗争史。

人们在经历了把中学暂用课本《语文》编成"政治"课本的临时过渡阶段之后,开始反思《语文》课本的完全政治化。《人民日报》(1969年7月1日)曾刊发辽宁省中小学教材编写组座谈纪要"编写新教材中的几个问题",编写组成员曲永礼、燕庚茂认为:"在编写新教材的过程中,由于我们对毛主席'政治是统帅,是灵魂'的伟大教导理解不深,一度曾片面地在数量上强调政治内容,而忽视了社会主义文化科学知识。例如,'语文'教材,只注意从政治教育的角度编选课文,没有把必要的语文知识编进去,课文体裁也比较单一。"❷

对《语文》暂用课本的批评主要集中在"过度政治化",即政治代替知识的问题,"工农兵看了这样的教材,一针见血地指出:'政治要统帅文化知识,而不能代替文化知识'"❸。"新教材的根本特点是'政

---

❶ 山西中小学教材编写组. 初中课本·毛泽东思想教育课(二年级)[M]. 太原:山西人民出版社,1971:封3.
❷ 编写新教材中的几个问题—辽宁省中、小学教材编写组座谈纪要[N]. 人民日报,1969-7-21(4).
❸ 编写新教材中的几个问题—辽宁省中、小学教材编写组座谈纪要[N]. 人民日报,1969-7-21(4).

治第一',为无产阶级的政治服务。'政治第一',不是取消社会主义的文化科学知识,而是要用无产阶级政治统帅文化知识。"❶

因此,与"暂用课本"相比较,中学《语文》"试用课本"的任务有了变化,在力求突出无产阶级政治的前提下,使学生学到必要的文化科学知识,增加了语文知识的教育和对读说写能力的训练,考虑了语文课本本身的特性。这是一个比较关键的改变。当然,使学生掌握语言文字知识和获得语言文字能力,也是为政治服务的。

与"暂用课本"不同的是,"试用课本"增选了其他一些作者的文章和一些古文。比如出现了列宁、江青、陈永贵和鲁迅等人的文章。而且增选了少量古代文学内容,如《卖炭翁》《曹刿论战》《触龙说赵太后》《狼》《刻舟求剑》等,但选文也是因政治所需。《卖炭翁》选入课本,意图明显,是阶级斗争的需要。在这篇课文所附的"学和用"中引用了林彪所说的话:"不懂得什么是阶级,不懂得什么是剥削,就不懂得革命。不弄清过去的苦,就不知道今日的甜,还会把今天的甜误认为是苦。"这充分表明了选此文的目的。❷《触龙说赵太后》的入选更是如此了。❸

与《语文》课本一样,为阶级斗争服务的试用课本《英语》《俄语》在复课闹革命后期开始普及起来。

1969下半年,各地开始陆续编写中学外语课本。一直到1971年,外语课本的编写特色并没有多大变化,"宣传毛泽东思想,使全世界的无产阶级联合起来"是其首要革命任务,因此"为革命学好英语"成为外语学习最普遍的话语形式,甚至把英文字母歌都改成了"为革命学

---

❶ 青岛市教材编写组."由近及远""由浅入深"——编写无产阶级教材中一个重要问题[N]. 人民日报,1969-7-21(4).

❷ 济南市中学教材编选组. 济南四年制中学·语文(第一册试用本)[M]济南:济南市中学教材编选组,1969:41.

❸ 1967年在中央会议上,毛泽东针对培养接班人的问题,讲解了《触龙说赵太后》一文,提醒各级领导干部在如何教育和锻炼下一代的问题上,要注意不能让子女"位尊而无功,俸厚而无劳"。在这次会议上,毛泽东语重心长地说:"这篇文章反映了封建制度代替奴隶制的初期,地主阶级内部,财产和权力的再分配。这种分配是不断地进行的,所谓'君子之泽,五世而斩',就是这个意思。我们不是代表剥削阶级,而是代表无产阶级和劳动人民,但如果我们不注意严格要求我们的子女,他们也会变质,可能搞资本主义复辟,无产阶级的财产和权利就会被资产阶级夺回去。"这以后,《触詟谏赵太后》便全面进入课文。

第六章 "文革"教科书的变异 // 225

好英语"。这些外语课本是一种以宣传毛泽东思想为己任的课本,所选课文均围绕颂扬毛主席和毛泽东思想、马克思主义、社会主义祖国等主题。所有外语课本的第一课不是从字母开始,而是从"毛主席万岁!"开始,"毛主席"这三个字更是以句中主词遍及章头节尾、字里行间。江苏省中学《俄语》(1971)课本一、二册,共二十篇课文,其中除了"伟大的中国共产党万岁!"和"中华人民共和国万岁!"两篇没有"毛主席"外,其余每篇课文都与毛泽东相关,要么是歌颂,要么是语录、著作,要么是毛泽东思想。这一时期的外语课本的课文后面一般还都附有简单的语法内容。

中学与小学的《革命文艺》在性质上是一致的,都是复课闹革命后诞生的一本专门学习毛泽东文艺思想、学习在毛泽东思想指导下的艺术知识的课本,主要内容包括毛泽东文艺思想、革命歌曲、革命现代京剧选曲、乐器知识、绘画的知识技巧等。

(2) 生产斗争类课本

文革初,各地最先编的暂用课本片面地强调政治内容的数量,忽视了知识,所以,后续改编的试用课本缓和了前一阶段的过激做法,力求在突出无产阶级政治的前提下,使学生学到必要的科学知识(实际是与生产实践相关的知识)。

不同于《工农业基础知识》"暂用课本",各地所编的"试用课本"多数把工业与农业分开,分成《工业基础知识》和《农业基础知识》,《工业基础知识》再分机电、电工、化工、机械等分册。

工业部分(电工、机械、化工)单独分册后,其内容相较"暂用课本"更加丰富,普遍增加了一些基础知识。当然,这些增加的基础知识,都是根据后面要学的三大革命实践中常见、常用的机械、化工用品产品、电工设备、作物等来选择的,然后再运用这些知识去进一步认识某种机械、化工产品、电工设备的构造、原理和使用方法,尽量能对几种最常用的生产机械、化工产品等有比较全面的了解,为将来参加三大革命实践打下基础。因此,是依据"三机一泵"(电动机、柴油机、拖拉机、水泵)等讲机械、电工基础知识,依据土壤改良、农药化肥使用等讲化工基础知识,大量削减了在工业生产中暂时用不到或用得较少的基础知识。

《农业基础知识》"暂用课本"只讲生产知识、"三大作物(稻、麦、棉)一口猪",以及被冠以毛泽东招牌的农业八字宪法,改编后的"试用课本"内容有了扩展,最明显的变化是增加了一些科学的基础知识。如山西《农业基础知识》"暂用课本"(1968)与"试用课本"(1971)最名显的差异在"植物的生活"部分,"试用课本"增加了关于一些植物的基础知识:植物体的构造;种子的构造及萌发;根、茎、叶;花、果实和种子;植物的生长和发育。

中学试用课本《数学》的编写原则与《工业基础知识》《农业基础知识》一样,除了要用毛泽东思想统帅课本外,另一个重要的编写原则是"学以致用",为三大革命实践服务。其最典型的内容恐怕要算全国各地的《数学》都选入了"农村会计",有些地方专门编写了《数学·农村会计》课本,目的是"培养贫下中农的红管家"。与"暂用课本"完全摒弃传统数学体系和以生产体系编排课本的做法不同,《数学》"试用课本"以数学学科体系为基础联系生产实际,如:一元一次方程在三大革命实践中的应用;二元一次方程在三大革命实践中的应用;分式方程在三大革命实践中的应用;一元二次方程在三大革命实践中的应用等等。

至1971年底,各地所编的名目复杂、种类多样的中小学课本基本组成了一个特色鲜明、功能各异、完整的中小学"红色"课本体系,文科课本以为阶级斗争服务为主,理科课本以为生产斗争服务为主,实现了"破中立"革命课本的红色蓝图。

第二节 "整顿"与"反回潮"中的课本反复

红色课本不重视基础知识的这一弊病,越来越受到社会批评;而被政治话语压抑的学术话语也始终不甘沉默,也许没有突然发生的重大政治事件,学术话语会比较长期的"噤声",课本不重视基础知识的问题还会长期存在下去。但借助一次政治事件的契机,学术话语与政治话语之间又开始了一场角力,并随着政治运动此起彼伏,使得课本编写也随之上演了一场"讲政治"与"讲质量"话语争夺和"回潮"与"反回潮"的政治斗争。然而不论是"回潮"还是"反回潮",这一阶段的课

第六章 "文革"教科书的变异 // 227

本毕竟有了比较显著的变化,变化之一就是红彤彤的封面几乎在一夜之间突然潮退,在十年文革中划出特别有意思的一道界限。

一、教育整顿与课本回归

1971年"九·一三事件"❶发生后,全国全面展开批林整风运动,原来所谓"黑色专政"的经济、文化、教育路线有点峰回路转,又现新机,后来批判的说法是"回潮"。

1. 课本回归传统学科,开始重视质量

"林彪事件"后,周恩来主持党中央的日常工作。1972年间,周恩来充分地利用了毛泽东认识上的积极变化,抓住时机,适时地把批林整风引导到批判极左思潮、纠正"左"的错误的方向。全国批林整风纠"左"的措施之一是强调业务"质量",纠正只讲政治不讲质量的极"左"路线。"质量"话语于1972年骤然提高了声调并遍布于报刊杂志的刊头与字里行间,"质量"意识的提升也相应要求恢复一些有关知识分子的政策。

在批林整风过程中,率先开始了教育整顿,而且整顿的第一炮就是对准文化课教学、基础理论教育等教育质量方面的问题。❷《人民日报》

---

❶ "九·一三事件"是指林彪于1971年9月13日乘飞机外逃叛国,途中机毁人亡的事件,又称"林彪叛逃事件"。

❷ 程晋宽. "教育革命"的历史考察:1966—1976 [M]. 福州:福建教育出版社,2001:418.

《光明日报》等重要党报对教育质量问题的探讨突然增多，批评政治代替业务的问题，呼吁提高教育、教学质量，学好文化课。

在全国教育整顿中，加强文化课教学、加强基础理论教育、提高教育质量的呼声和行动反映到课本编写上，最大的变化是大部分地区恢复传统学科课程，编写传统分科课本，用《化学》《物理》取代《工业基础知识》，用《政治》取代《毛泽东思想课》，等等。同时在课本中增加了大量基础知识。当然，编写强化基础知识的课本并不是要完全摆脱政治话语，而是要在遵从教育方针和"五·七"指示这套革命话语体系的前提下提升质量、加强理论。

2. "共性与个性"论下的课本

政治与业务的矛盾可以说是当时教育的主要问题之一。教育整顿要提高课本的质量，必然要在批评"红色"课本过度政治化的同时，诠释清楚课本的政治与业务的关系。对此，在1972年4月29日《人民日报》刊登了苏州地区教材编写组的《正确处理编写教材中几个关系的问题》，其中有详细解答。此文从政治教育与基础知识的关系、理论与实践的关系以及体系等方面探讨了如何编写新教材。❶

1972年10月17日，国务院科教组召开教材工作座谈会，讨论大、中、小学教材的改革和建设问题。确定由科教组分大区交流编写教材的经验，组织协作编写。会后，国务院科教组先后在6个大区召开教材改革经验交流会。在天津召开的会议就是其中一次。

1972年10月，在天津市中小学教材会议上，五省市（北京、辽宁、吉林、山东、江苏）的与会人员对"文科教材中应如何处理转变学生的思想和进行知识教育的关系"进行讨论，并就这个问题达成共识："转变学生思想是各科教材的共同任务。这一点必须坚持，不能有所动摇。但是，文科教材在完成任务中的手段都有其特殊性，都有其特点。共性寓于个性之中，通过个性，共性才能表现出来，各科教材应当通过该教材本身的特点达到转变学生思想的目的，取消了个性也就取消了共性。"换句话说，课本中的毛泽东思想、思想政治教育是共性的东

---

❶ 苏州地区教材编写组. 正确处理编写教材中几个关系的问题［N］. 人民日报，1972 - 4 - 29（4）.

西，是每本课本都应体现的，而思想政治教育又是通过不同学科、不同知识性质的"个性化"教育才能实现的，这就是政治与业务关系的"共性与个性"说。例如文科类课本，可以通过选择反映和歌颂工农兵形象的课文，如工农兵故事、工农兵音乐、工农兵美术等不同的学科知识，以达到热爱人民、领袖，爱劳动、爱集体的无产阶级阶级情感教育。

根据"共性与个性"说，共性通过个性来实现，那么课本的个性就非常重要。课本的个性实质是指课本的一些本质属性或功能，如语言类课本重视对语言基础知识、基础文化、语言能力的培养，艺术类课本重视对艺术基本技能的训练，政治类课本重视对辩证唯物主义的基本观点、基本理论的教育。

（1）作为基础文化课本的《语文》

"个性说"实质上是把语文课定性为一门基础文化课。虽然它是对学生进行思想政治教育的重要阵地，但学好语文知识，掌握祖国的语言文字，是学习革命理论和参加三大革命运动的重要基础。[1]因此，此时的《语文》被定性为基础文化课本，而不再是政治类课本。

语文教学"个性"化的主要任务是在转变学生思想的前提下，培养学生的阅读、写作、批判、表达能力，在培养这些能力的同时达到转变学生思想的目的。因此，教育整顿后全国新编的语文课本在编排内容、单元组织上，都尽量考虑了政治思想教育和语文知识教育的统一。

小学语文课本的"个性"特征主要体现在两个方面：

第一，重视语文基础知识和基本技能。在字词、拼音、写字、查字典、标点符号、语法修辞、阅读、口头表达、写作等方面都有要求，这些要求在复课闹革命阶段是见不到的。

第二，语文课本扩大了选材面，选材类型多样，文章的体裁、题材和风格较丰富。文章体裁以记叙文为主，编选了部分政论文、诗歌、故事、寓言、童话、谜语、应用文等。结合学生实际，有意识地选取了适合学生特点的文艺小说之类的文章。

---

[1] 山东省中小学教材编辑组. 山东小学语文教学意见 [M]. 济南：山东人民出版社，1973：1.

文革前期，中学《语文》课本政治化的情况非常严重，以至于1972年后各地重编中学《语文》课本时，焦点集中在处理政治与业务（思想政治教育与语文知识），即"共性与个性"之关系上。

如何处理政治与业务的关系？一般来讲，中学《语文》课本都是在"以马列主义、毛泽东思想为指针，阶级斗争、路线斗争为纲，力求正确处理政治与业务、理论与实践、批判与继承、紧跟形势与教材相对稳定等四个方面的关系"❶，以及批判极左倾向的背景下编写的。因此，多数课本既注意了课文的思想性，有计划地编排各册的思想教育内容，又编排了较多的语文知识专题。同时，课文的选材范围扩大，不再是单一的毛著，而是增加了鲁迅作品、外国作品和乡土教材的等各类文章，体裁也更多样，出现了小说、散文等形式。

尽管各地的语文课本在处理政治和业务关系的一些具体做法上存在差异，但在坚持"政治第一，艺术第二""政治思想教育与语文知识教育的统一"的原则下，重视语文知识这一点是各地区共通的，每个单元后附语法知识，每篇课文后附语言文字的练习和巩固，课文体裁多样，等等。

增强语文的"个性"只是点缀，课本仍然以"共性"为前提，重视思想政治教育，并按照思想政治主题设置单元。

（2）增加生活语言、基础知识的外语课本

1972年以后，随着中苏关系的交恶，以及中美关系的缓和，中学外语课程大部分以英语为主，大部分省市外语课本的编写以《英语》课本为主，辅之《俄语》课本。

在处理政治与业务关系上，各地所编的外语课本都增加了语言知识，但最关键的变化是增加了生活课文和生活词汇，从而使得新编课本的性质发生改变，从完全的政治课本变成政治统帅的内容。新课本开始采用与日常生活相关的内容，如甘肃中学《英语》课本（1973，第1册）出现如下内容：这是地图；这是钢笔吗？这是什么？书和钢笔；我的家庭；我们的好老师；我们的教室。在复课闹革命时期，这种不带任

---

❶ 山东省中小学教材编辑组. 山东省中学语文教学意见［M］. 济南：山东人民出版社，1973：24.

何政治色彩的内容,是不可能出现的,甚至是被批判的对象。

(3) 尝试历史唯物主义的历史课本

1972年始,在"提高教学质量"的要求下,各地都陆续恢复编写中学《历史》。一方面,历史内容大量扩充,分编成中国历史和世界历史。中国历史课本仍以阶级斗争为纲,突出农民起义和农民战争的历史地位和作用以及新民主主义革命的伟大胜利,但内容篇幅大量增加,历史体系相对完整,特别突出了一些理论章节,如:从无阶级的原始公社到阶级的产生,中国封建社会的形成和专制主义的中央集权制的封建国家的建立等;新的《世界历史》则突出各国人民反帝反压迫的历史。另一方面,试图运用历史唯物主义的观点,从政治、经济、文化等方面阐述社会历史的发展。初步摆脱了《历史》等同政治课本的局面。

总体上,这一时期的《历史》课本基本按阶级斗争史来编写,并形成了一个历史教材体系:中国古代史;中国近现代史;世界历史。课本增加了中国古代各个时期的文化内容,这是与复课闹革命时期的课本不同且有进步的地方。

(4) 增加了政治基础知识的政治课本

随着全国批林整风政治运动的全面展开,原来应林彪号召"活学活用毛泽东思想"而诞生的《毛泽东思想教育》课本,在全国各地迅即被废除,取而代之的是恢复《政治》课本,虽然《政治》课本的主要内容仍是以毛泽东著作为主体,但其学科性质得以凸显,增加了政治基本理论。

小学所用的《政治》课本一般都专设一单元学习毛泽东哲学思想,如北京市的小学《政治》课本(1972)、山东省的小学《政治》课本(1973),选文大多是关于实践观、认识观、阶级观等内容,如:规律不摸挺奥妙,摸摸就明了;人的正确思想只能从社会实践中来;实践出智慧;姓曹的不都是一家人;人是一家,思想不完全是一家;一分为二看形势;彻底批判"合二为一"的反动谬论等。

中学《政治》课本在加强思想教育的同时,注意了基础理论知识的传授,❶ 在加强基本理论观点的教育上比小学《政治》更加明显。

---

❶ 广东省中小学教材编写组. 中学政治试用课本简介 [J]. 教育革命参考资料,1972 (7):5-6.

（5）关注基础知识和能力的艺术课本

在"提高教学质量，加强基础理论知识"的教育整顿中，艺术类课本也有一些变化。

首先，课本复名。1972年后，复课闹革命时期由音乐、美术两部分组成的《革命文艺》课本基本分编为《音乐》《美术》（小学称《图画》）课本，全面复名。这说明在政治与业务的关系上，从"政治"向"业务"一方回调，或者说两者之间达成一种新的平衡，学术教育力量有所恢复。

其次，《音乐》《美术》课本继续强调"革命"的本色，但"业务"知识的比重加大。新编的《音乐》《美术》课本的主要目的是使学生确立文艺为工农兵服务的思想，授以学生音乐、美术基础知识。美术的主题，既有典型的政治教育题材，"狠批《三字经》高唱东方红、毛主席万岁！大寨红花遍地开；狠批《神童诗》；备战、备荒、为人民（美术字）；铁笔怒扫《三字经》；誓做革命接班人等"，也有中性的生活题材，"棉花、滑梯、课余活动、游泳、办公桌、排灌站、小气象站等"，同时也强调绘画技能的训练。《音乐》课本要对学生进行思想和政治路线方面的教育，也要使学生掌握音乐基础知识，其内容一般由歌曲和音乐基础两部分组成。学生通过学唱革命歌曲培养自己的阶级感情和阶段意识，丰富音乐基础知识。

（6）重视处理理论与实际关系的理科课本

教育整顿时期，在共性与个性的关系上，文科课本要解决的主要矛盾是政治与业务的关系，而理科课本则主要是处理理论与实践的关系。文革前期的理科课本中在理论联系实际方面存在片面性，出现了极端的以干代学、实际代替理论的问题，大多课本基本不讲或很少讲基础知识。教育整顿主张提高质量，认为中小学是普通教育，学生主要学习基本理论知识，主张以基础知识的内在联系为线索安排教材内容，注意联系生产实际，一句话，就是讲基础知识时联系实际。于是，《物理》《化学》等分科课本开始代替原来的工业基础知识和农业基础知识。理科课本采取的知识联系实际的方式主要有两种：一是讲清理论基础知识后，再联系实践，点清知识在实践中的应用，并通过实践的例子和习题来理解和巩固理论。二是从实际的例子中引入理论，从而讲清理论。尽管理科课本已经加强了对基础识的重视,但整体上基础知识仍然很薄弱。

二、"反回潮"时期的课本

教育整顿期间的一些纠偏工作,加强了基础知识教育。但到1972年底,当这种纠正左倾错误的努力危及到文化大革命的"合理性"时,毛泽东转而开始以"反右倾回潮""批林批孔"取代"批林整风",全国形势骤然逆转。

1. 教育反回潮与批林批孔

1973年下半年,教育中的两个基本特征是批林批孔和开门办学,而它们最初的源头却是教育反回潮。

1972年教育整顿工作刚刚开始不久,《文汇报》于1972年11月连续发表《这样提问题是否妥当》《马克思主义哲学是最基础的理论》《打什么基础理论》等批判"基础风""理论风"的文章,把提倡基础理论、重视基础知识看成"资产阶级右倾回潮"。1973年,国务院科教组先后三次召开了教育革命座谈会。1973年6月5日至18日,国务院科教组召开文科教育革命座谈会,会上围绕"文科教育革命怎么办"的题目进行讨论,在教育路线上试图把批林的极左路线扭转至批林的极右路线,认为教育战线的主要危险仍然是修正主义,教育战线出现了种种"复辟""回潮"现象,"要警惕老的在新形势下复辟",会议强调要沿着以社会为工厂的道路,改造整个文科。

1973年12月28日至1974年1月7日,科教组又在北京召开了北京、天津、上海、辽宁、河北、江苏、广东、陕西、四川等省市中小学教育革命座谈会。会议认为，在教育领域，"修正主义仍然是当前的主要危险"，要"向着资产阶级和一切剥削阶级的意识形态开展新的进攻"，要"打退资产阶级右倾势力的猖狂进攻"，❶ 科教组的这些座谈会拉开了"反击右倾回潮"的序幕。

反右倾回潮的同时，"批林批孔"运动、"评法批儒"的政治运动也在全国蔓延，教育战线自然成为这次运动的主战场。1973 年 9 月 8 日至 11 日，国务院科教组召开了教育战线的批判孔子问题的座谈会，把批孔与批林结合起来。把批林批孔与批判修正主义的教育路线结合起来。1974 年 2 月 5 日至 8 日，国务院科教组又召开了第二次"批林批孔"座谈会，传达贯彻中央国家机关"批林批孔"动员大会精神，宣传《林彪与孔孟之道》这份材料，介绍"批林批孔"的经验，进一步推动学校的"批林批孔"活动。

自"批林批孔"运动开展以来，全国各地教育战线又笼罩在政治批判的阴影中，与之前的"反击右倾回潮"合流后，大中小学开始普遍大搞"开门办学"，教育教学工作似乎又回到 1968～1969 年时的状态。❷

随着批林批孔和开门办学运动的深入开展，各地课本也按批林批孔和开门办学的要求全面改编或重编。国务院科教组 1974 年 11 月 6 日发出通知，要求各地根据充分反映无产阶级文化大革命的成果和开展批林批孔的要求，检查修订课本。随后，国务院科教组又召开了部分省市教材改革座谈会，会议以党的基本路线为纲，以批林批孔为中心，讨论检查、修订教材的原则和措施。❸

1973 年下半年至 1976 年，各地的教材改革主要表现出两个基本特征：一是增加批林批孔的内容；二是从三大革命需要出发，开门编写课本。批林批孔主要增加政治内容，而开门编写课本则是所谓的走群众路线，地方发动群众编写课本。

---

❶ 金一鸣. 中国社会主义教育的轨迹 [M]. 上海：华东师范大学出版社，2000：424.
❷ 程晋宽. "教育革命"的历史考察（1966-1976）[M]. 福州：福建教育出版社，2001：463.
❸ 国务院科教组召开部分省市教材改革座谈会 [J]. 教育革命通讯，1974（12）：64.

2. 课本批林批孔

批林批孔运动是1973年年底最重要的政治运动,渗透到各行各业。当时批林批孔被定义为"两种阶级路线的斗争",是教育史上儒法斗争的延续。它作为阶级斗争的核心,渗透于教育中,影响了教科书的编写:一方面是编写"批林批孔"的课本,另一方面在课本中"批林批孔"。

编写"批林批孔"的课本,一般有两种形式,一种是编专门的"批林批孔"课本,另一种是编"批林批孔"补充教材。前一种如北京等地的小学常识课本《反孔和尊孔斗争的故事》(1974),后一种如山西省等地的中学历史补充教材《反孔批儒斗争史话》(1975)、浙江等地的中学历史补充教材《反儒和尊儒斗争史话》(1975)等。这些课本的内容基本上是反孔和尊孔的"斗争历史"或文章。

为了使外语教学紧密结合革命斗争形势,上海市中小学教材编写组于1974年编了一套《英语(批林批孔教材)》,按语言程度深浅分为上、中、下三册。上册相当于上海市中小学英语课本第一至三册,中册相当于第四至六册,下册相当于第七至十册。这种课本是非常罕见的。

所有批林批孔课本,讲述的都是批林批孔的故事,讨论孔子、林彪的反动实质,基本上是一种批林批孔的政治课本,而无任何学科课本的"个性"。

除了编写专门的批林批孔课本外,把批林批孔的内容选入中小学课本也是当时课本的主要改革,《三字经》《闺训千字文》《弟子规》《改良女儿经》《神童诗》《名贤集》就成了新编课本的批判内容。《教育革命通讯》1974年第11期选登了部分中小学批林批孔的部分教材内容,希望各地能选入课本,并发表"编者按"。同期选登了几篇课文样本,例如北京市小学常识课本(1974)选入的课文"闯王起义大破孔学鬼话",颂扬李自成领导革命农民,推翻明朝,扫荡孔学,立下不朽的功绩等。上海市中学历史课本第一册(1973)中的"战国时期法家和儒家的论争",褒"法"贬"儒",认为儒法两家的斗争反映了当时的时代动向,是两个阶级、两条路线的斗争。文中同时指出,"革命儿歌"这一新文体是孩子们在批林批孔运动中的一个创造,课本的编写应当热情扶植和大力推广这个革命的新生事物。另外还介绍了北京市西城区西四北小学发动广大红小兵,用马克思主义观点,批判宣扬孔孟之道的《三字经》,以及修正主义专政下的《摇篮曲》《催眠曲》等坏书和坏儿歌,编写了一批革命新儿歌,并推荐把它们选入课本。小学语文课本中更常见这种新的革命文体,北京小学语文课本第三册(1974)中的《祖国建设跨骏马》,就是一篇采用革命新文体批林批孔的文章:

> 小记者,乐哈哈,书包一背就出发。一路歌声一路笑,祖国遍地开红花。先去大庆走一趟,工人叔叔干劲大。石油滚滚流不尽,生产月月超计划。告别大庆到大寨,农民伯伯干劲大。稻谷穗大粒饱满,层层梯田好庄稼。记者越看越高兴,提笔写下激情话:批林批孔结硕果,祖国建设跨骏马。❶

为适应政治运动的需要,各省的语文课本尤以对《三字经》的批判最多。《论语批注》也是各地课本批林批孔的重要内容,矛头直指代表"封建思想"的孔夫子。为了批唯心观,多数中学语文课本都选了古代唯物论者王充的《论衡》二则。

批林批孔的内容不只被编入《语文》《政治》课本中,像《历史》《英语》《革命歌曲》《卫生》等课本中都常见批林批孔的内容。

3. 课本编写的群众运动

在"反击右倾回潮"、批林批孔的政治运动合流后,教育部重申要坚持走无产阶级专政的教育路线,即毛主席制定的"教育必须为无产阶级服务,必须同生产劳动相结合"的方针,而开门办学是贯彻方针的重要途径。❷ 因此,大中小学在1974年后开始普遍大搞"开门办学",教育和课本的编写则由教育整顿时期"讲清基础知识后联系实际(或者说重视理论指导的实践)"退回"面向三大革命需要,即编写专业化实践知识的课本"。

(1)"开门"编课本

开门办学包含两方面的意思,一方面要走群众路线,另一方面要面向三大革命实践。走群众路线就是要批判"依靠权威,关门编书"的

---

❶ 北京市中小学教材编写组.北京小学语文(第3册)[M].北京:北京人民出版社,1974:22.

❷ 隽之.谁说开门办学是"实用主义"[J].教育革命通讯,1974(11):41-42.

旧的编写方法，发动群众来编书，实行开门编书。

开门编书的一种常见形式是广泛发动群众参与课本编写，把编写课本的任务交给各区、县负责。山西的"三算结合"❶《算术》（1976）课本，是由太原市南北城区、南北郊区、晋城县、河津县、原平县编写的，供试验"三算结合"教学的班级使用。❷ 黑龙江中学的《语文》（1976）课本是以齐齐哈尔市为主，齐齐哈尔铁路局和齐齐哈尔师院协作编写的。辽宁省的小学算术课本（1975）则是在北京市1973年出版的小学《算术》课本的基础上，委托抚顺市中小学教学研究室组织力量改编而成。1973年江苏省革命委员会教育局在一份报告中写道："文化大革命前用统编教材，现在都要自编，共需编写一千五百五十八种教材，参加编写的教师保持在一千人以上，占教师的百分之十。有八所高校还承担编写一百四十六种教材，已参加工作的教师一百四十六人。"❸

由地方编写补充教材也是"开门编书"走群众路线中最为常见的组织方式。广东省廉江县横山公社中学数学组的教师深入工厂、农村，做调查访问，开座谈会，向有经验的工人、贫下中农请教，搜集一批对三大革命运动有实用价值的数学实例。经过研究，整理归类后，编写出乡土教材《农村常用数学》（1974）共九类：《农村会计》《农业机械数学》《农作物测产法》《地积测量》《林木材积计算》《木工中的数学》《房屋中的数学》《使用农药的计算》《劳动力的合理安排》等。❹

（2）编写特殊课本

"开门编书"的一种方式是编特殊课本，以服务于生产实践，满足各地学生学习技术知识的需要。

为了让学生毕业后能适应上山下乡和三大革命的需要，掌握工农业生产中的一些带有普遍性的基本理论知识和生产知识，比如电机、内燃机、普通机械、电工、工业化学、化肥、农药、土壤、作物栽培、防治病虫害、医药卫生等方面的基本知识，多数省份就某一方面的工农业生

---

❶ 三算结合，即口算、笔算、珠算三结合。
❷ 山西省中小学教材编审室数学组. 新编小学数学（三算结合）课本介绍[J]. 山西教育，1976（4）：59-64.
❸ 江苏省档案馆藏，江苏省革命委员会教育局档案，卷宗号：短期168.
❹ 编写乡土教材《农村常用数学》[J]. 教育革命参考资料，1974（3）：40.

产知识编写了专门的课本,如上海的《电子技术基础》(1975),江苏省中学试用课本《农业机械(水泵)》《农业机械(电动机)》《农业机械(拖拉机底盘)》(1974),辽宁省中学选用课本《拖拉机》(1975),北京市中学化学选用课本《土壤》(1975),北京市中学农业基础知识选用课本《养猪》(1975)等。它们都是为了适应生产劳动需要而编写的。

在"开门办学"的要求下,除了各省市编写本地区的统编课本,专讲专业基础知识外,各地区各中学都大办专业班、大开专业课,让在校学生能掌握一些专门知识和技能,毕业后直接服务于生产实践。广州市中小学教材编写组编了《渠道测量(高中专业课、专业班选用)》(1975年5月)、《简单房屋建筑及基础知识(高中专业班、专业课选用)》(1975年5月)。

专业班是解决三大革命实践的急需所设的班级。如北京顺义县平谷庄中学开办了政治、农技、卫生、兽医、机电五个专业班;上海金山县(现金山区)张堰公社秦山大队"五·七"学校开办拖拉机、土电工、卫生员、土记者等专业训练班,把农村三大革命实践最急需的东西作为训练班学习的主要内容;广州市高中也开了不少专业班。专业课主要由中学根据本地生产情况自主设置和确定教学内容。例如,山西阳城一中自编了《作物栽培》《细菌肥料》《电工基础》《电焊机修造》《变压器改压》《牲畜诊断》《土方验方》《药品制造》《农村应用文》等三十多种专业课教材。❶ 张家口市许家庄中学则对现有课本进行了"增删补换",编写课本《农村新人新事》《优良种的培育》《果树的嫁接和剪枝》《给猪注射九二零的方法》《化肥的性能和使用》等❷。

批林批孔和开门编书是1974~1976年课本革命的最基本特征,课本编写似乎回到复课闹革命时期的"红色"课本。但由于经过了前一阶段教育整顿时期的调整,这种回潮并没有出现复课闹革命时期严重的

---

❶ 山西省阳城县一中党支部. 中学开设专业课好 [J]. 教育革命通讯,1974 (10):58-60.

❷ 张家口市许家庄中学. 从"忘本学校"到"庄户学校" [J]. 教育革命通讯,1974 (5):54-57.

政治教育形式化、过度化，以政论文充斥课文的现象。课本"政治教育"部分只是根据政治形势变化把批林批孔运动的内容补充到课本内容中，如增加一个批林批孔教学单元，或者增编一本批林批孔的补充课本。要求紧密联系实践的数理课本也并没有因"开门办学"完全不顾基础知识，而是在讲基础知识的同时增加了有关工农业生产的内容，在中学高年级课本中增加了一些专业性的知识，编写了一些工农业生产中可用到的专业课本。这些都说明虽然"批林批孔、开门办学"式的政治话语在文革课本中重新占据了强势地位，但面对"质量"的现实要求，又不得不向学术话语做出一些妥协，形成新质量说，达成一种政治与知识、理论与实践之间的新平衡，生成又一种类型的"为无产阶级政治服务，与生产劳动相结合"的革命课本。

"文革体"课本时间虽不长，但却为中国中小学课本改革在处理政治模式与学术模式冲突、"革命课本"的形成与基本样式方面提供了一个最佳的观察标本。这段政治模式一度明显占据上风、但学术力量也从未消逝的历史，为我们提供了可资借鉴的经验与教训。历史不会重演，但也不能轻视它，我们绝不能轻易地否定任何一个历史阶段的教育改革的任何尝试，哪怕在今天看来当时的一些做法是非常荒唐的尝试。

附录

Contents

Lesson 1 Long Live Chairman Mao!

Lesson 2 A Long, Long Life to Chairman Mao!

Lesson 3 English Letters

Lesson 4 Wish Chairman Mao a Long Life!

Lesson 5 We Love Chairman Mao

Lesson 6 A Chairman Mao Badge

Lesson 7 I Love Chairman Mao

Lesson 8 A Portrait of Chairman Mao

Lesson 9 English Letters

Lesson 10 Serve the People

Lesson 11　Learn from the Workers, Peasants and Soldiers

Lesson 12　Never Forget Class Struggle

Lesson 13　Chairman Mao Is Our Great Leader

Lesson 14　Long Live the Communist Party of China!

Lesson 15　Read and Write

Lesson 16　We Are Loyal to Chairman Mao

Lesson 17　They Are Our Good Teachers

Lesson 18　We Are Good Pupils of Chairman Mao

Lesson 19　Revolutionary Slogans

Lesson 20　We Are Little Red Soldiers of Chairman Mao

New Words and Expressions

Revolutionary Songs

目录

第一课　毛主席万岁!

第二课　毛主席万万岁!

第三课　英语字母

第四课　祝毛主席万寿无疆!

第五课　我们热爱毛主席

第六课　一枚毛主席像章

第七课　我爱毛主席

第八课　一幅毛主席画像

第九课　英语字母

第十课　为人民服务

第十一课　向工人、农民和解放军学习

第十二课　永远不忘阶级斗争

第十三课　毛主席是我们伟大的领导人

第十四课　中国共产党万岁!

第十五课　读和写

第十六课　我们永远忠于毛主席

第十七课　他们是我们的好老师

第十八课　我们是毛主席的好学生

第十九课 革命口号
第二十课 我们是毛主席的红小兵
新单词和短语
革命歌曲

第七章 改革开放时期的教科书改革与探索
1977~2000

"文革"结束后,改革开放的春风吹来,教育逐渐恢复了重视基础知识、注重基本能力的价值取向。教科书的编写强调精选读写知识,设计训练项目,注重训练,培养能力。随着九年制义务教育的强力普及,中小学教科书由编审合一走向编审分离,从一纲一本到一纲多本、多纲多本,开始在坚持国家基本要求的前提下,实验性实施教科书多样化的方针。不同学制的教科书、不同层次的教科书、不同要求的教科书纷纷出现,特别是国家层面的教科书多样化尝试、伴随着教育教学改革而产生的大量实验教科书的出现、大量乡土教材的出现等,使新中国教科书建设进入一个多方面探索的活跃期。

第一节 改革开放初期教科书的恢复与规范化

1976年"文革"结束,教育界开始进行全面拨乱反正。针对轻视知识、不要文化、否定学校教育的"文革"教育,教育界重新强调科学文化知识是生产力的组成要素和教育在社会经济发展中的重要职能,强调学校必须以教学为中心。邓小平于1976年8月在《关于科学和教育工作的几点意见》中敏锐地指出:"关键是教材,教材要反映出现代科学文化的先进水平,同时要符合我国的实际情况。"❶ 此后不久在同教育部主要负责人的谈话中,他又一次强调:"不抓科学、教育,四个现代化就没有希望","教材非从中小学抓起不可,教书非教最先进的内容不可,当然,也不能脱离我国的实际情况。"❷中小学教科书随之进入了短暂的恢复期,然后迅速进入规范发展期。

---

❶ 邓小平. 关于科学和教育工作的几点意见 [M] //邓小平文选(第2卷). 北京:人民出版社,1983:52.
❷ 邓小平. 关于科学和教育工作的几点意见 [M] //邓小平文选(第2卷). 北京:人民出版社,1983:52.

一、统编教科书制度的恢复

1976年秋"文革"结束以后,新教科书还没有出来,各地依然沿用"文革"后期的一些课本作为过渡教材,他们对教材进行了小幅度的修改,一些地方还出版了补充教科书,适当拔高了要求,以弥补原有课本知识的不足。经过短暂地调整与恢复,教科书统编制度迅速恢复,人民教育出版社于1978年推出了全国通用的十年制教科书。

1. 教科书建设步入规范有序的轨道

1977年,教育部根据邓小平的指示制定了中小学教材工作的有关政策和措施:一是成立"教材编审领导小组",教育部副部长浦通修为组长,领导教材编写工作;二是重建人民教育出版社,组织"中小学教材编写工作会议",编写中小学各科教材;三是确定中小学十年制为基本学制,制定颁布统一的教学大纲,编写全日制十年制中小学教材;四是确定1978年秋开始使用新教材。

1977年9月,教育部组织了"中小学教材编写工作会议"。1977年12月,教育部、国家出版局联合召开全国教材出版工作会议,会议制订了《一九七八年度(供一九七八年秋季和一九七九年春季使用)高等学校、中等专业学校(理、工、农、医、体育)教材出版计划》和各省、自治区、直辖市一九七八年度中小学教材出版计划,提出了今后一个时期教材建设的具体任务:一九八零年以前编出一整套质量较高的高等学校、中等专业学校和中小学教材以及相应的教学参考书、工具书；一九八五年以前编出几套适应各种办学形式和要求，具有不同风格和特色，反映国内外先进科学水平的新教材；力争提前完成。教材出版发行工作要围绕上述任务，切实保证做到"按时、足量"为学校供应课本，实现"课前到书，人手一册"的要求。中小学教材今后由教育部负责统编，计划在三年内完成，其中一九七八年秋季中小学一年级和部分课程的统编教材共二十二种，由人民教育出版社出版并供应纸型，分省印制发行，在一九七八年秋季开学前完成。暂无统编教材的各课程，仍由地方组织力量，参照统编教材的编写大纲编写出版，乡土教材和补充教材由各省自行编写出版。❶

1978年1月，教育部颁发了《全日制十年制中小学教学计划（试行草案）》。该计划规定：全日制中小学学制为十年，中学五年，按初中三年、高中二年分段，小学五年。小学阶段开设8门课程：政治、语文、数学（算术、几何、代数）、外语、自然常识、体育、音乐、美术，并对各年级政治课和文化课时间以及学工、学农、学军等"兼学"的时间作了规定。为配合教学计划，教育部先后颁布了全国统一的各学科教学大纲，为确立和稳定课程系统，维持教学秩序奠定了基础，为教科书发展提供了依据。

1978年4月，全国教育工作会议召开，这是"文革"后的第一次全国教育工作会议。会议研究了《一九七八年至一九八五年全国教育事业规划纲要（草案）》和《全国普通高等学校暂行工作条例（草案）》《全日制中学暂行工作条例（草案）》《全日制小学暂行工作条例（草案）》三个修改意见（讨论稿）。

此后，《全日制中小学暂行工作条例（试行草案）》颁布。《条例》指出："学校必须根据中华人民共和国教育部统一规定的教学计划、教学大纲和教科书进行教学，以教学为主，努力提高教学质量。"它标志着"文革"结束后，我国基础教育重新步入规范、有序的轨道。

2. 全日制十年制中小学教科书

为确保1978年秋季能用上新教科书，经教育部党组批准成立了教

---

❶ 国务院法制局编. 中华人民共和国现行法规汇编·1949-1985 教科文卫卷[M]. 北京：人民出版社，1987：26-27.

材领导小组，领导小组集体研究确定中小学教材的编辑方针和各科教材的编辑原则，并领导制订各科教学大纲，重大原则问题报教育部党组审定。与此同时，为确保和提高新编十年制教科书的质量，教育部特聘请了45位著名专家分别担任各科教科书的顾问。他们中有：苏步青、吴文俊、杨乐、周培源、褚圣麟、唐敖庆、童第周、贝时璋、周廷儒、于光远、王惠德、叶圣陶、吕叔湘、严文井、李何林、高士其、韩作黎、白寿彝、夏鼐、胡华、吴景荣、吕天石、陈嘉、李赋宁等。为了编好这套教科书，编辑人员专门研究了1963年出版的十二年制中小学教科书，分析了十年文革期间出版的教材，此外，人民教育出版社还从美国、苏联、英国、日本等国家引进相关教材进行对比研究，以指导我国教科书的编写。

全日制十年制中小学教科书从1978年开始出版，1978年秋季在全国使用。这套教科书包括教学大纲15种15册（初、高中政治课等教学大纲试行草案是1982年颁发的，未计入），教科书22种106册，教学参考书27种90册，至1980年这套教科书基本完成。对于这套十年制通用教科书，人民教育出版社称之为自己编写的第五套全国通用中小学教科书。这套教科书的主要外在特点是：教科书封面都有"全日制十年制学校……课本"的字样，封底还有"试用本"字样；教科书署名均为"中小学通用教材……编写组编"；所有教科书都没有诸如前言、后记之类的任何说明。

尽管这套教科书于1978年秋季开始使用，但主要限于起始年级教材，且只有部分学科的教科书，如全日制十年制音乐统编教科书于1980年秋季才开始试用，美术教学大纲1979年才颁布，统编通用美术教科书到1981年才正式出版试用。在通用教科书出版前，即1977年至1980年前后这段时间，学校使用的多是非统编教科书，我们简称为过渡性教科书。这类教科书基本延续了"文革"时期的编写套路，大部分都是各地自行编写，有些则是"文革"教材的修订本。它们开始区别于"文革"期间的教科书，但同时又未完全摆脱"文革"的阴影，在某些方面仍然保留着"文革"的残余。它们的使用时间都非常短，有些只用了一年甚至更短时间。

全日制十年制中小学教科书消除了动乱年代所出教材中的许多谬

误，克服了教材管理中的"乱、糟、偏"现象，改正了以往教材在政治与业务、理论与实际等问题上的一些极端处理方法，注重对基础知识的选择、智力的启迪和能力的培养，起到了培养人才的重要作用。但这套教科书是产生于拨乱反正年代后的"急就章"，因此在实践中暴露出许多不足和缺陷。比如，极左思想在当时尚未得到全面纠正，因此在教科书中泛政治化现象仍比较突出。最突出的不足是，该套教科书试用以后，多数地区、学校和师生反映教育内容"深、难、重"，难以完成教学任务。

因此，这套通用教科书出版不久，教育部马上面对一个如何降低教科书难度的问题。1979年10月，教育部召开了中小学数学教材改革座谈会。会上草拟了《关于试行中小学数学教学大纲的过渡办法》，对教学内容作了一些调整，决定将中学数学教学大纲中的部分内容改为选学内容，并指出，试用教材中的某些内容安排在哪个年级教学比较有利，各地可以根据情况进行适当调整。

当党的工作重心转移到社会主义现代化建设上时，教科书作为实现教育目标的主要载体，也逐渐地从文革期间的斗争工具开始转变成为社会主义现代化建设服务的主要媒介。如何为社会主义现代化建设服务成了教科书编写要解决的核心问题。显然，此时的教科书既不是阶级斗争的工具，也不是纯粹的政治需要，它开始越来越趋向如何为社会主义现代化建设服务。这一功能转变在当时各科教科书中均有明显体现。从过渡性的教科书中，我们便可以明显地看到教科书内容与四个现代化的关联。之后，紧接着出版并投入使用的十年制通用教科书也秉承了这一理念，突出了教科书与现代化的关联，其主要表现就是教科书开始关注知识，强调基础知识和基本技能的培养。对学生基本认知能力的重视成为教科书编写的重要参考维度。教科书内容的编排在很大程度上也比较好地践行了这一理念。选用教材内容时注意学生的智力发展水平，注重培养学生分析问题、解决问题的能力。

这一时期的教科书开始走出了文革期间的政治阴影，如何服务于现代化建设的需要成为其要解决的主要问题。虽然教科书的政治色彩淡了许多，但毕竟刚从文革中走来，文革遗留现象还是比较明显。

二、初期多样化的教科书探索

文革结束后,教育开始逐步步入正轨,在这种背景下,编写一套全国通用的教科书是非常必要的,但这套教科书却在使用过程中暴露出深、难、重的问题。关于这一弊端至少可以从两个方面来分析,一是内容确实比较难,二是这套教科书高度统一,而当时各学校本身的条件和师资力量参差不齐,全日制十年制教科书更多地是以各方面条件相对比较好的学校为参照来编写的,所以其他学校感觉到实施起来比较困难也就在所难免。

针对这些问题,这一时期教育部的教科书建设相应地采取了两个策略,一是直接降低学科内容的难度,二是在全国统一的基础上开始探索编写不同版本的教科书,以满足不同地域、不同学校、不同学制对教科书的不同需求。这一时期的教科书建设除了对内容有所调整和修订外,还就如何在全国统一的基础上实现多样化进行了有益的探索和尝试,比如有五年制的教科书和六年制的教科书,有高中甲种本和乙种本教科书,有分别适应农村和城市学校的教科书,还有大量的乡土和其他地方教科书等。

1. 多种学制的教科书

经过两年多的实践后发现,1978 年颁发的《全日制十年制中小学教学计划(草案)》需要在课程设置等方面进行修订。1980 年 12 月,中共中央颁发《关于普及小学教育若干问题的决定》,规定中小学学制准备逐步从十年制改为十二年制,今后一段时期内,小学学制可以五年制与六年制并存。

1981年教育部在颁发《五年制中学教学计划修订草案》《五年制小学教学计划修订草案》的同时，又颁发了《六年制重点中学教学计划试行草案》，随后又颁布了《六年制小学教学计划草案》（1984）。这样就形成了十年制和十二年制两种学制。

针对中小学形成的十年制和十二年制两种学制，人民教育出版社除了修订五年制小学和五年制中学教科书（即原来的十年制教科书）以外（于1985年基本完成），又编写了六年制小学，以及初中三年、高中三年的中学教科书，构成十二年制教科书。这套十二年制中小学教科书于1986年9月起供全国选用。以上修订的十年制和新编的十二年制两套教科书往往被人教社称之为全国通用的第六套教科书。❶

当时先是在北京、天津、上海等少数地方试行六年制，试行的教材是1982年由北京、天津、上海、浙江四地联合编写的。全国通用的六年制小学教科书于1984年开始出版，它是在人民教育出版社的五年制小学课本的基础上改编的。

除了普通的十年制和十二年制教科书外，其他一些学制教科书也进行了探索。比如针对云南省广大农村、山区和少数民族地区以及农村大量存在的四年制学校，云南省教育厅组织编写了农村四年制小学教科书。另外还有江西的中学二二制教科书、北京师范大学附属实验中学七年（按四三分段）制实验教科书等。

2. 多种水平和要求的教科书

1981年4月，教育部根据邓小平"要办重点小学、重点中学、重点大学"的指示精神，颁发了《全日制六年制重点中学教学计划（修订草案）》。在教学计划颁布的同时，也对教材的编写和使用做了具体要求："六年制重点中学全国统编教材1983年开始陆续供应。1983年以前已改为六年制的学校，教材可以各地自编，也可以按人民教育出版社提出的过渡办法，使用五年制教材。"❷

---

❶ 韩绍祥. 十套教材见证新中国教育的改革与发展 [J]. 出版发行研究，2009（10）：34-36.

❷ 课程教材研究所编. 20世纪中国中小学课程标准 [M] //教学大纲汇编课程（教学）计划卷. 北京：人民教育出版社，2001：336.

针对在具体实施过程中普遍感觉数理化等教科书内容的深、难、重这一突出弊端,教育部于1983年发布了"关于颁发高中数学、物理、化学三科两种要求的教学纲要的通知"。通知指出,实施两种不同的教学要求是大面积地、扎扎实实地提高教育质量的积极措施,既可以使不同文化程度的学生在原有基础上真正学有所得,逐步提高,也可以减轻学生过重的学习负担,发展学生的智力,培养其能力,使他们能够生动活泼、主动地学习,为学生就业和升学打下必要的基础,更可以使中学教育全面地面向社会主义现代化建设,数学、物理、化学三个学科供应适合较高教学要求的甲种本和适合基本教学要求的乙种本。作为基本要求的乙种课本主要是减少分量,降低难度。至于学校采用哪种教学纲要,要从实际出发,根据学生基础和学校条件确定。一般地说,二年制高中,由于课时少,可按基本要求的教学纲要进行教学;首批办的重点中学,学生的学习基础、学校的条件较好,可按较高要求的教学纲要进行教学;其他三年制高中,可根据学校的实际情况自行确定。1984年秋季,开始向高中一年级供应两种不同教学要求的数学、物理、化学课本。基本要求的课本(称为乙种本)是新编本;较高要求的课本(称为甲种本)即现行通用的高中课本,内容基本不变。两种要求的高中教科书于1984年供书。1985年1月,教育部又发布了《关于颁发高中生物两种要求的教学纲要的通知》《高中生物教学纲要(草案)》(以下简称《纲要》)。实行两种教学要求的科目增加至四科。

应该说,为了照顾学生的学习差异以及不同学生的发展需要而把课本分编成甲、乙两种,是对全国一纲一本的教科书制度的一次调整,其教科书改革的初衷是值得肯定的。这毕竟是有益的初步多样化的尝试,为后续的教科书多样化和繁荣奠定了基础。但在教科书使用的实践过程中,发生了目标的偏离,出现了教科书功能的异化。首先,这一措施出台后缺乏足够的解释、宣传和引导,在区别学生的层级差异上有点简单、草率,考虑欠妥,人为制造了两个不同层级的学生,两种课本被当成了筛选学生和贴"优"与"差"标签的工具,导致学校、学生和家长普遍不愿意学习乙种本,几乎所有学校都认为自己有能力教学甲种本,都不承认自己的学生只适合学习乙种本,致使决策者的预期目标偏离;另外,部分甲、乙种课本在知识内容上并没有大的突破,基本以学科结构为中心选择和组织基础理论知识，强调学科知识的逻辑性和连贯性，未能真正成为有特色的两种不同教科书，这就决定了它们无法长久使用的最终命运。

3. 多种区域的教科书

1984年，教育部公布《关于全日制六年制小学教学计划的安排意见》，"适应城乡的不同需要，照顾农村小学的特点，在教学要求基本相同的前提下，城乡实行两种教学计划"。基于此，教育部分别拟定和颁布了《全日制六年制城市小学教学计划（草案）》和《全日制六年制农村小学教学计划（草案）》，分别对城市小学和农村小学的课程设置作了有针对性的调整，因为课程设置有所区别，城市和农村教科书版本也有些细微差异。如城市小学语文就包括"讲读，说话，作文，写字"四个部分，而农村语文只涉及"讲读，作文和写字"三个部分；农村开设了农业常识课，城市增开了唱游课等。一些地方适应教学计划的需要，编写了相应的教科书，出现了所谓的农村版、城市版教科书。这更多地集中在小学科的教材上。本来农村小学对语文的"说话"部分没有要求，但后来几乎各地都将"说话"编进了教科书，满足农村小学的实际教学需要。

三、适应教学实验需要的教科书

改革开放早期，教育界有一个值得关注的现象，那就是掀起了一次教育实验高潮，而教育实验高潮带动了大批实验教科书的出版。根据国家教委《九年制义务教育教材编写规划方案》(1988年8月),当时"全国有一百多种单科试验教材,这些教材推动了中小学教学思想、教学内容和教学方法的改革,为编写中小学教材提供了非常宝贵的经验,这些教材经全国中小学教材审定委员会通过的,可向全国推荐,供学校选用;经审定未通过的,要缩小试验规模。今后,即使有几套通用的教材,仍然鼓励支持编写单科试验教材,教学教材改革试验"❶。实验教科书涉及面比较广,有学制实验、教学实验、教材实验等,从学科来看,大多集中在语文、数学等主要学科上。

在实验教科书的建设方面,部分实验学校、人民教育出版社、中央教育科学研究所以及参与实验的大学和研究机构都发挥了重要作用。

1. 景山学校实验教科书

北京景山学校创立于1960年3月,其特色在于:将中小学合并办学;将教育实验作为办学宗旨。❷ 该校成立后,即根据毛泽东主席关于缩短学制、精简课程、减轻负担、改革教学方法和考试方法、参加劳动、接触社会等一系列指示,进行了学制、课程、教材、教法的综合整体改革试验,包括半工半读试验、从小学一年级起开设外语课的试验等。❸ "文革"结束后,尤其在1983年邓小平题词"三个面向"后,各项实验进行得有声有色:在学制改革方面,1982年由"六三"制改为"五四"制;1984年又率先进行了"小学、初中九年一贯制整体改革试验"。在课程改革方面,1978年,学校在率先从小学一年级开设自然课的教改试验的基础上,把小学历史、地理以及其他课都不会讲到的社会生活常识,综合为一门"社会"课进行教改试验。在教科书改革方面,景山小学的语文、数学课一直使用自编的教科书。其中语文教学改革是从1960年开始的,是该校启动最早、时间最长、影响深远的教改项目。❹ 小学语文教学改革是从识字教学开始的。1960年,中国科学院心理研究所在总结辽宁黑山北关实验学校的"集中识字"经验后,协助景山学校重新设计方案,开展了集中识字的印证性实验。1978年,景

---

❶ 欧少亭主编. 教育政策法规文件汇编 [M]. 延边: 延边人民出版社, 2001: 893-896.
❷ 熊明安, 喻本伐主编. 中国当代教育实验史 [M]. 济南: 山东教育出版社, 2005: 260.
❸ 徐望根. 北京景山学校简介 [J]. 中学数学教学, 1997 (5): 47.
❹ 刘曼华. 北京景山学校集中识字试验50年 [J]. 江苏教育, 2010 (2): 11-13.

山学校在试验基础上编写了《识字课本》4册，取代了小学一、二年级的通用教材。1985年编写了"五年制小学语文试用课本"。这种课本先后在全国24个省市498所学校的实验班试用过。❶ 1988年，该课本被修订改编，作为适合城镇师资条件较好学校使用的"五年制小学语文实验教材"出版使用，1989年，经过修订的教材获国家教委中小学教材审定委员会小学语文学科审查委员会审查通过，被确定为九年义务教育五年制小学语文实验教材之一。

景山学校小学数学教学改革的实验始于20世纪60年代初。1978年，景山学校以苏联教科书为蓝本，与北京师范大学教育系合作，对这种教科书进行改编并试教。在两年试教苏联教科书的基础上，1980年底，学校对其中1~6册教科书进行了改编，后由北京师范大学出版社正式出版"小学数学实验教材"，并与之配套出版了练习册和教学参考资料，于1988年秋季正式向全国发行。❷ 进入21世纪，景山学校编写了"21世纪五年制小学数学实验课本"。

2. "注音识字，提前读写"实验教科书

我国小学语文教学，长期以来一直存在一个识汉字同学汉语（口语和书面语）的矛盾。儿童入学后，尽管口头语言已经达到相当水平，但是识字不达到一定数量，阅读和写作就难以起步。小学语文教学费时多、收效差，一定程度上就是这个问题没有得到很好解决。针对这一状况，黑龙江省从1982年秋季新学年开始，进行"注音识字，提前读写"改革实验（以下简称"注－提"实验），试图在儿童不识字或者识字不多的情况下，借助汉语拼音提前进行阅读和写作训练，适时发展儿童的语言，达到及早开发智力、培养能力的目的，进而探求一条全面提高小学语文教学质量的新途径。❸

该实验最开始在黑龙江省佳木斯市第三小学等小学开展。实验起步的一两年内，就以其鲜明的特点、显著的效果引起了强烈的社会反

---

❶ 陈心五主编.开拓者的足迹——纪念邓小平同志"三个面向"题词十周年[M].北京：人民教育出版社，1993：184.

❷ 周玉仁.小学实验课本《数学》的特点[J].湖南教育，1988（10）：39.

❸ 专刊记者.语文教学的一项重大改革——小学语文"注音识字，提前读写"教改实验十年综述[J].人民教育，1992（6）：7－11.

第七章　改革开放时期的教科书改革与探索　　// 255

响。第一年结束时，中国文字改革委员会副主任倪海曙对实验进行了考察，"文改会"以《难以相信》为题向全国发出了简报。在中国文字改革委员会和全国高等院校文字改革学会召开的"注音识字，提前读写"实验第一年的汇报会上，著名语言学家吕叔湘说："这三处地方的实验班，成绩之好，简直难以相信。"教育部长何东昌同志于1983年8月28日对这项实验作了批示，认为这项实验"是符合学习语文规律的一件重大改革。对提高小学水平，对少数民族学汉字，推广普通话有深远意义"。中共中央政治局委员胡乔木于1983年12月20日在听取汇报时表示："黑龙江的拼音识字实验是一个很大的突破。"❶ 在短短两年时间里，全国就先后有《人民日报》《光明日报》《中国教育报》《人民教育》《文字改革》《课程、教材、教法》等多种报刊对实验作了报道和经验介绍。❷ 很快，该实验开始在黑龙江全省乃至全国范围内推广开来。

该实验的教科书开始时是自编的。1991年5月，王均教授主编、九省实验教材编写协作组集体编写的实验课本由语文出版社正式出版，全套10册。1994年，王均教授主编，有安徽、福建、河北、河南、湖北、湖南、吉林、辽宁、山西、陕西、四川、云南等12省参与，重新修订了该实验教科书，全10册，每册分成两本：《语文》（包括阅读、听说、写话、作文、识字、写字）和《读物》（课外用）。后又经历多次修订再版。而且该实验精神还扩展到数学等领域，编写出了"注音识字，提前读写"数学实验课本。

到20世纪90年代乃至21世纪初，该实验以及由此编写的教科书仍在较大范围内产生影响。到2008年，还有学者提出"注音识字，提前读写"实验不应半途而废。❸

3. "集中识字"实验教科书

1978年9月，辽宁省黑山北关实验小学的一部分语文教师认为当

---

❶ 丁义诚，李楠，包全恩，孟广智."注音识字，提前读写"实验情况报告［J］. 学术交流，1985（1）：64-68.
❷ 黑龙江省"注音识字，提前读写"实验汇报会专辑（二）［J］. 语文建设，1984（6）.
❸ 李行健."注音识字，提前读写"实验不应半途而废——努力扩大拼音应用范围，在实践中普及完善汉语拼音［J］. 语言文字应用，2008（3）：14-15.

时的识字教学效率低下,从而影响了随后阅读教学的开展,导致整个语文教学速度慢、质量低。因此提出了首先从改革识字教学入手,进而带动整个小学语文教学的全面改革的思路。他们"采取先识字、后读书的集中识字方法。即识字暂时脱离课文,集中学会一批汉字后,再阅读课文"❶。由此便产生了具有相当影响和规模的集中识字教学模式。由于集中识字的效果显著,试验在广大地区被推广运用。教育部为推广这一经验,曾在黑山县召开了现场会。1982年教育部副部长董纯才为《集中识字二十年》一书作序,指出"小学集中识字教学,经过二十多年试验,探索出了一条汉字识字教学的规律,开创了一条识字教学的新路子。它是行之有效的,值得表扬的。这项试验应该继续坚持下去,争取取得更好的效果"❷。20世纪80年代以后,该实验又有了新的拓展与改进,发展成"集中识字—大量阅读—分步习作"的语文教学体系。❸ 根据实验需要,当时中央教育科学研究所和辽宁省黑山县北关实验学校共同编写出版了相应的实验教科书。

4. 其他实验教科书

当时,除了通用的教科书,人民教育出版社也编写了一些适应实验教学需要的教科书。如从1981年起,人民教育出版社根据《全日制六年制重点中学教学计划(试行草案)》的精神,编写了一种供全国六年制重点中学使用的语文课本(试教本)。该课本的改革之处是每学期分编两册,一本是《阅读》,一本是《写作》,两本课本配合使用。这种教科书自1982年9月起在全国实验,于1986年11月进行修订,《写作》更名为《作文·汉语》。1994~1996年,人民教育出版社还编写了一种较高层次的初中义务教育数学实验课本《代数》和《几何》。

六年制重点中学数学实验教科书有多种,第一种是由教育部委托中国科学院数学研究所、北京师范大学等单位根据美国加州大学伯克莱分校项义武教授的"关于中学实验教材的设想"编写的,全书共6册,

---

❶ 佟乐泉,张一清. 小学识字教学研究 [M]. 广州:广东教育出版社,1999:86.
❷ 张田若,赵喜盛编. 小学语文教改文集 [M]. 沈阳:辽宁少年儿童出版社,1987:2.
❸ 孙彦新. 辽宁省黑山县北关实验学校以集中识字为基础的教学改革迈出新步子 [J]. 人民教育,1988(03):15.

供初、高中6个年级试用；第二种是由北京师范大学数学系按照五、四、三学制编写的；第三种是人民教育出版社的《高中数学试验课本》，这是一套供重点高级中学部分学生使用的、教学层次较高的教科书，在小范围首轮试验的基础上，1988年秋季扩大了试验，1991年已在全国十三个省市的部分重点中学进行试验。

1981年，中央教育科学研究所教改实验小组编制了初中实验课本（试用本）《语文》和《作文》两种，由教育科学出版社出版，各6册。中国科学院心理研究所卢仲衡主持编写的《中学数学自学辅导教材》（共6册），每一册都有三个本子，一个本子是课本，一个本子是练习本，它与一般练习本的不同之处是，本子上印有习题并留出空白供学生做题之用；另一个本子是测验本。练习题答案印在阅读内容（即课本）之后，便于和练习本对照，及时了解自己的学习效果。该教学实验1985年荣获中国科学院重大科技成果二等奖，得到国家自然科学基金会的资助。

中国科学院心理研究所刘静和主持的"现代小学数学"实验于1981年开展后取得了较好的效果，后编写出整套实验教科书12册，定名为《现代小学数学》。从1985年开始，这套教科书由科学出版社陆续出版并不断修订完善，直到21世纪的今天，我们仍然可以看到这套以《现代小学数学》命名的新教科书，可见其影响之深远。

在这一期间，上海市中小学教材编写组也根据《全日制十年制中学数学教学大纲（试行草案）》的精神和要求，在上海市中学理科班数学教材的基础上，于20世纪80年代初期分科编写了《代数与初等函数》《立体几何》《平面解析几何》《微积分初步》等高中教科书。

北京师范大学附属实验中学、华东师范大学附中、上海师大附中、东北师大附中、江苏泰州中学、辽宁鞍山市第十五中学等学校都在实验教科书方面进行了多种尝试，并取得了一定的成绩。

北京师范大学、华东师范大学、华中师范大学、辽宁省教育学院、广西教育学院、吉林省教育学院、河北省教育科学研究所、江苏省教委教研室、北京市教育局教学研究部等大学和教研机构都主持和参与了不同教科书的编写与实验。

随着实验教科书的不断丰富，教科书逐步向多样化方向发展，为我国基础教育的发展，为教科书编写质量的提升，以及为以后义务教育阶段教科书的编写奠定了良好的发展基础。就某种意义上说，它拉开了中国教科书多样化的序幕，但也存在一些不容忽视的问题：主要是实验教科书大多配合各种教育教学和课程改革实验而编写，有些教科书缺乏理论基础，经验色彩比较浓厚。教科书成为附属品，在教科书研制和评价理论上没有明显贡献。

四、各地自编教科书

通用教科书强调全国的统一性，在一定程度上确保了一个国家整体的教育质量，但却很容易忽略地方的个别差异。也是基于此考虑，国家在组织编写通用教科书的同时，也或多或少考虑了地方差异性。如《全日制十年制中小学教学计划试行草案》中规定中学要开设农业基础知识课，初中主要根据农业八字宪法讲授作物栽培、动物饲养方面的基础知识，高中主要讲授农业科研的一些初步知识。但教育部不组织编写这方面的全国通用教科书，所以由地方按地方教材的要求来组织编写。而且，教育部强调，暂无统编教科书的课程，仍由地方组织力量，参照统编教材的编写大纲编写出版乡土教材和补充教材，由各省自行编写出版。❶ 于是当时也出现了不少地方自编教科书。

为使中小学音乐教科书能适合各地的实际情况，教育部决定自1981年以后取消使用统编音乐教科书的办法，实行音乐教科书的"一纲多本"，即各省可依据教学大纲，根据本省的实际情况，自行编写中小学音乐教科书。这一时期，几乎所有的省（市、区）都组织了教材编写组，出版了一批具有本地区特色的中小学音乐教科书。广东、上海、福建的中学课本《音乐》分五线谱版和简谱版；新疆分别编写出版了维吾尔文、哈萨克文的中学课本《音乐》（新疆教育出版社，1980～1984），吉林编写出版了朝鲜文的小学课本《音乐》（延边教育出版社，1984），人民音乐出版社分别编写出版了"六三"学

---

❶ 国务院批转教育部、国家出版事业管理局关于全国教材出版发行工作会议的报告的通知，1978-4-3.

制共 12 册,"五四"学制共 10 册,五线谱版和简谱版两种《全日制小学试用课本音乐》。

　　1982 年 10 月教育部在福建省漳州市举行了全国中小学体育教材会议。会议认为,如果全国没有一套统一的大纲,过于分散,各行其事,体育教学质量会很难保证。但是,也要看到我国地域辽阔,发展很不平衡,规定过死也不行,编两三套大纲不一定适用于所有的地区和学校。因此,大家认为国家编一套大纲,规定体育教学的目标任务,提出对体育教材的基本要求,制定体育课的成绩考核和评价标准,在此基础上,给地方适当的灵活性,各地可以结合实际情况,编写符合本地区使用的补充教材、乡土教材和参考资料。会议就教材体系、编写原则、教材排列方法、考核办法以及提高体育教学质量等问题,进行了热烈的讨论。1983 年以后,各省开始不同程度地编写和试行体育课本,体育教科书开始进入繁荣时期。有的是省编、地区编体育课本,个别的市、县也编体育课本,而且小学、初中和高中都编有体育课本。

　　当时各地自编的小学思想品德教科书也非常丰富。1982 年教育部颁发了《全日制小学思想品德课教学大纲》(试行草案),1986 年国家教委颁发《全日制小学思想品德课教学大纲》和《国家教育委员会关于颁发〈全日制小学思想品德课教学大纲〉的通知》,这些文件都传达了这样的精神:各地可自编教材或补充教材。因此,1982～1988 年间,除统编教科书外,绝大多数省(区、市)都自编了供本地使用的思想品德教科书。教学过程中以统编本教材为主,结合使用各地自编的补充教材。

　　20 世纪 80 年代,除全国通用教科书外,还有不少教材以"补充"的名义出现。以语文、数学、英语、物理、化学、地理、历史等学科的补充教材居多。不同地方、不同学科的补充教材的适用时间和功能不一样,有的补充教材供学生使用一个学期,有的则供学生使用一学年或更长;补充教材的功能主要有两种:一是补充主教材内容之不足,语文和历史等科目的补充教材多属于这种性质;二是帮助学生理解主教材,物理、数学、化学等科目的补充教材以这种功能为主。总体上,这个时期的补充教材的内容缺乏逻辑,呈现形式很简单,可读性比较差,大多数补充教材的封面和内容没有插图。

"文革"结束后，经过短暂的调整与恢复，中小学教科书迅速步入健康发展的轨道。20世纪80年代前期，教科书发展开始显现出多样化的端倪。我国中小学教科书逐渐由"国定制"走向"审定制"，开始出现"一纲多本"甚至"多纲多本"。面向不同学制、不同水平、不同区域（城市与农村）学生的教科书产生了。除了全国通用的教科书，还出现了各种实验教科书、地方自编教科书等。这些都让我们看到了教科书发展的曙光。但教科书如何能满足不同需要又不至于成为简单区分和筛选学生的标签和工具，教科书的多样化是不是就等于多类型、多版本，如何通过健全制度来确保教科书的多样化和有序化，如何在统一与多样、全面发展与个性发展、儿童需要与社会需要、国家与地方等方面寻求平衡和支点，这些都是尚未解决的难题。

第二节 义务教育教科书

1985年5月27日，中共中央颁布的《关于教育体制改革的决定》中提出："有步骤地实行九年制义务教育"。1986年4月12日，第六届全国人民代表大会第四次会议通过了《中华人民共和国义务教育法》。为在全国有计划、有步骤地普及义务教育，适应不同地区义务教育的需要，切实提高全民族的素质，国家教委制定了课程教材发展规划、课程教材多样化和三级管理政策，确定了教科书审定制，我国中小学教材建设由此进入了新的历史时期。

一、教科书审定制度的确立

1985年，《中共中央关于教育体制改革的决定》颁布后，我国中小学的教科书建设逐渐开始了一场重大改革。此次改革，打破了统一的教科书体制，确立了"一纲多本"的教科书建设制度，力求在统一要求的前提之下实现教科书的多样化，以此增强教科书对我国发展极不平衡的实际情况的适应性。

1986年9月，全国中小学教材审定委员会和各学科教材审查委员会正式成立，这是新中国成立后首次建立的审定中小学教材的权威机构，标志着我国中小学教科书建设走上了在统一基本要求下的多样化发展道路，这是我国教科书建设史上的重大变革。全国中小学教材审定及审查委员会提出："改革现行的教材编审制度，把编、审分开，在统一基本要求，统一审定的前提下，逐步实现教材的多种风格。鼓励各个地方、高等学校、科研单位、专家、学者、教师个人按照党和国家的教育方针和统一的基本要求参加编写教材，允许在教材的内容选择和体系的安排上有不同的风格。"❶ 并确定了我国中小学教材改革和建设的基本步骤：第一步，在对现行课程设置和教学计划及多数课程的主要内容和体系不作大的变动的前提下，修订现行教学大纲。第二步，制订新的九年义务教育的教学计划和教学大纲，组织力量编写教材。在走完这两步以后，争取用 5~10 年的时间，通过改革试验，进一步提高教材质量，编出几套符合我国国情，适应现代化建设需要，并能较好地体现基础教育要求的中小学教材。为了进一步完善这一制度，1987 年 10 月国家教委颁布了《全国中小学教材审定委员会工作章程》及《中小学教材审定标准》和《中小学教材送审办法》两个附件。

二、义务教育教学大纲的颁布

1986 年 11 月，全国中小学教材审定委员会审查并通过了修改后的 18 个学科的教学大纲，该套教学大纲是以 1978 年教育部颁布的《全日制十年制中小各科教学大纲（试行草案）》为基础进行修订的正式教学大纲，作为九年制义务教育和新的高中教学计划、教学大纲全面实施前的过渡性大纲。鉴于这套教学大纲是在多数教科书的主要内容和体系不作大变动的前提下修订完成的，1987 年人民教育出版社对教学大纲中教学内容和教学要求变动较大的教科书进行了修订，于 1988 年秋季供全国各地使用，其他各科教科书照原版供应。这些教科书构成人民教育出版社编写的第七套通用教科书。整体上看，这套教科书是在前两套教科书建设的经验基础上，按照适当降低难度，减轻

---

❶ 课程教材研究所编. 教材制度沿革篇（上册）[M]. 北京：人民教育出版社，2004：261.

学生过重的学习负担，教学要求尽量明确具体的原则修订而成。因此，这套教科书在教学实践中受到各方面的好评，是改革开放以来相对比较成熟的一套通用教科书。但这套教科书未从根本上克服统编通用教科书的本质缺陷，无法适应全国各地、各学校经济、文化发展不平衡的状况。

1986年《义务教育法》颁布后，国家教委即组织力量编写了义务教育小学和初中阶段的各科教学大纲的初稿。1988年5月，《义务教育全日制小学、初级中学教学计划（试行草案）》（包括六三制和五四制两种）和九年义务教育阶段各科教学大纲初审稿公布实施。这是义务教育教科书的根本依据，新的一轮基于义务教育教学大纲的教科书建设与探索开始了。

三、教科书多样化的尝试：义务教育"八套半"实验教科书

1988年8月，根据义务教育的要求，国家教委制订并颁发了《九年制义务教育教材编写规划方案》。该方案明确了教科书改革的基本指导思想，即九年制义务教育的教科书，"必须在统一基本要求，统一审定的前提下，逐步实现教材的多样化，以适应各类地区、各类学校的需要。""把竞争机制引入教材建设，通过竞争促进教材事业的繁荣和教材质量的提高。鼓励各个地方，以及高等学校，科研单位，有条件的专家、学者、教师个人按照国家规定的教育方针和教学大纲的基本要求编写教材。在教材内容的选择和体系的安排上允许有不同的风格和不同的层次。"该《方案》同时对教科书编写的具体目标作了

以下规划：

根据现有条件，设想用四五年时间，逐步完成以下四种类型的教科书编写工作：

● 教材内容的要求和程度，达到九年制义务教育教学大纲的规定，面向全国大多数地区适合一般水平的学校使用的小学六年制和初中三年制的教材。

● 教材内容的要求和程度，达到九年制义务教育教学大纲的规定，面向全国大多数地区适合一般水平的学校使用的小学五年制和初中四年制的教材。

● 教材内容的要求和程度，达到九年制义务教育教学大纲的规定，主要面向经济比较发达地区和办学条件较好的小学和初中选用的教材。

● 教材内容的要求和程度，基本上达到九年制义务教育教学大纲的规定，面向经济文化基础比较薄弱的边远地区、农牧地区和山区，以及教学设备较差学校使用的小学和初中教材。

此外，要积极创造条件，着手进行研究和试验，在较长的时间内，组织力量编写以下三种类型的教科书：

● 适应小学复式班教学要求的教材。
● 适应对外开放的经济特区及国外华侨学校需要的中小学教材。
● 适应少数民族中小学需要的民族文字教材。

根据这一规划方案，国家教委委托人民教育出版社等十多家单位和各地区筹备、组织编写以上四类教科书，并明确提出要按不同风格、不同层次编写，供全国不同地区、不同条件的学校使用。在国家教委的统筹安排下，由人民教育出版社编写面向全国的适用于"六三"和"五四"两个学制的教科书各一套；北京师范大学编写一套适应"五四"学制的教科书；广东省编写面向沿海地区的一套教科书；四川省则编写一套面向内地和西部地区的教科书；八家师范院校（北京师大、东北师大、西南师大、华中师大、陕西师大、广西师大、北京师院、华东师大）联合编写一套要求较高的六三制教科书；上海和浙江各编写一套适合本地区课程改革的教科书;❶ 河北省编写一套农村小学复式班的教科书，因为这套教材缺少初中部分，因此被称为"半套"。由此产生了义务教育的"八套半"教科书。

除了八所高师院校负责的教科书未完成而中止外，其他教科书均于1989年开始实验，于1992年开始逐年送中小学教材审定委员会审查，1993年9月在中小学的起始年级全面使用。

人民教育出版社编写的九年制义务教育教科书有两套，即"六三"制的一套和"五四"制的一套，它们构成人教社编写的第八套通用教科书。这两套教科书中，有"社会"教科书，这是新中国第一次开设小学"社会"课。小学开设"社会"课后，不再开设历史课和地理课。

"沿海版"教科书是由广东省教育厅、福建省教委、海南省教育厅和华南师范大学共同组织编写的义务教育实验教科书，面向南方沿海经济文化较发达地区。本套教科书一面世，就被认为是一套具有沿海特色、有"海味"的教科书。国家教材审定委员会认为沿海版各科教科书探索了突破学科中心编写体系的途径，在建立以能力和个性发展为中心的训练体系方面，进行了开拓性的尝试。

"内地版"九年义务教育教科书，是受国家教委委托，由四川省教委与西南师范大学（现西南大学）合作编写的。该套教科书主要供我国经济文化基础比较薄弱的边远地区、农牧地区和山区，以及教学设备较差学校的小学和初中使用。遗憾的是，这套面向内地的教科书的分量和难度反而都偏大。

浙江省的义务教育实验教科书主要面向发达地区的农村中小学，其突出亮点是综合课本的编写。作为全国课程整体改革试点之一，自20世纪90年代开始，浙江省对九年义务教育的课程设置作了较大的改动，在初中阶段开设"自然科学"和"社会"，改变以物理、化学、生物以

---

❶ 当时，国家教委还试图在一定范围内进行"多纲多本"的尝试，同时为全国未来的课程教材改革积累经验，于是推动上海和浙江两地进行课程改革。上海市在当时实施了"一期课改"，从小学到高中，整个课程教材体系全部进行了改革。浙江省主要进行了义务教育阶段课程教材的改革，以综合课程与教科书著称。由于上海中小学各科"课程标准"和浙江中小学各科"教学指导纲要"仍然经过了全国中小学教材审定委员会的审查，因此，这样的"多纲多本"并没有违背"在统一基本要求的前提下实行多样化"的方针，可以说是一个标准下的"多纲多本"。

及历史、地理等课程进行分科教学的方式。于是，出现了初中《社会》和《自然科学》教科书，这是新中国第一套正式出版的综合教科书。另外，小学一二年级的《语文》和《思想品德》合科为《语文—思想品德》，三年级及以上则继续保持《语文》和《思想品德》独立教科书。

1988年5月，国家教委制定规划，在上海进行适应本地区建设需要的课程、教科书改革实验，并计划编写一套供我国发达地区使用的九年制义务教育教科书。由上海中小学课程教材改革委员会组织编写的九年义务教育教科书，也叫"发达地区版"教科书。

"八套半"教科书是我国教科书编写权力放开的初期产物，由于种种原因，"八套半"教科书大多是昙花一现，由八所高校出版社联合编写的一套教科书在编写过程中就已夭折，真正投入使用的只有"七套半"教科书。有人认为，经过近10年的市场洗礼，这八套半教科书只剩下了"人教版""上海版""沿海版"，其他五套半教科书全部夭折。❶ 此话虽然有些过激，但确实点出了它们的最终结局。

多种因素导致了"八套半"教科书的最终结局，其中有外部因素，也有自身因素。自身因素主要表现在：各教科书的特色不够鲜明；教科书整体质量仍然不很高；有的教科书定位欠准确，针对性不强等。

这是一场遗憾但意义深远的教科书多样化的破冰之举，是我国中小学教科书由"一纲一本"向"一纲多本"甚至"多纲多本"转变的可

---

❶ 杨爱玲. 基础教育课程改革存在缺憾的原因反思[J]. 教育学报，2007（1）：24-46.

贵尝试，在我国中小学教科书建设史上留下了绚丽的一页。

四、遍地开花的乡土教材

乡土教科书是以学生所在地区的本土知识为内容的补充教材，由地方教育主管部门组织编写，它旨在培养和激发学生的乡土情怀和爱国情感，弥补通用教科书的不足。乡土教科书在我国教科书历史上一直扮演着重要角色。早在晚清时期，乡土教科书就开始在我国发展起来，积累了比较丰富的经验，涌现出一批高水平的乡土教科书。新中国成立后，乡土教科书得到了长足的发展，且这个传统一直未曾断裂，即便是十年文革期间，仍然有乡土教科书顽强的发展起来。改革开放后，乡土教科书建设获得了更加有力的支持和更大的发展，各地编写的乡土教科书雨后春笋般出现。

1987年6月，国家教委在浙江省召开了全国乡土教材工作会议，研究确定了乡土教材编写的方针、内容范围，以及有关政策问题。提出"在大多数情况下，农村应以县为主编写乡土教材"❶。

1988年8月，国家教委制订并颁布了《九年制义务教育教材编写规划方案》。根据方案，"乡土教材、小学劳动课和中学劳动技能课教材，以及本地区需要补充的教材，由地方编写，省、自治区、直辖市中小学教材审查委员会审查通过后，在本地区推荐使用。"据不完全统计，到1990年底，各地编写的乡土教材达2000种以上，包括了地理、历史、生物、思想品德、音乐、美术等学科，主要是地理和历史。涉及小学、初中、高中各年级，主要集中在小学和初中。进入20世纪90年代，乡土教科书的发展更为迅速，各地广泛开展乡土教科书建设，取得了较大成绩，也积累了一些经验。比如浙江省联系农村星火计划编写出一批乡土生物教材，黑龙江省的乡土自然教材等，都力求为农村经济建设服务；云南省根据本省特点，着重抓了少数民族地区的乡土教材建设，包括适合少数民族学生使用的乡土体育教材。

---

❶ 王明达. 大力推动乡土教材建设 [J]. 人民教育，1987（11）：3-4.

乡土教材建设的特点主要有：第一，编写单位和出版机构众多；第二，结构多样化，有的配有参考资料，有的配有图册；第三，形式日益活泼多样，教材元素逐步丰富；第四，修订较频繁。

20世纪八九十年代，乡土教材遍地开花，取得了显著的成就，但乡土教材的名目、种类繁多，在开发与实施中尚存在许多实际困难和需完善之处。比如编写成员良莠不齐，编写目的不清、方式简单，内容选择随意性大，缺乏相关理论依据和指导，乡土教材整体质量不高，后续开发比较困难等。

五、种类繁多的其他教科书

在20世纪最后十多年里，随着义务教育的普及，我国教科书呈现出一种多样化发展趋势，显露出勃勃生机。各省市区几乎都有自己的非通用的教科书。

1. 劳动与科技活动教科书

1987年，国家教委制定颁布《全日制小学劳动课教学大纲（试行草案）》，第二年颁发《全日制初级中学劳动技术课教学大纲（初审稿）》，1992年修订为《九年义务教育全日制初级中学劳动技术课教学大纲（试用）》，1996年颁布《九年义务教育活动课程指导纲要（实验区试行）》，为中小学劳动课和科技活动教育提供了指南。国家虽然要求开设这些课程，却没有组织编写全国通用的教科书。1988年9月，国家教委召开了全国小学劳动课、中学劳动技术课教材编写工作会议，会议布置在各小学开设劳动课，中学开设劳动技术课，各省两年内要编出劳动课和劳技课教材。❶

当时各地编写的劳动课和劳动技术课教材主要有两类：

一是综合性教科书，把各种相关内容综起来编在一本或几本书中，均冠名《劳动》或《劳动技术》课本。如河北省1988年编写出版了中学《劳动技术》教科书，该套教科书分城市用和农村用两种版本，把基本的劳动技术内容都包含其中。又如内蒙古于1990年编写出版了一

---

❶ 中国教育年鉴编辑部. 中国教育年鉴（1989）[M]. 北京：人民教育出版社，1990：279.

套专门供农、林、牧区初级中学使用的《劳动技术》课本。

一是主题性教科书,课本基本上围绕一个主题编写。如河南省1987年编写出版了一套主题式劳动技术教科书,包括《庭院植物栽培》《家庭养殖》《缝纫机、钟表、自行车维修》《刺绣与服装剪裁》《普通泥瓦工常识》和《家用电器维修常识》等,供初高中学生使用。1989年浙江省也组织编写了一套主题式劳动技术课教材,包括《照明电路》《缝纫与剪裁》《食品加工》《水产养殖》《农作物良种繁育》等。

一些地方的劳动教材还出现了专为城市学生编写的城市版和专为农村学生编写的农村版。

2. 作文教科书

作文教学一直是语文教育的重点,也一直是一个没有很好解决的难点。1978年教育部制定颁布了《全日制十年制中学语文教学大纲》(试行草案),大纲把作文教学单独作为一部分,指出"作文教学是语文教学的一个重要组成部分,学生语文学习得怎样,作文可以作为衡量的重要尺度,应当十分重视"❶。1986年国家教委正式颁布了《全日制中学语文教学大纲》,大纲除了要求初中生"能写记叙、说明、议论文的文章",高中生"能写比较复杂的记叙、说明、议论的文章"文章之外,还提出了其他文体要求。❷

由于作文教学的重要性和困难性,许多地方专门编写了一些作文教科书,或作为补充教科书,或作为地方教科书,或作为实验教科书,帮助学生提高写作水平和解决师生在写作教学方面的实际困难。如北京、吉林编写了补充作文教材。

3. 说话教科书

教育部于1984年公布的《全日制六年制城市小学教学计划(草案)》,对城市小学课程设置作了有针对性的调整,小学语文包括"讲

---

❶ 课程教材研究所编. 20世纪中国中小学课程标准·教学大纲汇编(语文卷)[M]. 北京:人民教育出版社,2001:460.

❷ 课程教材研究所编. 20世纪中国中小学课程标准·教学大纲汇编(语文卷)[M]. 北京:人民教育出版社,2001:477-484.

读，说话，作文，写字"四个部分，而农村小学的语文只涉及"讲读，作文和写字"三个部分，少了"说话"部分。1986年教育部颁布的《全日制六年制小学教学计划》规定，一、二年级每周设一节说话课。1992年8月国家教育委员会发布的《九年义务教育全日制小学、初级中学课程计划》规定：小学语文课时中，各个年级每周设1课时写字课，一、二年级每周设1课时说话课，三年级及以上各年级每周设作文课。❶ 不同时期的语文教学大纲都对说话教学提出了具体的要求，把它作为语文教育的重要任务。

为适应说话教学的需要，人民教育出版社编写了说话课本，于1986年秋季供应第一册。这套说话教科书以城市小学为主要对象。除了人教社编写的通用说话教科书外，其他一些地方如广东等地也纷纷自编了说话课本，后来几乎各个省份都编写了说话课本。

4. 体育与健康教科书

从历次颁布的课程（教学）计划来看，在各门课程中，体育课程处于相对稳定的地位，没有多大变化。从小学到高中，体育课一直是年年开设的必修课程。1984年的城市小学教学计划还提倡在小学低年级将体育课和唱游课结合进行，体现出综合课程的意味。但到底有没有必要编写学生用体育教科书，教育部曾经多次反复，举棋不定。当时的体育教材形式多样，有的省使用教师用书，有的省则使用学生用书。教育部于1978年制订并颁发了《全日制十年制中小学体育教学大纲（试行草案）》。从1978年到1982年，大部分省市中小学都在使用人民教育出版社出版的一套教科书，前后几年都是在此教材的基础上进行修改。这套教材是教师用书，没有学生用书。1982年10月，教育部举行了全国中小学体育教材会议，会议的主要任务是总结全国中小学体育教材建设的经验，汇报交流全日制十年制体育教学大纲的实施情况，讨论制定编写十二年制体育教学大纲、教材方案。1983年以后，全国各省开始不同程度地编写和试行体育课本，体育教科书开始进入繁荣时期。有的是省编、地区编，个别的市、县也编，而且小学、初中和高中都编有体育课本。据统计，到1988年，全国已有29个省、市（含省辖市）编写了

---

❶ 中国教育年鉴编辑部. 中国教育年鉴（1993）[M]. 北京：人民教育出版社，1994：797.

各自的体育课本。❶ 从而初步填补了有大纲无课本的空白。

第三节　高中教科书的改革与发展

1990年前，我国一直使用1981年颁发的的普通高中教学计划，该教学计划在整顿、建立正常教学秩序，提高教学质量等方面起了较好的作用。但是在计划的贯彻执行过程中也反映出一些问题，主要表现在：

当时的三年制普通高中教学计划原是为重点中学制定的（因为当时多数高中是二年制），却因为没有制定适用一般高级中学的计划，全国只好统一使用此计划。但多数学校和学生都不能适应这个教学计划，严重影响了师生教与学的积极性；再则，课程结构不尽合理，选修课范围较窄，在培养学生对现代社会生活和生产等方面的适应能力上重视不够；此外，一直没有编写与分科选修教学计划相配套的有关学科的教学大纲和教科书。

一、高中课程改革

在科教兴国的推动下，以及对原有教学计划反思的基础上，几乎与义务教育阶段的课程教学教材改革同步，新的高中课程与教学改革全面展开。其主要举措有：

第一，调整教学计划，改革课程设置

1990年3月，国家教委颁布了《现行普通高中教学计划调整意见》，对当时的普通高中教学计划进行了适当调整。调整后的课程设置的主要特点是：高中课程由学科课程和活动两部分组成，学科课程采取必修课和选修课两种形式，选修课分两类，一种是单课性选修，在高一、高二年级开设；另一种是分科性选修，分文科、理科、外语、艺术、体育、职业技术六类课程，在高中三年级开设。活动包括课外活动和社会实践活动。

---

❶ 李翅鹤，何坚，庄弼."报喜、报忧、报志"第四届全国二十二省市体育课本编写研讨会综述［J］.体育师友，1989（1）：14.

与当时的教学计划相比，数学、外语、物理、化学等必修课的课时有所减少；历史、地理和生物的必修课时略有增加。

1990年4月，国家教育委员颁发了经过调整后的11个学科的全日制中学教学大纲（修订本），根据以上调整意见和教学大纲，人民教育出版社对当时的高中教科书进行了新编或修订，分为必修和选修，新编订的课本于1991年秋季开始供应。

第二，启动"两省一市高中课程改革"

国家教委于1996年颁布与九年制义务教育教学计划相衔接的《全日制普通高级中学课程计划（试验）》，明确提出"普通高中课程结构由学科类课程和活动课课程组成"，"学科类课程分为必修、限定选修和任意选修三种方式。"该课程计划第一次将"课程管理"作为课程计划中的单独一部分列出，规定普通高中课程由中央、地方、学校三级管理。在普通高中试验课程计划颁布的同时，国家教委印发了全日制普通高级中学12个学科供试验用的教学大纲。并于1997年9月，开始在江西、山西、天津进行试验，这在课程发展史上被称为"两省一市高中课程改革"，与之配套的高中教科书称为"试验本"。

2000年，在对两省一市高中试验中存在的问题进行分析与研究的基础上，教育部颁布《全日制普通高级中学课程计划（试验修订稿）》和相应的（试验修订版）7个学科的高中教学大纲，产生的高中教科书称"试验修订本"，并于当年秋季在10个省市区试用。

为配合从2003年起高考时间提前一个月的改革举措，2002年，教育部在原试验修订稿的基础上，颁布正式的《全日制普通高级中学课程计划》和高中各科教学大纲，随之，出版了根据该计划和教学大纲而编写的高中教科书。

二、高中教科书建设

1. 课本分为必修和选修两种

国家教委1990年印发的《现行普通高中教学计划的调整意见》（教基［1990］004号文件），将普通高中的课程分为必修课和选修课两部分，以解决普通高中存在的文理偏科，以及多数学校和学生不能适应教学计划（为重点中学制定的教学计划），学生课业负担过重等问题。1991年，国家教委颁发了《关于在普通高中开设选修课的意见》。依据这些文件要求，外语、物理、化学、生物、历史、地理等六科均编写了相应的必修课本和选修课本。与此同时，原来较高要求的数学、物理、化学、生物等甲种本教科书相继停止供应。除了人民教育出版社编写了主要学科的必修课本和选修课本外，一些省市区也组织编写了选修课教科书。

2. 教科书体系日益完备

教科书体系日益完备主要表现在两方面，一是高中开设音乐美术课程，编写了相应的教科书；二是对体育教科书进行了调整。

1994年7月，国家教委下发了关于在普通高中开设"艺术欣赏"课的通知，规定自1994年秋季起，在普通高中开设"艺术欣赏"课。这标志着我国高中40余年不开设艺术课的历史就此结束。

1995年，国家教委颁发了《普通高中艺术欣赏课教学大纲（初审稿）》，规定高中艺术课为必修课，课程名称为"艺术欣赏"，包括音乐欣赏和美术欣赏，总计68学时，音乐与美术各半。在这一背景下，各地几乎都开发了高中音乐教科书和美术教科书。

1996年，国家教委体育卫生与艺术教育司颁发了《全日制普通高中体育教学大纲（实验用）》，人民教育出版社据此开发编写了普通高中第1~3册教师用体育课本，并在江西、山西和天津进行试验。

三、"两省一市高中实验"教科书

1996年，国家教委组织编制并颁发了《全日制普通高级中学课程计划（试验）》和 12 个学科教学大纲，于 1997 年秋季在江西、山西和天津市试验，简称"两省一市高中实验"。

这项国家级课程改革实验，是与义务教育课程改革相衔接的，也是第一次把普通高中作为不同于义务教育的学段进行试验。改革构建了学科类课程与活动类课程相结合、必修课程与选修课程相结合的整体优化的课程结构，确立了国家、地方和学校三级课程三级管理的体制。

为满足"两省一市"的实验需要，人民教育出版社开始编写新的高中教科书，并从 1997 年起，在天津、江西和山西投入使用，称之为"试验本"，后多次修订再版。整体上看，这套高中教科书与人教社 1990 年的高中教科书没太大不同，基本上是对前一套教科书的修订。

教育部针对实验中反映出的问题，对方案进行了修订和完善，于 2000 年印发了《全日制普通高级中学课程计划（试验修订稿）》，在原两省一市的基础上，江苏、山东、河南、黑龙江、辽宁、安徽、青海等地也于 2000 年秋季开始使用这一实验课程方案。相应的教科书称之为"试验修订本"。

该套教科书在加强教材弹性、增加课程的多样性和选择性方面都有许多尝试，这和我国 21 世纪的高中新课改所提倡的加强课程的选择性一脉相承。比如数学教科书比较注重适应不同层次学生的需要。每册课本中都有必学内容和选学内容，必学内容是高中三年学生必须掌握的，而选学内容又包括了两部分，一类选学内容属于理工类高考的数学命题范围，而另一类选学内容是文史类和理工类高考的命题范围。除了必修课本中的选学内容外，本套教科书还在高一、高二年级安排了单科性的选修教材，这类教材是对基本内容的深化与拓宽，适应了不同学习者的需要。其他教科书也坚持了这一精神。可见，本套高中教科书在满足不同层次学生学习需要方面是值得称赞的，这为新世纪高中课程改革所倡导的加强课程的选择性奠定了一定的基础。

第八章　新世纪课程改革教科书的兴盛与竞争

2001~2012

在实施科教兴国战略和迎接 21 世纪挑战的紧迫时刻，我国新一轮基础教育课程改革在世纪之交开始启动。基础教育课程改革对教科书改革提出了明确要求："完善基础教育教材管理制度，实现教材的高质量与多样化。实行国家基本要求指导下的教材多样化政策，鼓励有关机构、出版部门等依据国家课程标准组织编写中小学教材。"❶ 伴随着新一轮课程改革的蓬勃开展，我国中小学教科书的发展也进入一个繁荣的全新时期。

第一节 教科书管理制度的进一步完善

《基础教育课程改革纲要（试行）》（2001）对新世纪课程改革背景下的教科书制度建设提出了总体要求。2001 年，教育部颁布的《中小学教科书编写审定管理暂行办法》、国务院体改办制定的《关于降低中小学教科书价格深化教科书管理体制改革的意见》等，更是对我国中小学教科书的管理制度作出了明确的规定与指导，为教科书制度的进一步完善创造了基础。

一、确立教科书编写立项核准制度

新世纪基础教育课程改革鼓励和支持有条件的单位、团体和个人编写符合中小学教学改革需要的高质量、有特色的教科书，特别是适合农村地区和少数民族地区使用的教科书。教科书编写的大门已然敞开，但这种放开是有条件的，即国家对于究竟什么人可以编教科书，具备什么资质的出版社能编写教科书等都作出了相应的要求和规定，也就是建立教科书编写立项核准制度。该制度的建立一方面是在教科书编写放开的背景下确保教科书质量，另一方面通过教科书编写立项审核使那些不具备基本条件和资质的出版社、编写人员提前放弃编写，以避免某些出版社人力、物力、财力的浪费。

对于教科书编写者应该具备的条件和资质，如何申请立项，应该递

---

❶ 中华人民共和国教育部. 基础教育课程改革纲要（试行）[Z]. 教基〔2001〕17 号.

交哪些材料，教育部2001年6月颁布的《中小学教材编写审定管理暂行办法》中有明确阐述。申请立项时需提交的材料包括：①申请编写教科书的单位、团体、个人的基本情况。②申请编写的教科书名称、适用范围，编写目的和指导思想；国内外本学科教科书的比较，对国内现行同类教科书的分析，拟编教科书的主要特点。③教科书主要编写人员的基本情况。④申请编写的教科书体系结构、篇幅、体例、样章及说明。❶

我国分两级来审核教科书编写立项。国务院教育行政部门负责受理核准国家课程教材编写的立项申请，必要时也可授权或委托省级教育行政部门负责核准本地区编写国家课程所规定的有关学科教科书的立项申请。省级教育行政部门负责受理核准本地区编写地方课程教科书的立项申请；根据国务院教育行政部门的授权或委托，负责受理核准本地区编写国家课程所规定的有关学科教科书的立项申请，并报国务院教育行政部门备案。因此，各个省份一般结合省情也会颁布该省有关教科书立项编写和审核的具体管理办法，以规范地方课程教科书的编写。

当然，国家教育主管部门是否有必要管这么多？是重在"出口"（即教科书审查）的管理，还是"进口"？为了充分调动社会资源，下放管理权限，国务院于2012年9月取消了教科书编写的立项审核制度。❷ 这意味着教科书发展进入自由编撰和严格审定结合的新阶段。教育主管部门的重心应该是认真抓好教科书的审定制度建设，应对编撰的自由与审定的跟进所面临的挑战，把好进入学校的教科书的质量关。

二、实行教科书两级审定制度

2001年《国务院关于基础教育改革与发展决定》（国发［2001］21号）指出："教科书编写核准、教科书审查实行国务院教育行政部门和省级教育行政部门两级管理，实行国家基本要求指导下的教科书多样

---

❶ 中国教育年鉴编辑部编. 中国教育年鉴（2002）[M]. 北京：人民教育出版社，2002：776.

❷ 2012年9月23日，国务院关于第六批取消和调整行政审批项目的决定（国发〔2012〕52号）。

化。国务院教育行政部门负责核准国家课程的教科书编写，审定国家课程的教科书及跨省（自治区、直辖市）使用的地方课程的教科书；省级教育行政部门负责地方课程教科书编写的核准和教科书的审定。经国务院教育行政部门授权，省级教育行政部门可审定部分国家课程的教科书。"2001年6月教育部颁布《中小学教材编写审定管理暂行办法》，❶对审定机构、原则、送审教科书具备条件、审查结论、通过审定教科书选用与评价等详细规定，并增加初审环节，除了建立国家和省两级管理和审定制度外，要求教育部层面成立全国中小学教材审定委员会，负责国家课程教材的初审、审定及跨省（自治区、直辖市）使用的地方课程教材的审定。地方则成立省级中小学教材审定委员会，负责地方课程教材的初审和审定。全国和省级中小学教材审定委员会将建立委员信息库，负责审定教材的委员将按随机抽取的原则，从信息库中选定。两级审定制度有利于改变过去教科书审定权力过于集中的弊端，权力的下放有利于充分调动地方的积极性、发挥地方优势。2001年全国中小学教科书审定委员会先后对14家出版社的49种新课程标准实验教科书1~3册进行初审。同年还对语文、数学、外语、物理、化学、生物、历史、地理、音乐、美术、体育等13个学科的118套修订教科书、22套小学英语教科书和20套高中信息技术教科书进行审查。❷

三、推行教科书选用制度

自20世纪90年代以来，随着教科书逐渐多样化，教科书选用开始从政策提倡走向具体实践。2001年颁布的《基础教育课程改革纲要（试行）》中提出要完善基础教育教材管理制度，加强对教材使用的管理，教育行政部门定期向学校和社会公布经审查通过的中小学教材目录，并逐步建立教材评价制度和在教育行政部门及专家指导下的教材选用制度。

---

❶ 中华人民共和国教育部令第11号，2001年6月1日经部长办公会议讨论通过，2001年6月7日起施行。

❷ 中华人民共和国教育年鉴 [EB/OL]. http：//www.moe.edu.cn/edoas/website18/00/info6900.htm.

一般来说，教科书选用制度至少涉及两个核心问题，一是谁来选，二是如何选。关于选用主体，《教育部办公厅关于做好义务教育课程标准实验教材选用工作的通知》（教基厅［2005］2号）指出，为了选用到适合本地区教育教学实际的教材，各地都按照教育部的有关通知要求，建立、健全中小学教材选用委员会，并希望逐步建立起"规范有序、公正透明、民主科学"的教材选用机制。教材选用委员会是地区或学校为选用教材而成立的一个临时性组织，由教育教学专家、教学一线的优秀教师、校长、学生家长代表以及教育行政部门的代表组成。委员名单要在民主的基础上经公示产生。

至于如何选的问题，教科书选用委员会都会按一定程序来操作。一般而言，第一步是了解教科书、形成意见。包括直接了解教科书，了解专家评议组对教科书的评价，听听一线人员对教科书的意见，最后得出自己的结论。第二步是会议表决。

教科书选用制度的推行，将教科书的选取权下放，有利于各地区选用适合本地教育教学实际的教科书，相对于以前的"指定制"甚至无选择的垄断制来说，这无疑是一个进步。而且也因为选用权的下放，各出版社要想占有更高的教科书市场份额，必须要提高其教科书的编写质量及其适应性，所以，教科书选用的意义一方面在于各地方可以选到比较适合自己的教科书，二是从整体上有利于提高教科书的编写质量和水平。然而，在实际操作过程中，仍然存在许多问题，利用多种手段不规范选用教科书的问题屡禁不止，许多权力部门插手教科书选用的情况相当严重，从而造成"根据教材质量和特色进行选择"的规定形同虚设。教科书选用究竟是少数几个人说了算，还是众多民意的普遍表达；教科书选用如何考虑学生的意见和需要；教科书选用程序如何避免形式化；教科书选用委员会如何真正履行职责等，这些问题都有待进一步探索和解决。其中最主要的问题是教科书选用的法规制度不健全，教科书竞争市场欠规范。目前我们急需建立一个运行有效的教科书市场，加强教科书市场的法律法规建设，这样才能有效地防止和制止教科书选用过程中的一些不良行为，保证教科书选用的公开、公正和透明，使教科书选用走上自主、规范的道路，推动教科书选用工作的有序进行。

四、试行教科书免费供应与循环使用制度

中央财政从 2001 年秋开始为全国部分贫困地区家庭经济困难的农村中小学生免费提供教科书，由政府以招投标形式采购。2002 年春、秋季为内蒙古、四川、重庆、贵州、云南、广西、新疆、西藏、青海、甘肃、陕西、宁夏等 19 个省（区、市）273 个县级单位的部分农村中小学生和特殊教育学生免费提供教科书。111 万小学生、127 万初中生和 5 万特教学生，总计 243 万学生领取了免费提供的教科书，约占全国农村义务教育阶段在校学生总数的 2.07%，占全国义务教育阶段在校学生总数的 1.28%。❶ 2005 年 11 月，教育部发布《中国全民教育国家报告》，提出免费教科书实施进度时间表，2007 年在中西部农村贫困地区实施，2010 年在全国农村全面实施，2015 年在全国全面实施。❷ 2008 年 1 月，教育部在京召开"落实农村中小学免费教科书工作会议"，宣布从 2008 年春季开始，全国 1.5 亿名农村义务教育阶段的学生用的教科书全部免费。中央财政将国家课程免费教科书的补助标准，由过去的农村小学每生每年 70 元、农村初中每生每年 140 元，分别提高到 90 元和 180 元，并建立部分科目免费教科书的循环使用制度。随着国家免费提供教科书政策的实施，供给对象从部分贫困地区农村中小学生逐步覆盖到所有义务教育阶段的学生，义务教育阶段的教科书也由私人物品转变为公共产品，这为教科书循环使用由提倡、自愿逐步过渡到强制执行创造了条件。

从 2002 年开始，我国在上海、辽宁、云南、甘肃等地试点推行课本循环使用。2004 年，财政部、教育部共同制定的《对农村义务教育阶段家庭经济困难学生免费提供教科书工作暂行管理办法》中明确提出"国家鼓励循环使用教科书"。2006 年发布了修订的《中华人民共和国义务教育法》，其中第四十一条明确规定，国家鼓励教科书循环使用。2007 年 9 月教育部发出开展"节能减排学校行动"的通知，要求结合

---

❶ 中华人民共和国教育部教育年鉴. http://www.moe.cn/edoas/website18/74/info7774.htm.

❷ 范新坤. 中小学教科书出版发行改革的问题与对策 [J]. 出版发行研究，2007（1）：22.

农村义务教育试行免费教科书制度，开展教科书的循环使用试点工作。2007年12月，教育部和财政部又联合下发《关于全面实施农村义务教育教科书免费提供和做好部分教科书循环使用工作的意见》，其中第五条明确指出，"从2008年春季学期开始，建立部分课程教科书循环使用制度，中央财政于2008年配齐循环使用的教科书，并从2008年春季学期起实行循环使用。纳入循环使用的教科书包括：小学《科学》《音乐》《美术》（或《艺术》）《信息技术》；初中《音乐》《美术》（或《艺术》）《体育与健康》《信息技术》。循环使用的课程可根据需要进行调整。由此可见，教科书循环使用已上升为国家行为。

教科书循环使用的益处是显而易见的，无论是从经济效益来看，还是从环保角度来看，或是从培养孩子的节约资源意识等方面来看，推行教科书的循环使用是非常必要的，而且这也是世界上其他一些国家的成功做法。但目前，我国教科书循环使用的推行制度还比较缓慢，因为教科书循环使用制度的推行需要一些基础性条件。首先，很多国家教科书循环使用的前提是师生对教科书的依赖性不强。而在我国，教师教教科书，学生学教科书，考试也考教科书，教学对教科书的依赖度很高，这会影响到教科书的循环使用；其次学校的配套设施没有及时跟进。循环使用的教科书要由学校集中管理，学生免费使用。各学校要提供适宜的保管、贮存场所，要制定教科书的登记、发放、回收、统计、消毒、保管、更新等措施。然而不少学校的设施相对滞后，无法保障卫生安全。此外还有文化因素，我国有重教科书的传统，往往把课本与知识联系起来，家长们接受不了上完学，书退了的事实。由此，在推行教科书循环使用的过程中，家长们表现出反对态度，这是目前教科书循环使用推行不理想的重要原因。

第二节　新世纪课程改革教科书的多样化局面

作为新世纪基础教育课程改革的重要载体，教科书集中体现了新课程改革的理念。在"课程改革纲要"的指导下，随着各科新课程标准的颁布，全国范围内掀起了根据新课程标准开发实验教科书的热潮，我国教科书建设进入到一个繁荣时期。

一、课程标准教科书的繁荣发展

1. 课程标准（实验稿）教科书

1999年6月颁布的《中共中央国务院关于深化教育改革全面推进素质教育的决定》提出，要"调整和改革课程体系、结构、内容，建立新的基础教育课程体系"。之后召开的第三次全国教育工作会议和国务院批转的教育部《面向21世纪教育振兴行动计划》，都提出了改革现有基础教育课程体系，研制和构建面向21世纪的基础教育课程教材体系的任务。2001年7月，国务院通过《基础教育课程改革纲要（试行）》，明确指出："完善基础教育教材管理制度，实现教材的高质量与多样化。""实行国家基本要求指导下的教材多样化政策，鼓励有关机构、出版部门等依据国家课程标准组织编写中小学教材。"随着《基础教育课程改革纲要》的实施及《义务教育课程标准（实验稿）》的相继颁布，人民教育出版社、北京师范大学出版社、江苏凤凰出版集团、广东省出版集团等相继投标参与中小学教科书开发，基础教育各学科教科书开发领域群雄逐鹿的时代来临。

2001年9月，20个学科（小学7科、中学13科）49种中小学新课程标准实验教科书通过国家审定，首次在全国38个国家级实验区试用。2005年秋季，全国中小学阶段各起始年级几乎都起用了新课程教科书。

2003年3月，教育部颁布了《普通高中课程方案（实验）》和高中语文等15个学科课程标准（实验）。按照基础教育课程改革的总体部

第八章　新世纪课程改革教科书的兴盛与竞争　　// 283

署，2004年秋季，《普通高中课程方案（实验）》首先在广东、山东、宁夏和海南4省（自治区）普通高中的起始年级开始实验。为顺利推进高中新课程实验，2003年6月，教育部基础教育教材审定工作办公室分别受理了普通高中15个学科的课程标准实验教科书立项申请材料168套。根据专家的评审意见和编写者的资质审核情况，高中15个学科有67套教科书申请获得立项。❶ 2004年教育部审查通过了来自全国各出版机构提交的14个学科274册教科书供实验区学校选用。❷

这批教科书的最大外在标志是有"义务教育课程标准实验教科书"或"高中课程标准实验教科书"字样。

截至2009年春，共有84家出版社开发的新课标教科书通过教育部审定，其中包括：六三学制小学10个学科115套，初中19个学科116套，五四学制小学7个学科10套，初中11个学科20套，普通高中18个学科72套。❸

课程标准教科书真正体现了多样化的政策要求。比如，这一阶段的小学《语文》教科书一共有12套通过教育部组织的国家审定并在各地供选择使用，初中《语文》教科书有7套，高中《语文》教科书主要有6套；小学《数学》教科书一共有6套通过国家审定而发行使用，初中《数学》教科书主要有9套，高中《数学》教科书有6套；小学《英语》教科书则一共有30套，是教科书种类最多的一个学科，初中《英语》教科书一共有7套，高中《英语》教科书也有7套；至2008年底，小学共审定出版了15套《品德与生活》《品德与社会》教科书，初中《思想品德》教科书共有9套；初中《历史》一共有8套，初中《地理》有7套，初中《物理》有6套……

新世纪基础教育课程改革确立了"为了中华民族的振兴""为了每一个学生的发展"的教育价值观，强调加强德育的针对性和实效性；强

---

❶ 中国教育年鉴编辑部编．中国教育年鉴（2004）［M］．北京：人民教育出版社，2004：155.

❷ 中国教育年鉴编辑部编．中国教育年鉴（2005）［M］．北京：人民教育出版社，2005：168.

❸ 石鸥主编．中国基础教育60年（1949-2009）［M］．长沙：湖南师范大学出版社，2009：419.

调以创新精神和实践能力的培养为重点,引导学生建立新的学习方式。这些基本理念代表了基础教育课程改革的世界性潮流,更反映了当前我国基础教育课程改革的主导趋势。根据《纲要》和课程标准(实验稿)编写的教科书总体上反映了这些精神和要求。

教科书力求体现以学生为本的理念。可以说,新课程标准教科书的最大特点是以学生为本的理念开始凸显。此次课程改革的核心理念之一是"为了每位学生的发展",在此理念指导下,教科书编写突出了以学生为本,摆脱了以往教科书太强调为政治服务,简单地把学生作为改造对象来设计内容的局面。把学生当成为有主体性、个性差异的独立个体,逐渐成为教科书编写者的共识。

课程标准教科书从选纸到印刷、装帧设计,从排版到封页、插图设计,整体质量优于以前的大纲本教科书。整体来看,新课改教科书在形式上具有三个方面的特点:一是生动活泼的封面与插图,二是亲切民主的语言表述,三是风格各异的编排设计,通过丰富多彩的栏目设计、优美生动的语言文字,力求激发学生的学习兴趣。

2. 课程标准(修订稿)教科书

2011年12月,教育部对义务教育阶段的各学科课程标准进行了修订完善,之后正式印发了义务教育阶段各学科课程标准(2011年版),包括语文、英语、日语、俄语、品德与生活、品德与社会、思想品德、数学、物理、化学、生物、初中科学、历史、地理、历史与社会、艺术、音乐、美术、体育与健康共19门课程的新课程标准(唯小学科学的课程标准仍然使用2001年的实验稿)。新修订的课程标准于2012年秋季开始执行,根据新课程标准编写的义务教育阶段的教科书全面进入审定阶段,通过审定的陆续出版发行。但语文、历史和小学及初中的思想品德教科书未参与审定,待教育部组织编写的教科书完成后投入使用,所以事实上,这三科还在使用根据实验稿课程标准编写的教科书。即便由教育部组织编写的教科书出版并投入使用,也并不会强行否定其他通过审定的该三科教科书。

二、三级教科书体系基本形成

自1986年成立全国中小学教材审定委员会及各学科审查委员会后，我国开始了中小学教科书一纲多本的时代。1999年6月，国务院颁布的《中共中央国务院关于深化教育改革全面推进素质教育的决定》明确指出："调整和改革课程体系、结构、内容、建立新的基础教育课程体系，试行国家课程、地方课程和学校课程；"2001年教育部公布的《基础教育课程改革指导纲要（试行）》提出了教材"多样化"与"国家、地方和学校三级课程管理"的改革，根据三级课程需求，国家、地方和校本三级教科书应运而生。前述教科书发展都是指的国家教科书，下面简单评析一下地方和校本教科书的发展。

1. 地方教科书的发展

一般把地方教科书理解为适应地方课程而开发的教科书。但现实中，有些虽然是国家课程，但交由地方开发和管理，比如劳动与技术教育、研究性学习、信息技术教育，以及绿色证书教育、科技活动以及配合语文课教学的写字课程等，国家并不编写统一的教科书，而是把教科书编写和选用的权力下放给地方，这时候地方编写的教科书就属于地方教科书。一些课程虽然也有统编教科书，但不一定能很好地适应特定地区的实际，这时由地方编写的、对统编教科书起补充作用甚至替代统编教科书的那些教科书，我们也称之为地方教科书。它们是相对于国家通用、统编或国家组织的大范围的教科书而言的。

地方教科书主要是地方课程的载体，而地方课程的设置是课程权力下放的体现。全国绝大多数省、市、区范围内的各级地方教育行政部门都有一定的权力安排地方课程，以适应不同地区的需要。各省同一学科一般有三种不同层次的地方教材，有以省为单位编写的省级乡土教材、地市级编写的具有地区（行政区域）特色的教材和县一级所编的相应教材。❶

2001年，教育部公布的《基础教育课程改革指导纲要（试行）》中提出了教材"多样化"与"国家、地方和学校三级课程管理"，之后教育部又下发了《地方对基础教育课程管理与开发指南（征求意见稿）》，规定了地方课程和学校课程应占9年总课时的16%~20%，其中地方课程为8%~9%，学校课程为3%~5%。该意见是地方课程实施的指导文件，文件规定"地方以国家课程管理政策、课程计划、课程标准为依据，结合本地的优势和传统，充分利用本地的课程资源，自主开发并实施管理"，"地方课程要充分反映地方经济、社会、文化发展对人才素质的要求和学生发展的需要，有效增强基础教育课程对地方的适应性"。三级课程政策的推行，促进了地方教科书的丰富多样化。根据国家有关地方课程设置的指导文件，各地颁布了相应的地方课程开发与管理的指导方案，并且各地都开始编制相应的地方教科书。

目前各地方课程与教科书虽然丰富多彩，但是总起来看，地方教科书还未充分发挥其作用且质量参差不齐，问题比较突出，主要表现在：地方教科书的编写目的不是很清楚，没有很好地与学生发展紧密结合，为编教科书而编教科书的倾向比较严重；地方教科书的地方特色不是很鲜明；地方教科书的实验、相关教学资源的开发、教科书使用情况的监测与评估等都没有跟上。

在地方教科书中，上海市的课程改革教科书比较特殊。它虽然是由上海市自己组织编写，但涵盖了国家课程和地方课程、校本课程三级课程。而且它是教育部赋权的，有自己的课程标准。所以在这一意义上，有些上海地方教科书类似于国标教科书。

上海于1988年受国家教委的委托，开始了改革中小学课程教材的

---

❶ 罗生全. 我国地方课程开发的模式及其改进 [J]. 课程·教材·教法，2007 (9): 9-13.

跨世纪工程——通常称之为"一期课改"。"一期课改"正式启动后，上海市于1989年制定了《中小学课程改革方案》，1990年开始组织力量编写中小学教科书，并于1991年从各学段起始年级进行试验。上海市的这套教科书成为八套半教科书中的一套——上海版教科书，这实际上属于国家教科书。至1997年9月，上海市各年级全面使用一期课改教科书，历时十年，上海完成了各科中小学课程教材改革第一期工程。上海的一期课改教科书都由上海中小学课程教材改革委员会组织编写，经上海中小学教材编审委员会审查通过试用。1998年，上海中小学课程教材改革第二期工程正式启动，2002年秋季，上海在179所中小学幼儿园课改基地起始年级开展大规模、全方位的新教科书试验工作，2004年9月1日起在小学一年级全面推广。

北京市中小学课程教科书也有类似情况，基本上由地方自己组织编写。北京市根据课程标准修订稿编写的各科教科书均经由教育部组织审定。

2. 校本教材初具规模

校本教材一般是指为有效实现"校本课程"目标，由学校根据自身的课程资源，以学校教师为主体开发的，用于本校教育教学的各种材料。而"校本课程"又称"以学校为本位的课程"，是由实施课程的学校自己决策、自己设计的课程。[1] 从这个意义上来说，校本课程是学校根据国家、学校和学生的需要，针对本校、本年级或者本班级特定学生群体，制定培养目标、搜集教学资源，编制教材或教学方案，实施该方案并且进行自我评价的课程。自20世纪80年代后期开始，我国各省、市开始提出并开发校本课程，但理论不成熟、不完善，往往流于形式，缺乏持续性。

适应新世纪课程改革的趋势，新一轮基础教育课程改革把实行国家、地方、学校三级课程管理制度作为一个重要的改革目标："改变课程管理过于集中的状况，实行国家、地方、学校三级课程管理政策，增强课程对地方、学校及学生的适应性。"一方面，要继续完善和发展中央调控机制，强调国家课程计划的严肃性与正统性，采用自上而下的方

---

[1] 谢利民，郑百伟. 现代教学基础理论 [M]. 上海：上海教育出版社，2003：89.

式,确保国家课程在地方、学校一级的有效落实。另一方面,要适当地将一部分课程权力下放到地方和学校,明确地方和学校的权力与责任。让地方教育行政部门和学校有更多参与课程开发与管理的机会。按照新课程计划,学校和地方课程占总课时数的10%~12%。

随着21世纪课程改革的深入,全国纷纷掀起了校本课程开发的热潮,大量校本教材随之出现。校本教材主要是由单个学校单独组织编写,有些也举地方教育之力共同编写。

应该说,校本教材的开发与兴盛一定程度上改变着我国一直以来"校校同课程、师师同教案、生生同书本"的局面。教材的多样化,尤其是校本教材的开发,适应了我国各地经济文化发展不平衡的现状,有利于调动学校和教师的积极性,使学校办学更有特色,教材更加贴近学生的需要,从而更有效地促进学生的发展。当然,在此过程中也不可避免地出现了一拥而上、盲目开发校本教材的现象,有些地方教育行政部门简单地以校本教材开发数量的多少来衡量校本课程的开发情况。因而,一方面我们欣喜地看到校本教材在全国遍地开花,但另一方面也必须正视事实,校本教材存在着良莠不齐、使用时间短、编写质量整体不高等问题。

事实上,校本课程是不是都必须要开发校本教材,校本教材是不是都由一所学校独立来开发,应秉承何种理念来编写,如何把握校本教材与校本课程的关系,如何让校本教材编写成为促进教师专业成长的途径而非负担,如何通过校本教材形成学校特色等,这些都有待进一步的研究和解决。尽管校本教材的开发还有许多不完善的地方,但作为一个新的教育发展领域,我们可在这个领域内大有作为。加强对校本教材的研究,推进校本教材的开发,对提高教育教学质量、促进学生全面发展都有重要意义。

三、电子教科书建设初见成效

课程标准教科书进入课堂之日,恰是现代网络技术普及之时。新课改教科书在立体化、电子化的方向上向前迈进了一大步,以电子视听为主的音像及网络教科书日益发展,从而逐步克服"(纸质)书本中心"的倾向。

特别值得关注的是电子课本(E-Textbook),这是一种供人们阅读的数字化出版物，区别于以纸张为载体的传统课本。它通过对教科书内容进行深度挖掘和加工，以科学直观的视、音、图、文等实现了教科书内容的数字化、交互功能的智能化，多角度、多维度地呈现教科书内容，为传统教科书模式向网络化教材转变提供了良好范式。

1999年，教育部成立了现代远程教育资源库开发领导小组，起草《全国远程教育资源建设规划》，制定《现代远程教育技术工程教育资源建设技术规范（试行）》，❶ 引发网络教科书建设的热潮。同时，各家出版社也建设网站免费提供电子课本、学科素材、教科书介绍。2001年教育部电化教育音像出版社向全国中小学推荐新出版的电子音像教科书18种，其中录音带39盒、VCD140片。❷ 2003年的"第e课堂"是国内第一部最完整的中小学电子出版物，紧跟人民教育出版社的现行通用教科书，属于第一课堂的辅导教科书。2004年教育部电化教育音像出版社推出未成年人思想道德建设音像教科书，包括14种92碟。❸ 当前世界上不少国家和地区已将课本电子化列入发展计划之中，我国部分地区也开始把开展电子书的研究和实践列为基础教育的一项重要试验性工作，预计近年内将有比较明显的突破。

---

❶ 张一春，祝智庭. 知识管理技术与e–Learning资源库建设研究［J］. 电化教育研究，2003（5）：53–58.

❷ 教育部电化教育音像出版社向全国中小学推荐2001年新出版的电子音像教科书［J］. 中国电化教育，2001（12）：70.

❸ 教育部电化教育音像出版社隆重推出未成年人思想道德建设音像教科书［J］. 中国电化教育，2004（6）：87.

四、少数民族语言教科书的发展

中国是一个多民族的、统一的社会主义国家。据2000年统计,全国少数民族语言使用人口达6800万,占少数民族总人口(按1.15亿人计)的60%左右。21个少数民族有现行的本民族文字,包括27种文字,11种民族语文实现信息化。❶

1995年5月国家教委发布《中小学教材编写和选用的规定》,明确指出:"以民族文字编写的国家教委制订的课程计划所规定的必修课(劳动课、劳动技术课、职业指导课除外)各学科教材,省区间写作编译的民族文字教材,须由国家教委审批。"❷ 2004年,为进一步加强中小学少数民族文字教科书建设,教育部印发《中小学少数民族文字教科书编写审定管理暂行办法》的通知,明确提出:国家鼓励和支持有条件的单位、团体和个人编写符合少数民族中小学教育教学改革需要的高质量、有特色的民族文字教材,"民族文字教科书编写实行核准与备案制"(第五条)。同时规定,民族文字教材审查,实行教育部和省、自治区教育行政部门两级管理。教育部成立跨省、自治区使用的全国中小学民族文字教材审查委员会,负责跨省、自治区使用的民族文字教材审查管理。有关省、自治区教育行政部门成立本省、自治区中小学民族文字教材审查委员会,负责本省、自治区使用的课程教材审查管理。为推动民族文字教材建设,保证教材的质量,国家设立民族文字教材审查补助性专项经费,重点用于跨省区使用的民族文字教材的审查。❸

总的来讲,改革开放以后,我国民族文字教科书建设进入一个快速发展期。这主要得益于三方面的力量:

一是有关省市区的少数民族教育主管部门加强了少数民族文字教科书的编写和出版。比如地处西南边疆的云南省,民族数量位居全国之

---

❶ 中国少数民族语文不断发展《人民日报海外版》,2000-08-07(4).
❷ 石鸥主编.中国基础教育60年(1949-2009)[M].长沙:湖南师范大学出版社,2009:429.
❸ 少数民族双语教育文件汇编委员会编.少数民族双语教育文件汇编(2001-2008)[M].成都:四川出版集团,天地出版社.2009:44.

首，全省共有25个世居少数民族，使用多种民族语言和文字。仅截至2007年底，云南省已编审出版涵盖14个民族18个语种203本少数民族文字的语言、数学教科书，❶ 出版的少数民族文字小学课程改革教科书数量达112万多册。❷

二是多省市区协作组织的成立，在编写和出版少数民族教科书方面做出了很大贡献。为提高民族文字教科书的质量，在有关省区建立健全民族文字教材编译出版机构的基础上，有关部门先后成立了内蒙、新疆等八省区蒙古文教材协作组，吉林等三省朝鲜文教材协作组，西藏、青海等五省区藏文教材协作组以及三省区哈文协作组等多个跨省区的协作机构。这些少数民族文字教材编译机构每年编译出版教科书3500多种，总印数达1亿多册，这种形式大大加快了民族教科书的建设步伐。

三是中央有关教育部门，特别是人民教育出版社加强了少数民族文字教科书的建设。人民教育出版社或自己出版少数民族教科书，或由少数民族地区翻译出版人教社的汉文字教科书，在为少数民族教科书建设方面做出了重要贡献，基本保障了少数民族地区教育的需要。

需要指出的是，少数民族基础教育课程、教材的建设虽发展较快，但主要科目基本上以翻译汉文教材为主，反映的仍然是汉族文化，并没有达到国家对少数民族基础教育课程与教材建设的要求，不能很好地满足少数民族地区社会发展和人才培养对教科书的需求，不能体现民族地区的特点和适应少数民族学生的认知水平，民族性、地方性欠缺。这一切制约了少数民族基础教育教科书的建设。如何开发与少数民族文化、经济、政治、学生特点相适合的课程与教科书，如何充分利用国家赋予的地方课程空间和对少数民族教科书发展的特殊政策，解决已有问题，迎接新挑战，为少数民族地区的社会、政治与经济文化发展做出应有贡献，必将成为当前及今后一段时期内少数民族基础教育教科书建设的重要任务。

伴随着新世纪课程改革的蓬勃开展，教科书的编写、审定、出版、

---

❶ 云南省近16万学生免费接受少数民族教科书［EB/OL］. http：//gb.cri.cn/18944/2008/05/20/882@2065557.htm.

❷ 云南出版18种少数民族文字小学教科书［EB/OL］. http：//news.sina.com.cn/c/edu/2007-12-17/172613094993s.shtml.

发行及使用都开始制度化，进一步促进了中小学教科书的发展与繁荣。这首先体现在教科书制度的建设与完善上，如实行教科书两级审定制度，推行教科书选用制度，试行教科书免费供应与循环使用制度等。其次，体现在课程标准教科书的建设上。绝大多数课程标准教科书较好地契合了课程标准的基本要求，注重以人为本、素质教育和终身学习，就学生如何获得学科基础知识和基本技能，如何使教材内容与学生已有知识和生活经验相结合，如何培养学生思维等方面进行了认真的探索，得到了教师的肯定。再次，体现在三级教科书的立体发展上，体现在教科书网络化、电子化建设以及少数民族教科书建设上。此外，教科书的外观和装帧质量也得到了明显提高。

同时，我们也看到，由于教科书编写的放开，社会资源参与国家基础教育课程教材建设的积极性空前高涨。教科书多样化使得许多出版机构投身于教材资源建设和教师培训，开创了新中国以来出版部门最大规模参与课程改革与教材建设的新局面，为社会资源进入基础教育探寻到一条重要的可行的途径。而且许多教科书出版机构组织了教师培训活动和多种教研活动，开发了教材教学的研讨网站，这种由出版机构发起的、并行于传统教研机构的新型教研活动在全国兴起。

尽管在新一轮课程改革的推动下，我国的教科书制度在不断发展和完善，但也存在一些不容忽视的问题，主要表现在以下几个方面：

教科书的多样化建设还处于初级水平，教科书的特色不鲜明，同质化现象严重。应该承认，教科书多样化固然需要不同种类教科书的存在，没有一定数量的教科书，就谈不上教科书多样化，但多样化不等于多本化，不是教科书的种类和数量越多越好。因此，如何进一步发展和完善教科书多样化，打造真正有特色的多样化教科书，仍然是摆在我们面前的一道难题。其次，部分教科书插图花哨，栏目庞杂，活动设计纷乱；第三，教科书配套资源的开发仍然不足，包括数量的不足和质量的不高，有些新教科书配套旧资源，等等。这些问题都有待于进一步研究解决。

后　　记

今天，人们对教科书的问题已多是见怪不怪。见识了太多的平庸，很多人可能已经患上了教科书平庸疲劳症。但我们依然有一种不依不饶的执着，对教科书的执着，对教科书研究的执着。我们似乎离教科书平庸的审美疲劳还有一段距离。为什么？

我们一直认为，教科书在我国近现代教育发展史上、在我国文明启蒙史上、在我国学术转型史上做出了不可磨灭的贡献，更不用说在我国人才培养史上。

我们坚持认为，在百年教科书的发展历程中，教科书内容与形式同政治政权、文化文明之间的互动是显而易见的，以至于读百年教科书就是在读一段历史的变迁，在读百年文明演进史。百年教科书与百年历史相仿佛。它不仅是对激荡的20世纪的记录和目击，而且它本身也是激荡的20世纪历史的一部分。

近代以降，传统文明与西方文明激荡交汇的最直接的载体是教科书。教科书中传统与现代、本土与西方的文明碰撞，拉开了现代文明启蒙大幕。一本本教科书铺垫着一段段近代中国教育甚至中国社会的变革与发展的历史，透过清末民初教科书，我们可以探寻到中国近代教育开启、演绎、转轨的足迹，可以感受到那个时代变革的风雨交加、电闪雷鸣。教科书在引介新知、启迪新智方面，更是开启了我国近代学术的转型。台湾学者王汎森认为：在近代中国建立新知的过程中，新教科书的编撰具有关键的作用，很多学科的第一代或前几代教科书，定义了我们后来对许多事物的看法（《执拗的低音》，三联书店，2014，第33页）。

所以，对中国近现代教科书的发展进行更为细致的梳理以使其清晰地呈现在今人面前就是一件重要的学术基础工作。一百年来，经过大量学者的长期努力与积累，中小学教科书已经形成了一个学科齐全、阶段完整的庞大的家族。要把相关教科书有条不紊地呈现出来，已然不是一件容易的事情。在这一方面，尽管我们已有两厚册的《中国近现代教科书史》对大量的事实和问题进行了初步的探查，但需要进一步澄清和梳理的方面还非常多。

《简明中国教科书史》即将面世，细心的读者会想，这本书是不是国家出版基金项目之《中国近现代教科书史》（上下册，湖南教育出版社，2012）的精简版？确实，这一认识没有错。《中国近现代教科书史》精简版和修订版的写作，是因为《中国近现代教科书史》写于多年前，当时时间赶得紧，显得有点匆忙，也限于手头的一些资料还没有完全整理出来，一些问题还没有找到第一手证据。今天来看，这个局限慢慢被破解了，随着时间的推进，我们对教科书资料的挖掘更充分了，教科书发展史中的个别地方应该有更精确的数据或更严谨的结论了。如我们对我国近代教科书发展的黄金时期有了更清晰的认识。又如关于1922年新学制教科书，《中国近现代教科书史》认为商务印书馆出版的"新学制教科书"有67种216册，但经过不断梳理和挖掘，事实上不止这个数据，所以在《简明中国教科书史》中我们修正为"121种396册"，以及"166种527册"（如果包括以文言文编撰的新学制教科书的话）。这种进一步清晰化的工作，是我们出版简明版教科书发展史的一个重要考虑。

同时，《中国近现代教科书史》文字多，分上下两册，而在这个快餐时代，可能有些人没有耐心慢慢读大部头的书了，当然，有时候也没有必要读这种洋洋上百万字的书。应该说简明版为只需大略但清晰了解我国教科书发展概况的人提供了更好的选择。

在上述意义上，这次简明版虽然文字大大减少，但并不是纯粹的文字删减，而是精练，更是修改和完善。

这本关于教科书的书，比较适合作为简明实用的大学教科书使用，事实上，本书的出版在一定程度上也确实起因于为首都师范大学研究生精品课程提供教材的需要。而且，我们也注意到，有些大学已经在开设或正在筹备开设有关教科书研究的课程。即便在教育史、课程教学论的有关课程上，本书也可以是难得的参考教材。

本书是全国教育科学"十一五"规划教育部重点课题"百年中国教科书启蒙诉求研究"（编号：DAA100187）的结题成果，更是我们教科书研究团队的集体成果。书虽然由我和吴小鸥教授共同担纲完成，但张增田、王昌善、方成智、李祖祥、刘丽群等教授，段发明、刘学利、廖巍、石玉、赵志明、李新、刘景超、崔珂琰等博士，都直接或间接地为本书的完成做出了自己的贡献，还有刘毕燕、宿丽萍、袁文静、吕蕾、张学鹏、唐超超、黄雨婷、陈彦旋、许小丰以及其他研究生，她们从教科书的整理、资料的查询、书稿的校对等多方面为我们的研究做出了不可或缺的贡献。对他们，我心存感激。但心中之情怎一个"感激"能够表达的呢？事实上，他们都以自己的行动组建了我们这个学术的大家庭、教科书研究的大家庭，他们自己也就当然成为这个大家庭中的重要一员，此时，仅仅"感激"怎么够呢？

本书的出版曾经一波三折，书稿交给一家出版社后，再也没有了明确的下文。出版，还是不出版？对该出版社也许是个问题，对我们那更是一个疑问。所以沉默就是告知。感谢知识产权出版社的汤腊冬女士，她的敏锐及魄力，为该书的面世创造了很好的条件。我曾经说过，我欣赏并敬佩认真做书，尤其是认真做我们的书（因为我们的书有许多图，这些图都是我们自己用档次不高的相机对着品相不好的老课本拍出来的，这使得做书人很容易头疼）的出版人与出版社。写到这里，我发现，由于自己对老教科书的倚重，我多少有所了解民国的一些出版机构和出版人，在此我要对他们表示出发自肺腑的敬重与仰慕。

感谢首都师范大学教育学院，感谢孟繁华教授，感谢几年来对我们的研究一如既往给予尽可能支持的学术同仁；感谢《湖南师范大学教育科学学报》的徐超富编审，他以独到的学术眼光与少有的学术气魄，为我们团队的教科书研究成果提供了一个稳定而持久的发表园地，由于他们的支持，我们这个教科书研究平台日渐稳固，在学界的影响有目共睹。我们把来自各方面的关心和支持看作是一种鼓舞和一股力量，促使我们更努力，我们也会更努力。

石 鸥

2014年中秋前夕于首都师范大学